Forum für Verhaltenstherapie und psychosoziale Praxis
Band 38

dgvt
Verlag

EMDR

Eine neue Methode zur Verarbeitung traumatischer Erinnerungen

herausgegeben von

Christof T. Eschenröder

dgvt Verlag

Deutsche Gesellschaft für Verhaltenstherapie
Tübingen
1997

Anschrift des Herausgebers:

Christof T. Eschenröder
Psychologische Praxis
Treseburger Str. 15
28205 Bremen

Die Deutsche Bibliothek - CIP-Einheitsaufnahme
EMDR : Eine neue Methode zur Verarbeitung traumatischer Erinnerungen / Deutsche Gesellschaft für Verhaltenstherapie, Tübingen. Hrsg. von Christof T. Eschenröder. - Tübingen : Dgvt-Verl., 1997
 (Forum für Verhaltenstherapie und psychosoziale Praxis ; Bd. 38)
 ISBN 3-87159-138-6
NE: Eschenröder, Christof T. [Hrsg.]; Deutsche Gesellschaft für Verhaltenstherapie; GT

© 1997 dgvt-Verlag, Tübingen
Deutsche Gesellschaft für Verhaltenstherapie (DGVT)
Postfach 13 43
72003 Tübingen

Umschlaggestaltung: MH-Foto-Design, Bremen
Satz: VMR Monika Rohde, Bonn
Druck: Offsetdruck Niethammer GmbH, Reutlingen
ISBN 3-87159-138-6

Inhaltsverzeichnis

Vorwort 7

Entwicklung und gegenwärtiger Status der EMDR –
Ein Überblick 11
Christof T. Eschenröder

Die Überwindung einer Posttraumatischen Belastungsstörung
durch Augenbewegungs-Desensibilisierung:
Ein Fallbericht 67
Joseph Wolpe & Janet Abrams

Die Behandlung einer Posttraumatischen Belastungsstörung
mit Augenbewegungs-Desensibilisierung 75
Ronald A. Kleinknecht & Mark P. Morgan

Die Überwindung einer Posttraumatischen Belastungsstörung
nach schweren Verbrennungen in einer einzigen Sitzung
mit Augenbewegungs-Desensibilisierung 87
David L. McCann

Die Behandlung von Traumata und Suchtproblemen mit EMDR 95
Francine Shapiro, Silke Vogelmann-Sine & Larry F. Sine

Die Bedeutung der kognitiven Faktoren im Rahmen des ‚Eye Movement
Desensitization and Reprocessing' (EMDR):
Ein Fallbeispiel einer Klientin mit Angst vor Erbrechen 123
Ad de Jongh, Erik ten Broeke & Karlheinz van der Meer

EMDR in der Therapie psychisch traumatisierter Kinder 135
Oliver Schubbe

Praktische Erfahrungen in der Gesprächs- und Verhaltenstherapie
mit EMDR 147
Reinhard Tausch

Psychoanalyse und EMDR 161
Friedhelm Lamprecht & Wolfgang Lempa

EMDR-unterstützte Thematisierung bei
psychodynamisch fundierten Fokaltherapien 179
Michael Titze

AutorInnenverzeichnis 189

Vorwort

Wenn ich gefragt werde, wie ich eigentlich darauf gekommen bin, mich mit EMDR zu beschäftigen, antworte ich meistens: „Durch einen Workshop, den ich nicht besucht habe." Bei der großen *Evolution of Psychotherapy-Konferenz,* die Ende Juli 1994 in Hamburg stattfand, war ein Workshop von Josef Wolpe mit dem Titel „Fortschritte in der Verhaltenstherapie der Angststörungen" angekündigt, wobei auch ein so seltsames Verfahren wie die „Desensibilisierung über Augenbewegungen" bei posttraumatischen Belastungsstörungen erwähnt wurde. Wegen des reichhaltigen Angebots bei diesem Weltkongreß beschloß ich, eine andere Veranstaltung zu besuchen. Was mir ein Kollege über den Beitrag von Wolpe erzählte, fand ich dann aber so interessant, daß ich mir vornahm, mich mit dieser neuen Methode zu beschäftigen. Ich experimentierte zunächst mit dem Verfahren der *Eye Movement Desensitization (EMD)*, das Francine Shapiro 1989 in zwei Artikeln beschrieben hatte; 1995 und 1996 lernte ich dann bei Trainingskursen in Kassel und Amsterdam das flexiblere und differenziertere methodische Vorgehen des Ansatzes kennen, den Shapiro seit 1991 *Eye Movememt Desensitization and Reprocessing (EMDR)* nennt.[1] Meine Erfahrungen in der therapeutischen Arbeit überzeugten mich, daß die EMDR[2] vor allem bei der Verarbeitung vergangener belastender Erlebnisse in manchen Fällen in erstaunlich kurzer Zeit zu einem Abklingen negativer Emotionen sowie zu neuen Einsichten und Veränderungen von Vorstellungsbildern führt.

Dieser Sammelband soll über den aktuellen Stand des Wissens zur EMDR informieren und verschiedene Anwendungsbereiche dieser Methode zeigen.

Der Aufsatz von *Christof T. Eschenröder* versucht, einen möglichst umfassenden Überblick über die Entwicklung, die grundlegenden Methoden, die Forschungsergebnisse und die Erklärungsansätze zur EMDR zu geben.

Die Fallstudie von *Josef Wolpe & Janet Abrams* zeigt ein erstes Experimentieren mit der neuen Methode der Augenbewegungs-Desensibilisierung bei einer Patientin, die unter den Nachwirkungen einer Vergewaltigung litt. Offenbar bestärkte dieser Fall Wolpe, der die Methode der systematischen Desensibilisierung entwickelt hatte, in seiner Einschätzung, daß diese neue Form der Desensibilisierung bedeutsame Fortschritte bei der Behandlung posttraumatischer Störungen ermöglicht.

---

1. Informationen über EMDR-Trainingskurse und Psychotherapeuten mit EMDR-Ausbildung können bei der folgenden Adresse erfragt werden: Dr. Franz Ebner, EMDRIA-Koordinator Deutschland, Friedländerstr. 18, 61440 Oberursel, Tel./Fax 06171-204247. (EMDRIA ist die EMDR International Association).
2. Das grammatische Geschlecht von EMDR ist in der deutschen Fachliteratur nicht einheitlich geregelt. Während ich „die EMDR" – analog zur Augenbewegungs-Desensibilisierung – als weiblich betrachte, bevorzugen andere Autoren die sächliche Form („das EMDR").

Der Fallbericht von *Ronald Kleinknecht & Mark Morgan* über die Behandlung eines Mannes, der Opfer eines Verbrechens wurde, zeigt ein Phänomen, daß bei der Behandlung mit EMDR[1] häufig auftritt: Nach dem Abklingen der negativen Emotionen, die im Zusammenhang mit einem Trauma standen, tauchen spontan ein früheres traumatisches Erlebnis und später die Erinnerung an eine sehr belastende Lebensphase auf.

David McCann beschreibt einen Fall, bei dem eine einzige EMD-Sitzung ausreichte, um Symptome einer posttraumatischen Belastungsstörung nach einem schweren Arbeitsunfall zum Verschwinden zu bringen. Besonders beeindruckend fand ich die Schilderung, wie der Patient danach wieder Zugang zu eigenen Stärken und Fähigkeiten fand und begann, sein Leben neu zu gestalten.

Francine Shapiro, Silke Vogelmann-Sine & Larry F. Sine zeigen in ihrem Artikel, wie EMDR in ein Gesamtkonzept zur Behandlung von Suchterkrankungen integriert werden kann. Die allgemeinen Ausführungen zu diesem noch kaum untersuchten Anwendungsgebiet der EMDR werden durch eine Fallstudie veranschaulicht. Dieser Fall zeigt, daß EMDR auch im Rahmen einer Langzeittherapie sinnvoll eingesetzt werden kann.

Der Beitrag von *Ad de Jongh, Erik ten Broeke & Karlheinz van der Meer* erläutert die Bedeutung von kognitiven Faktoren bei der EMDR und zeigt am Beispiel einer Klientin mit Furcht vor Übelkeit und Erbrechen den erfolgreichen Einsatz von EMDR bei Phobien.

Oliver Schubbe beschreibt zunächst allgemeine Prinzipien der Traumatherapie mit Kindern. Ein Fallbeispiel zeigt die Kombination eines therapeutischen Märchens mit EMDR bei einem dreijährigen Mädchen.

Reinhard Tausch berichtet über praktische Erfahrungen, wie EMDR in Gesprächspsychotherapie und Verhaltenstherapie eingesetzt werden kann, um belastende Erfahrungen zu vermindern. Sein Vorgehen, das sich in einigen Punkten von dem EMDR-Standardverfahren unterscheidet, wird durch einige Fallskizzen illustriert. Weiterhin empfiehlt er rhythmische Augenbewegungen als Methode zur Förderung von Entspannung und Wohlbefinden.

Friedhelm Lamprecht & Wolfgang Lempa plädieren für Methodenintegration in der Psychotherapie. Die Autoren stellen dar, wie EMDR in einen psychoanalytischen Gesamtbehandlungsplan integriert werden kann. Eine Fallvignette zeigt den Einsatz von EMDR bei einer Patientin als Ergänzung zu einer ambulanten tiefenpsychologisch orientierten Therapie.

Der Beitrag von *Michael Titze* schildert, wie EMDR in einer adlerianisch orientierten psychodynamischen Kurztherapie verwendet wird, um die Thematisierung lebensstiltypischer Motive und den Prozeß der Abreaktion zu fördern.

Zum Schluß möchte ich mich bei allen bedanken, die zum Gelingen dieses Buchs beigetragen haben: Dazu gehören in erster Linie die Autoren der deutschen Originalbeiträge und die AutorInnen, die die Genehmigung zur Übersetzung ihrer Artikel gegeben haben (ich freue mich besonders, daß dieser Sammelband auch einen Beitrag von Francine Shapiro und KoautorInnen enthält); Dr. Arne Hofmann, der so freundlich

---

1. Die Autoren verwenden in ihrem Aufsatz abwechselnd die Bezeichnungen EMD und EMD/R.

war, die Übersetzung des Shapiro-Artikels durchzusehen; Cathrin Steppuhn, die die englischen Beiträge übersetzt hat, und Otmar Koschar vom dgvt-Verlag, der dieses Buchprojekt anregte und begleitete. Schließlich möchte ich mich auch bei meiner Frau bedanken, die Verständnis dafür hatte, daß ich dem EMDR-Buchprojekt so viel Zeit gewidmet habe.

Ich hoffe, daß dieses erste deutschsprachige Buch über EMDR dazu beiträgt, Interesse für diese ungewöhnliche neue Therapiemethode zu wecken, und daß es dazu anregt, die Möglichkeiten dieses Ansatzes praktisch zu erproben und wissenschaftlich zu erforschen.

Bremen, im September 1997 *Christof T. Eschenröder*

Entwicklung und gegenwärtiger Status der EMDR – Ein Überblick

Christof T. Eschenröder

1. Einleitung

Im Jahr 1989 erschien in einer Fachzeitschrift, dem *Journal of Traumatic Stress*, ein Artikel der damals ganz unbekannten Psychologin Francine Shapiro, in dem die Autorin über eine neue Methode zur Behandlung von posttraumatischen Belastungsstörungen (PTBS) berichtete. In einer einzigen Sitzung sei es ihr mit der Methode der *Augenbewegungs-Desensibilisierung* gelungen, traumatische Erinnerungen vollständig zu desensibilisieren; die Behandlung habe zum Verschwinden oder zur Verminderung der Hauptsymptome geführt, unter denen die behandelten Personen litten (Shapiro l989a). Da PTBS als eine schwierige Störung gilt, stieß dieser Bericht auf großes Interesse, aber auch auf starke Skepsis.

Eye Movement Desensitization (EMD) wurde von Francine Shapiro (l989a; 1989b) zunächst als eine spezifische Methode der Behandlung traumatischer Erinnerungen beschrieben. Später berichtete die Autorin, sie habe dieses Verfahren verfeinert und bei verschiedenartigen psychischen Störungen angewandt (Shapiro, 1991a). Um den Aspekt der beschleunigten Verarbeitung von Informationen zu betonen, nennt sie die Methode ab 1991 *Eye Movement Desensitization and Reprocessing (EMDR)*. Obwohl es zunächst keine ausführliche Beschreibung des revidierten Verfahrens und kaum Studien zur Wirksamkeit gab, war das Interesse an Trainingskursen zur EMDR bei PraktikerInnen groß. In der ersten ausführlichen Darstellung der EMDR, dem Buch „Eye movement desensitization and reprocessing: Basic principles, protocols, and procedures", erwähnt Shapiro (1995, S. 10), daß bis zu diesem Zeitpunkt bereits 10.000 KlinikerInnen in EMDR trainiert worden waren.[1]

Psychotherapeuten mit unterschiedlichen theoretischen Grundorientierungen zeigten Interesse für das neue Verfahren. Joseph Wolpe, einer der Gründerväter der Verhaltenstherapie, der die Methode der *systematischen Desensibilisierung* von Angstreaktionen entwickelt hatte, setzte sich für die neue Therapiemethode ein, nachdem er festgestellt hatte, daß sie bei posttraumatischen Störungen überraschend gut wirkte (vgl. Wolpe, 1990; Wolpe & Abrams, 1991, in diesem Buch). In dem von Wolpe herausgegebenen *Journal of Behavior Therapy and Experimental Psychiatry* sind inzwischen über dreißig Artikel zu diesem Thema erschienen.

Es gibt auch Gemeinsamkeiten zwischen EMDR und kognitiv-verhaltenstherapeutischen Ansätzen. Die Formulierung negativer und positiver Überzeugungen im Zu-

---

[1] Nach Hofmann et al. (1997, S. 75) „sind derzeit bereits 20000 Therapeuten und Therapieforscher in der Methode ausgebildet worden."

sammenhang mit traumatischen Erlebnissen gehört bei der EMDR zum Standardvorgehen; weitere Methoden der kognitiven Umstrukturierung werden in bestimmten schwierigen Therapiesituationen eingesetzt (vgl. Shapiro, 1995, S. 244–271).

Auch psychoanalytisch und tiefenpsychologisch orientierte Therapeuten arbeiten mit EMDR (vgl. Grand, 1996; Hofmann, 1996; Hofmann, Ebner & Rost, 1997 und die Beiträge von Lamprecht & Lempa und Titze in diesem Buch). Wie Hofmann (1996, S. 371) berichtet, geschieht die Bearbeitung aufgetauchter Assoziationen und Erinnerungen in EMDR-Sitzungen deutlich schneller als während anderer psychodynamisch orientierter Einzelgespräche.

Reinhard Tausch, der die klientenzentrierte Gesprächspsychotherapie nach Rogers in Deutschland einführte, beurteilt EMDR als ein Verfahren, daß „wahrscheinlich die Praxis der Psychotherapie wesentlich beeinflussen und zu Änderungen der theoretischen Sichtweise in der Psychotherapie beitragen" wird (Tausch, 1997, S. 136; siehe auch den Beitrag in diesem Buch). Er betont besonders, daß die Wirkung der Methode von der Einbettung in eine gute und vertrauensvolle therapeutische Beziehung abhängt.

Wenn PatientInnen in der Therapiesitzung dazu ermutigt werden, aufgetauchte Gefühle von Wut und Ekel direkt und deutlich zu äußern, erinnert dies an Methoden der Gestalttherapie (vgl. Shapiro, 1995, S. 262–268). Wie Ulrich Wolf (1996) ausführt, kann EMDR auch im Rahmen einer integrativen gestalttherapeutischen Traumatherapie eingesetzt werden.

Es gab aber nicht nur positive Reaktionen, sondern auch heftige Kritik an der EMDR. So kritisierten verschiedene AutorInnen vor der Veröffentlichung von Shapiros Buch über EMDR, es gebe keine allgemein zugängliche Beschreibung des revidierten Verfahrens und die empirischen Nachweise für die Wirksamkeit der Methode seien nicht überzeugend (z. B. Herbert & Mueser, 1992; Acierno, Hersen et al., 1994; Meichenbaum, 1994, S. 304–308).

Über die teilweise durchaus berechtigte Kritik am damaligen Wissensstand zur EMDR geht ein SPIEGEL-Artikel mit dem Titel „Dunkle Gedanken" weit hinaus. EMDR wird hier als die neueste Modetorheit aus der amerikanischen Psycho-Szene geschildert:

Neben dem Glauben an die Machbarkeit der Dinge hegt man in Amerika noch einen anderen, nicht minder rührenden: daß auch die prekärsten Seelenprobleme sich lösen, sofern man sie nur der neuesten Modetherapie unterwirft.

Die heißt zur Zeit EMDR und heilt so ziemlich alles, woran des Menschen Psyche zu leiden vermag – und zwar im Schwuppdich-Verfahren: Der Therapeut fährt mit den Fingern seiner Hand vor den Augen des Patienten hin und her, worauf dieser alsbald seines Grames ledig ist.

Wie die Vögel auf den Leim, fliegen die Amerikaner auf die Winke-Winke-Therapie, die in den letzten Monaten überaus populär geworden ist: Schätzungsweise 2,5 Millionen Psycho-Trendys lassen sich jeden Monat behandeln, zu Preisen zwischen 30 und über 100 Dollar pro Sitzung.[1]

---

1. Diese Formulierung erweckt den Eindruck, als würden monatlich 2,5 Millionen Menschen in den USA mit EMDR behandelt. Das wäre aber nur möglich, wenn die 7.000 TherapeutInnen, die nach Angaben des Artikels zum damaligen Zeitpunkt EMDR-Kurse besucht hatten, durchschnittlich pro Monat 357 PatientInnen behandeln würden!

Zumindest in merkantiler Hinsicht ist EMDR also ein schöner Erfolg – und ein Musterbeispiel dafür, wie leicht es in diesen Zeiten der Gegenaufklärung gelingt, selbst die obskursten Psycho-Verfahren, allein gestützt auf Annahmen und Erfolgsbehauptungen, breitflächig zu etablieren. (DER SPIEGEL Nr. 20 vom 16.5.94, S. 234-235).

Seit 1995 finden auch in Deutschland EMDR-Trainings statt. In Fachzeitschriften und populärwissenschaftlichen Zeitschriften erschienen erste Artikel, in denen die EMDR als ein neues therapeutisches Verfahren vorgestellt wurde (de Jongh, ten Broeke & van der Meer, l995; Eschenröder, 1995, 1997;[1] Hofmann, 1996; Hofmann, Ebner & Rost, 1997; Wirtz, 1997). In Überblicksartikeln zur Symptomatik und Therapie von Posttraumatischen Belastungsstörungen von Bengel & Landji (1996), Foa & Rothbaum (1996) und Steil & Ehlers (1996) wird EMDR kurz erwähnt; der Überblick von Bronisch (1997) über kontrollierte Studien zur psychotherapeutischen Behandlung posttraumatischer Störungen enthält dagegen keine Hinweise auf die empirischen Untersuchungen zur Wirksamkeit der EMDR.

Ist EMDR eine neue Modetorheit auf dem Psychomarkt oder ein ernst zu nehmendes psychotherapeutisches Verfahren? Um diese Frage zu beantworten, werde ich zunächst das therapeutische Vorgehen bei EMD bzw. EMDR beschreiben.[2] Anschließend referiere ich Untersuchungen über die Wirkungen dieser Methode bei posttraumatischen Störungen und bei anderen Problemen. Ich stelle theoretische Erklärungsversuche und Untersuchungen über verschiedene Komponenten und Prozesse in der EMDR dar. Zum Schluß diskutiere ich, bei welchen PatientInnen mit einer schnellen Wirkung der EMDR gerechnet werden kann und bei welchen Problemen eine Kombination mit anderen Therapiemethoden sinnvoll erscheint. Außerdem weise ich auf offene Fragen hin, die durch weitere Forschungen geklärt werden könnten.

2. Beschreibung des therapeutischen Vorgehens in der EMDR

In diesem Abschnitt werde ich zunächst die Entstehung und Entwicklung der EMDR darstellen. Ich beschreibe dann die acht Phasen des therapeutischen Prozesses in der EMDR und bespreche den Einsatz spezieller Methoden in schwierigen therapeutischen Situationen. Weiterhin gehe ich auf die Unterschiede zwischen dem ursprünglichen und dem späteren Verfahren von Shapiro ein.

---

1. Bei meinem Aufsatz über EMDR, der in Heft 4/1997 von PSYCHOLOGIE HEUTE erschien, wurde der Text von einem Redakteur ohne Rücksprache mit mir verändert. Er entspricht in der Gesamttendenz meinen Intentionen, nicht aber stilistisch und in Bezug auf einzelne Aussagen.
2. In diesem Aufsatz werde ich wie in der Originalliteratur die Abkürzungen EMD bzw. EMDR verwenden. Wenn AutorInnen die Bezeichnung EMD verwenden, orientieren sie sich in ihrem Vorgehen meistens an der ursprünglichen Version von Shapiros Verfahren (1989a; 1989b); bei der Bezeichnung EMDR wird eine spätere Version der Methode angewendet. Manchmal bezieht sich der Begriff EMDR (auch die Schreibweisen EMD/R und EMD(R) wurden verwendet) auf frühere *und* spätere Versionen des Verfahrens von Shapiro, z. B. bei Diskussionen zu theoretischen und empirischen Fragen.

2.1 Die Entwicklung der EMDR

Francine Shapiro (1995, S. v-vi) berichtet im Vorwort ihres Buches über EMDR, sie habe sich früher mit englischer Literatur beschäftigt und dazu auch einiges publiziert. Kurz bevor sie 1979 eine Dissertation über die Lyrik von Thomas Hardy beginnen wollte, wurde bei ihr Krebs diagnostiziert. Diese Konfrontation mit einer lebensbedrohlichen Krankheit führte dazu, daß sie sich nun intensiv für psychosomatische Zusammenhänge interessierte. Nach der Heilung der Krankheit dachte sie darüber nach, was sie tun könnte, um einen Rückfall zu verhindern, und beschäftigte sich mit verschiedenen Methoden zur Förderung von körperlichem und seelischem Wohlbefinden. Sie studierte Psychologie und suchte nach einem Thema für eine Doktorarbeit in klinischer Psychologie.

Nach Shapiros Angaben führte eine zufällige Beobachtung im Mai 1987 zur Entdeckung des positiven Effekts schneller sprunghafter Augenbewegungen *(saccadic eye movements)* (1995, S. 2f.). Sie stellte bei einem Spaziergang in einem Park fest, daß störende Gedanken plötzlich verschwanden. Als sie sich bewußt wieder auf diese Gedanken konzentrierte, waren sie nicht mehr beunruhigend. Sie beobachtete dann, daß sich ihre Augen beim Auftreten weiterer belastender Gedanken spontan hin- und herbewegten und daß die mit den Gedanken verbundenen negativen Gefühle schwächer wurden. Den gleichen Effekt konnte sie auch erzielen, wenn sie schnelle Augenbewegungen absichtlich ausführte, während sie an ein negatives Erlebnis dachte.[1]

Ausgehend von dieser Zufallsbeobachtung entwickelte die Autorin eine therapeutische Methode zur Behandlung traumatischer Erinnerungen. Das Grundprinzip dieser Methode besteht darin, daß sich eine Person auf eine traumatische Erinnerung und die damit verbundenen Gedanken und Gefühle konzentriert, während gleichzeitig rhythmische Augenbewegungen induziert werden (Shapiro, 1989a, S. 201). In einem neueren Aufsatz formuliert die Autorin das Grundprinzip der EMDR allgemeiner:

> Eine zentrale Komponente der Methode besteht darin, die Aufmerksamkeit der KlientIn auf einen äußeren Reiz zu lenken, während er/sie sich gleichzeitig auf eine identifizierte Quelle emotionaler Störungen konzentriert. (Shapiro, 1996, S. 209). [Übers. vom Verfasser].

Die Aufgabe, den Handbewegungen der TherapeutIn mit den Augen zu folgen, ist nur eine Möglichkeit, die Aufmerksamkeit der Person auf einen äußeren Reiz zu lenken; auch Töne oder Berührungen mit der Hand können dazu verwendet werden.

Shapiro erweckt in ihren beiden Aufsätzen von 1989 den Eindruck, daß *eine* EMD-

---

1. Rosen (1995) bezweifelt diesen Bericht von Shapiro, da Menschen nicht in der Lage seien, sakkadische Augenbewegungen bewußt wahrzunehmen. Im Gegensatz dazu weist Welch (1996) darauf hin, daß man sprunghafte Augenbewegungen beobachten (oder zumindest aus der Veränderung des visuellen Feldes erschließen) kann, wenn man bewußt die Aufmerksamkeit darauf lenkt. In experimentellen Untersuchungen über Problemlösen und Imagination wurde gefunden, daß kognitive Prozesse oft von sakkadischen Augenbewegungen begleitet werden. Daher spricht nach Welch sehr viel dafür, daß Shapiro ihre Beobachtungen korrekt interpretiert hat.

Sitzung bei posttraumatischen Störungen in den meisten Fällen für eine erfolgreiche Behandlung ausreichend sei. Sie erwähnt allerdings auch, daß durch EMD nicht alle Symptome posttraumatischer Störungen behandelt werden könnten und daß dadurch keine Bewältigungsstrategien vermittelt würden. Daher seien bei manchen PatientInnen zusätzliche Sitzungen (im Durchschnitt fünf Stunden) nötig, um ihnen bei der Lösung ihrer Probleme zu helfen (Shapiro, 1989a, S. 221).

In beiden Veröffentlichungen von 1989 geht die Autorin nicht auf die Bedeutung einer *kooperativen therapeutischen Beziehung* für die EMD ein. Wenn eine solche Beziehung nicht vorhanden ist oder nicht entwickelt werden kann, lehnen PatientInnen entweder das therapeutische Angebot ab (vgl. Marquis, 1991, S. 188) oder sie folgen nicht der Instruktion, sich das traumatische Ereignis vorzustellen (vgl. Lipke & Botkin, 1992, S. 594). In neueren Veröffentlichungen wird dagegen die Bedeutung der therapeutischen Beziehung und der Kompetenz und Sensibilität der TherapeutInnen als Voraussetzung für eine wirksame Behandlung mit EMDR betont (Greenwald 1994c; Shapiro 1994b; 1995).

Während Shapiro (l989a, S. 211) zunächst glaubte, aufgrund ihrer Beschreibung der Methode könnten TherapeutInnen 75 -80 % aller traumatischen Erinnerungen erfolgreich desensibilisieren, korrigiert sie diese Schätzung später auf 50 %. Sie warnt vor einer Verwendung der EMDR durch TherapeutInnen ohne spezielle Fortbildung, da bei inkompetenter Anwendung die Gefahr bestehe, daß die Behandlung zu einer erneuten Traumatisierung führt (Shapiro, 1991b; vgl. auch den Bericht von Oswalt et al., 1993).

Shapiro (l991a, S. 133) berichtet, sie habe daß Vorgehen bei ihrer Methode verfeinert. Die EMDR könne bei einem breiten Spektrum von Störungen angewendet werden, auch bei aktuellen Problemen und verschiedenartigen dysfunktionalen Emotionen. Das revidierte Verfahren wurde zunächst nur im Rahmen von Trainingskursen vermittelt. Seit 1995 liegt mit dem Buch von Shapiro über EMDR eine ausführliche schriftliche Darstellung des Verfahrens vor.

2.2 Die acht Phasen der EMDR-Behandlung

Shapiro (1995, S. 67-74) gliedert den therapeutischen Prozeß in der EMDR in die folgenden acht Phasen:

1. Anamnese und Behandlungsplanung *(client history and treatment planning)*;
2. Vorbereitung *(preparation)*;
3. Einschätzung *(assessment)*;
4. Desensibilisierung *(desensitization)*;
5. Einsetzen eines positiven Gedankens *(installation)*;
6. Überprüfung der Körperempfindungen *(body scan)*;
7. Abschluß *(closure)*;
8. Neubewertung *(reevaluation)*.

Im folgenden möchte ich einen Überblick über die wesentlichen Inhalte dieser Phasen geben:

1. Anamnese und Behandlungsplanung

In der ersten Phase der Therapie ist es wichtig herauszufinden, ob EMDR eine geeignete Behandlungsmethode für eine bestimmte PatientIn ist. Shapiro (1995, S. 89–102) erwähnt einige Voraussetzungen für die Anwendung von EMDR: Dazu gehört vor allem eine vertrauensvolle therapeutische Beziehung, die es PatientInnen ermöglicht, eventuell extrem belastende Erinnerungen zuzulassen und wiederzuerleben.

Die Methode sollte nur bei PatientInnen verwendet werden, die körperlich und seelisch stabil genug sind, um mit möglicherweise auftretenden intensiven Emotionen umgehen zu können. In manchen Fällen ist dies im Rahmen einer stationären Therapie eher möglich als bei einer ambulanten Behandlung. Besondere Vorsicht ist nach Shapiro (1995, S. 100–102 und 303–305) bei der Behandlung von Personen mit dissoziativen Störungen geboten. Es sollte auch abgeschätzt werden, ob die Verarbeitung traumatischer Erlebnisse die Person bei wichtigen aktuellen Aufgaben behindern könnte, da der Verarbeitungsprozeß oft nach den Sitzungen weitergeht.[1]

Bei Personen mit Augenproblemen können eventuell akustische oder taktile Reize eingesetzt werden. Sofern nach den Augenbewegungen Augenschmerzen auftreten, sollte ein Augenarzt konsultiert werden; bei Augenschmerzen darf die Behandlung auf keinen Fall in der gleichen Form fortgesetzt werden.

EMDR wird im Rahmen eines umfassenden Behandlungsplanes eingesetzt. Die Methode kann in Therapien von unterschiedlicher Grundorientierung integriert werden, z. B. in verhaltenstherapeutische, tiefenpsychologische oder gesprächspsychotherapeutische Behandlungen. Bei der Anamnese werden die vergangenen Ereignisse, die die Probleme hervorriefen, die gegenwärtigen Auslöser für Symptome und die für die Zukunft gewünschten Einstellungen und Verhaltensweisen exploriert. Sofern eine Person unter vielen traumatischen Ereignissen litt, kann sie gebeten werden, die zehn belastendsten Erinnerungen aufzuschreiben (Shapiro 1995, S. 74). Bei der Anamnese sollte auch auf sekundäre Gewinne durch die Symptome und auf systemische Aspekte der Störung geachtet werden. Wenn mögliche Vorteile der Symptome und Nachteile einer Besserung nicht berücksichtigt werden, kann nicht mit bedeutsamen Besserungen gerechnet werden.

2. Vorbereitung

Bei der Vorbereitung werden Informationen über die Wirkungsweise und die Techniken der EMDR gegeben, die auf das Wissen der PatientInnen abgestimmt werden. Die TherapeutIn kann z. B. erklären, daß negative Erlebnisse im Gedächtnis gespeichert werden und daß bestimmte Auslöser die belastenden Vorstellungen, Gedanken und Gefühle wieder hervorrufen. Wenn PatientInnen wissen, daß im Traumschlaf schnelle Augenbewegungen auftreten, kann man daran anknüpfen und erklären, daß durch die Au-

---

1. Kontraindikationen für EMDR sind nach Hofmann et al. (1997, S. 76) „floride Psychosen, schwere hirnorganische Erkrankungen und körperlich eingeschränkte Belastungsfähigkeit (z. B. instabile Koronarerkrankung). (...) Suchterkrankungen und schwere Depressionen sollten vor dem Einsatz von EMDR in der Regel vorrangig behandelt werden."

genbewegungen ein Prozeß der Verarbeitung belastender Erinnerungen (bzw. ein Selbstheilungsprozeß) in Gang gesetzt wird. Alles, was dabei an Bildern, Gedanken, Gefühlen und Körperempfindungen auftritt, soll einfach nur beobachtet werden wie eine Landschaft, die vorbeizieht, während man in einem fahrenden Zug sitzt. Die PatientIn soll nicht versuchen, irgend etwas zu forcieren, sondern es einfach geschehen lassen (Shapiro, 1995, S. 118–121).

In dieser Phase wird auch geprobt, welche Art von Augenbewegungen (oder welche andere Stimulierung) für die PatientInnen angenehm sind. Die TherapeutIn hält typischerweise zwei Finger einer Hand in einer für die PatientIn angenehmen Entfernung (ca. 25–30 cm) vor die Augen der PatientIn und bewegt sie horizontal von rechts nach links. Die Bewegungen werden dann beschleunigt bis zu der maximalen Geschwindigkeit, der die PatientIn ohne Schwierigkeiten mit den Augen folgen kann. Die erste Augenbewegungs-Serie sollte aus etwa 24 Hin- und Herbewegungen (bzw. 48 einfachen Bewegungen) bestehen, wobei sich die Augen der PatientIn innerhalb einer Sekunde etwa einmal lateral hin und zurück bewegen. Wenn dies Unbehagen, Schwindel oder Übelkeit auslöst, können die Geschwindigkeit, die Länge oder die Richtung der Augenbewegungen verändert werden. Die folgenden Richtungen der Augenbewegungen sind möglich:

– Horizontale Bewegungen;
– diagonale Bewegungen von rechts unten nach links oben;
– diagonale Bewegungen von links unten nach rechts oben;
– vertikale Bewegungen;
– kreisförmige Bewegungen;
– Bewegungen in Form einer liegenden Acht.

Bei der zweihändigen Version plaziert die TherapeutIn die Zeigefinger der beiden Hände an den entgegengesetzten Seiten des visuellen Feldes der PatientIn und hebt und senkt sie abwechselnd; die PatientIn hat die Aufgabe, mit dem Blick von einem Finger zum anderen zu springen.

Auch taktile oder akustische Reize können verwendet werden: Die TherapeutIn kann rhythmisch mit den Fingern abwechselnd auf die Handinnenflächen der PatientIn tippen; dabei legt die PatientIn die Hände mit der Innenseite nach oben auf die Knie. Als akustischer Reiz kann Fingerschnipsen in der Nähe der beiden Ohren angewendet werden, während die PatientIn die Augen schließt (Shapiro, 1965, S. 63–67). In dem Abschnitt 5 dieses Aufsatzes werden weitere Varianten der EMDR (z. B. motorische Aufgaben oder die visuelle Fixierung eines Objekts) erwähnt, die von verschiedenen ForscherInnen untersucht wurden.

Shapiro empfiehlt, die Augenbewegungen zunächst ohne ein gleichzeitiges Vorstellungsbild zu testen und ein Signal zu vereinbaren, mit dem die PatientIn signalisieren kann, wenn sie Unbehagen verspürt und die Bewegungen beenden möchte. Anschließend können die Augenbewegungen (oder die alternative Stimulierung), die als angenehm oder zumindest als neutral empfunden wurde, mit einer positiven Vorstellung (z. B. dem Bild eines sicheren Ortes) gekoppelt werden (Shapiro, 1995, S. 121–124).

3. Einschätzung

In dieser Phase werden die PatientInnen gebeten, sich auf die Erinnerung zu konzentrieren, die sie belastet, und dann ein einziges Bild auszuwählen, das für die ganze Erinnerung repräsentativ ist (vorzugsweise der traumatischste Punkt des Ereignisses). Eine ausführliche Schilderung des traumatischen Erlebnisses ist nicht unbedingt nötig.

Die PatientInnen werden dann gefragt, welcher Satz über sie selbst oder über das Ereignis am besten zu der Erinnerung paßt. Es folgen einige Beispiele für negative Überzeugungen im Zusammenhang mit traumatischen Ereignissen:

- „Ich bin hilflos."
- „Ich bin nicht liebenswert."
- „Ich bin nicht in Ordnung."
- „Ich habe etwas Falsches getan."
- „Mir geht alles schief."

Wenn es PatientInnen schwerfällt, eine solche *negative Kognition* zu formulieren, kann die TherapeutIn eine oder mehrere Formulierungen vorschlagen. Eine Formulierung, die als passend akzeptiert wird, kann im weiteren Verlauf der Behandlung verwendet werden.

Um eine *positive Kognition* herauszufinden, werden PatientInnen gefragt, wie sie gerne über das Ereignis oder über sich selbst denken möchten. Es folgen einige Beispiele:

- „Es ist vorbei; ich bin jetzt sicher."
- „Ich bin liebenswert."
- „So wie ich bin, bin ich in Ordnung."
- „Ich habe aus dem Erlebnis gelernt."
- „Ich kann erfolgreich sein."

Die gefühlsmäßige Glaubwürdigkeit dieser positiven Kognition wird auf der siebenstufigen VOC-Skala *(Validity of Cognition)* eingeschätzt. Man kann PatientInnen auch bitten, auf einer Skala von 0 bis 100% die Glaubwürdigkeit des positiven Gedankens einzuschätzen.[1]

Die PatientInnen sollen sich dann auf das traumatische Bild und die negative Kognition konzentrieren, die dadurch ausgelösten Gefühle und Körperempfindungen benennen und die Stärke der Gefühle auf einer subjektiven Skala der negativen Emotionen *(Subjective Units of Disturbance – SUD)* von 0 (neutral oder ruhig) bis 10 (stärkste mögliche Unruhe) einschätzen. Manchmal wird auch eine Skala von 0 bis 100 verwendet (vgl. Wolpe 1972, S. 126).

Die bildhafte Vorstellung des traumatischen Ereignisses, die negative Kognition

---

1. Vaughan, Wiese et al. (1994, S. 535–536) fragen erst zu einem späteren Zeitpunkt nach der erwünschten Kognition, da es PatientInnen oft schwerfällt, bei starker Angst und Unruhe positive Gedanken zu äußern. Sie lassen diese Gedanken erst formulieren, wenn die Erregung in der Desensibilisierungsphase auf ein mittleres Niveau abgefallen ist.

und die dabei auftretenden Gefühle und Körperempfindungen stellen unterschiedliche Zugänge dar, um das *Gedächtnis-Netzwerk* zu aktivieren, in dem das traumatische Erlebnis gespeichert ist (vgl. Abschnitt 4 dieses Aufsatzes).

4. Desensibilisierung

In dieser Phase wird die traumatische Erinnerung solange mit Hilfe von Augenbewegungs-Serien (oder alternativer Stimulierung) bearbeitet, bis der SUD-Wert (bei einer Skala von 0 bis 10) auf 0 oder auf 1 abgesunken ist.

Die PatientInnen werden darauf hingewiesen, daß sich bei der Verarbeitung negativer Erinnerungen die Vorstellungen, Gedanken, Gefühle und Körperempfindungen ändern können oder daß sie gleichbleiben. Sie sollen das, was geschieht, einfach geschehen lassen und es beobachten. Es ist wichtig, daß PatientInnen über die ablaufenden Prozesse eine möglichst klare und ehrliche Rückmeldung geben. Es kann z. B. sein, daß eine Person befürchtet, sie würde etwas falsch machen, wenn das traumatische Bild unklarer wird oder die negativen Gefühle verschwinden. In diesem Fall kann die TherapeutIn deutlich machen, daß dies eine normale und für die therapeutische Methode typische Erfahrung ist.

Die PatientIn wird instruiert, das traumatische Bild zu visualisieren, die negative Kognition zu wiederholen, sich auf die körperlichen Empfindungen zu konzentrieren und dann der Hand der TherapeutIn mit dem Blick zu folgen, ohne den Kopf zu bewegen.

Nach jeder Serie wird die PatientIn aufgefordert, das Bild auszulöschen (bzw. loszulassen) und tief durchzuatmen. Dann fragt die TherapeutIn: „Was ist jetzt aufgetaucht?" Sofern Veränderungen der Vorstellungen, Gedanken, Gefühle und Körperempfindungen berichtet werden, sagt die TherapeutIn: „Bleiben Sie dabei" oder „Denken Sie darüber nach", um die Aufmerksamkeit auf das neu aufgetauchte Material zu lenken; dann wird die nächste Augenbewegungs-Serie induziert. Auftauchende Bilder oder Gedanken sollten in dieser Phase der Therapie nicht interpretiert oder diskutiert werden, da dies den Verarbeitungsprozeß bremsen würde. Wenn das Vorstellungsbild verschwunden ist und kein anderes Erlebnis in den Vordergrund getreten ist, gibt die TherapeutIn die Anweisung, wieder zu dem ursprünglichen belastenden Erlebnis zurückzukehren.

In manchen Fällen sinkt die Erregung kontinuierlich ab, wobei sich die Gefühle auch qualitativ ändern können (z. B. zuerst Angst, dann Wut, dann Mitleid und schließlich Gelassenheit). Auch das Vorstellungsbild kann sich verändern: Es kann z. B. klarer und deutlicher oder blasser und unschärfer werden; manchmal verändert sich die Perspektive und die Person betrachtet das Erlebnis von außen oder aus größerer Distanz. Einige Personen berichten auch, daß es ihnen nach den Augenbewegungs-Serien schwerfällt, das Vorstellungsbild wieder hervorzurufen. Manchmal treten spontan neue Einsichten oder hilfreiche Gedanken auf. Wenn die SUD-Werte bei der Vorstellung der ursprünglichen Erinnerung auf 0 oder 1 gefallen sind, kann zur nächsten Behandlungsphase übergegangen werden (Shapiro, 1995, S. 146–157).

In manchen Fällen tauchen Erinnerungen auf, die in irgendeiner Art mit der Erinnerung assoziiert sind, auf die sich die PatientIn konzentrierte. Dies führt oft zu einem Anstieg der Erregung, in manchen Fällen auch zu einer dramatischen *Abreaktion*. Es kann sich um ein anderes Beispiel für die gleiche Art von Ereignissen handeln (z. B. eine anderes Beispiel für sexuelle Belästigung); um ein Ereignis, an dem die gleiche Person beteiligt war, oder das mit ähnlichen äußeren Reizen, Gefühlen, Körperempfindungen oder Einstellungen verbunden war (Shapiro 1995, S. 78–80). Alle emotional bedeutsamen Erinnerungen, die in einem Gedächtnis-Netzwerk assoziativ verbunden sind, werden so lange bearbeitet, bis die Erregung abgeklungen ist. Bei einer Rückkehr zu der ursprünglichen Szene nach der Bearbeitung assoziierter Erinnerungen sind die SUD-Werte oft deutlich niedriger (vgl. Goldstein & Feske, 1994). Die Bearbeitung von Erinnerungen, die in einem Gedächtnis-Netzwerk verbunden sind, kann sich über mehrere Sitzungen erstrecken. Bei einer unvollständigen Bearbeitung hat die TherapeutIn die Aufgabe, rechtzeitig zum Ende der Sitzung die Abschlußphase einzuleiten.

Wenn im Verlauf einer Desensibilisierung nach zwei aufeinander folgenden Augenbewegungs-Serien keinerlei Veränderungen berichtet werden, können Geschwindigkeit, Dauer oder Richtung der Augenbewegungen verändert oder eine andere Art der Stimulation gewählt werden, um den Verarbeitungsprozeß wieder in Gang zu setzen.

5. Einsetzen eines positiven Gedankens

Nach dem Abschluß der Desensibilisierung fragt die TherapeutIn, wie die PatientIn die positive Kognition empfindet, die in der Einschätzungsphase formuliert wurde, und läßt die gefühlsmäßige Glaubwürdigkeit auf der VOC-Skala von 1 (völlig falsch) bis 7 (völlig richtig) einschätzen. In vielen Fällen wird der Gedanke als glaubwürdiger beurteilt. Manchmal kann nach den Erfahrungen in der Desensibilisierungsphase ein noch besser passender neuer Gedanke formuliert werden. Die PatientIn soll dann erneut an die in der Desensibilisierungsphase bearbeitete Erinnerung zusammen mit der positiven Kognition denken; nach einer Augenbewegungs-Serie wird erneut nach der Glaubwürdigkeit des neuen Gedankens gefragt. Dieses Verfahren wird solange wiederholt bis der höchste Wert auf der VOC-Skala erreicht wird oder bis kein weiterer Anstieg mehr erreicht werden kann (Shapiro, 1995, S. 157–159). Dieses Vorgehen beruht auf der Annahme, daß positive selbstbezogene Kognitionen (z. B. „Ich kann mich wehren", „Ich bin liebenswert") sich auf andere Erinnerungen und zukünftige Aktivitäten generalisieren können (Shapiro, 1995, S. 61).

6. Überprüfung der Körperempfindungen

In dieser Phase soll die PatientIn auf noch vorhandene Anspannungen oder ungewöhnliche Empfindungen in ihrem Körper achten, während sie an die ursprüngliche Erinnerung und die positive Kognition denkt. Wenn solche Empfindungen beobachtet werden, soll die PatientIn die Aufmerksamkeit darauf richten und eine neue Augenbewegungs-Serie wird induziert. In manchen Fällen werden dadurch weitere belastende Erinnerungen aufgedeckt, die dann verarbeitet werden können (Shapiro, 1995, S. 159–160).

7. Abschluß

Zum Abschluß der Sitzung hat die TherapeutIn die Aufgabe, der PatientIn dabei zu helfen, wieder in einen Zustand des seelischen Gleichgewichts zurückzukehren, auch wenn die Verarbeitung der traumatischen Erinnerung nicht beendet werden konnte, z. B. mit Hilfe von Entspannungsmethoden (vgl. Shapiro 1995, S. 238–241). Die TherapeutIn gibt die Aufgabe, möglicherweise auftretende negative Gedanken, Erinnerungen, Träume und Gefühlszustände zu beobachten und aufzuschreiben. Das Aufschreiben hilft dabei, sich von diesen Erlebnissen zu distanzieren; außerdem kann das aufgetauchte Material in der nächsten Sitzung weiter bearbeitet werden (Shapiro, 1995, S. 160–165).

Es ist wichtig, für die Verarbeitung traumatischer Erinnerungen genügend Zeit einzuplanen; eine Sitzung von 50 Minuten reicht dazu oft nicht aus. Es ist günstiger, dafür eine Doppelstunde anzusetzen oder die Sitzung so zu legen, daß sie bei Bedarf verlängert werden kann. Wegen der möglichen Nachwirkungen einer intensiven Therapiestunde sollte die Bearbeitung eines bedeutsamen Traumas auch nicht in der letzten Sitzung vor einem Urlaub stattfinden (vgl. Shapiro, 1995, S. 98–100).

8. Neubewertung

In der folgenden Sitzung wird eingeschätzt, welche Gefühle die PatientIn in Bezug auf die bearbeitete Erinnerung hat. Wenn die SUD-Werte höher als 1 sind, wird die Bearbeitung in der Regel fortgesetzt. Auch belastende Träume, Erinnerungen und Erlebnisse, die im Zusammenhang mit dem Thema der letzten Stunde stehen, können als Ausgangspunkt für die weitere Verarbeitung genommen werden. Mit der Desensibilisierung einer anderen belastende Erinnerung sollte in der Regel nur begonnen werden, wenn das zuvor bearbeitete Erlebnis als neutral eingeschätzt wird (Shapiro, 1995, S. 196–215).

Eine erfolgreiche Verarbeitung vergangener Traumata führt manchmal automatisch zu positiven Veränderungen in der Gegenwart; oft ist es aber nötig, gegenwärtige Auslöser für problematische Gefühle und Verhaltensweisen zusätzlich zu bearbeiten. Für die Integration neuer Erfahrungen spielen nicht nur innerpsychische Faktoren eine Rolle, sondern auch systemische Gesichtspunkte. Wenn die PatientIn neue Verhaltensweisen zeigt, ist es wichtig, die Reaktion der Familie und der sozialen Umwelt auf diese Veränderungen einzuschätzen und auf mögliche Probleme einzugehen. Nach der Überwindung alter Probleme und gegenwärtiger Schwierigkeiten können neue Entscheidungen für die Zukunft getroffen werden.

EMDR-Methoden können auch zur Verminderung von Ängsten vor zukünftigen schwierigen Situationen eingesetzt werden. Bei fehlenden sozialen Fertigkeiten von PatientInnen ist nach Shapiro (1995, S. 207–210) die Kombination mit anderen therapeutischen Methoden sinnvoll, z. B. das Einüben neuer Verhaltensweisen im Rollenspiel oder in der Imagination.

Die Verwendung von Augenbewegungen als Selbsthilfemethode

Wenn Augenbewegungs-Serien in Therapiesitzungen zur Verminderung belastender Gefühle führen, liegt es nahe, sie auch als Selbsthilfemethode zu verwenden. Marquis (1991, S. 191) berichtet über mehrere Fälle, in denen PatientInnen Augenbewegungen erfolgreich in kritischen Situationen anwendeten; er schildert aber auch einen Fall, bei dem diese versuchte Selbsttherapie zum Auftauchen eines früheren schlimmen Erlebnisses und damit zu einer Retraumatisierung führte (1991, S. 188). Shapiro (1995, S. 236–238) warnt aufgrund solcher Erfahrungen vor einer zu frühzeitigen Anwendung von Augenbewegungen ohne therapeutische Begleitung. Sie empfiehlt, diese Selbsthilfemethode nach der erfolgreichen Verarbeitung von schwerwiegenden traumatischen Erlebnissen anzuwenden, um Streßreaktionen zu vermindern. Dies kann z. B. geschehen, indem die Person mit dem Blick zwischen zwei Punkten im Raum hin- und herspringt, ohne den Kopf zu bewegen. Reinhard Tausch (in diesem Buch) empfiehlt aufgrund eigener Erfahrungen die Verwendung von rhythmischen Augenbewegungen bei Einschlafschwierigkeiten, bei Schmerzen und zur Förderung von Entspannung und Wohlbefinden.

2.3 Umgang mit schwierigen therapeutischen Situationen

In diesem Abschnitt wird der Umgang mit Abreaktionen und Blockierungen und die Verwendung von Methoden des „kognitiven Einflechtens" *(cognitive interweave)* beschrieben.

Abreaktionen. Ein Wiedererleben traumatischer Erlebnisse, das mit einem hohen Erregungsniveau verbunden ist, wird als Abreaktion bezeichnet. Weinen und das Erleben starker körperlicher Symptome, die den Empfindungen bei dem ursprünglichen belastenden Ereignis ähnlich sind, sind typische Zeichen für Abreaktionen.

Die TherapeutIn hat die Aufgabe, die PatientIn dabei zu unterstützen, diese Reaktionen als einen wichtigen Teil des Verarbeitungsprozesses zuzulassen und Sicherheit zu geben (Shapiro, 1995, S. 168–177). Eine therapeutische Haltung, die Mitgefühl und eine notwendige Distanz verbindet *(detached compassion)* ist dabei optimal. Die Dauer der Augenbewegungs-Serien kann während einer Abreaktion verlängert werden. Unter Umständen ist es notwendig, die Bewegungen zu verlangsamen, damit die PatientIn trotz starker Erregung mit den Augen folgen kann. Auch sprachlich kann die TherapeutIn durch kurze Äußerungen signalisieren, daß es gut ist, die auftretenden Gefühle und Empfindungen zu beobachten und vorübergehen zu lassen, während die gegenwärtige Situation ganz sicher ist. Durch die therapeutischen Interventionen soll ein doppelter Fokus der Aufmerksamkeit gefördert werden, so daß die PatientIn aus der sicheren Situation in der Gegenwart das vergangene Trauma nacherleben und integrieren kann.

Blockierungen. Wenn zwei aufeinander folgende Augenbewegungs-Serien nicht zu einer Veränderung führen, bezeichnet Shapiro dies als eine Blockierung. Es gibt verschiedene Möglichkeiten, den Verarbeitungsprozeß wieder in Gang zu setzen (vgl. Shapiro, 1995, S. 177–195):

So können die Richtung, die Länge und/oder die Geschwindigkeit der induzierten Augenbewegungen verändert werden. Die TherapeutIn kann auch die Anweisung geben, sich nicht auf die Vorstellung und die Gedanken, sondern auf die Körperempfindungen zu konzentrieren, während Augenbewegungen induziert werden.

Manchmal kommt auch durch die Aufforderung, unausgesprochene Worte auszusprechen oder unterdrückte Bewegungen auszuführen, die Verarbeitung wieder in Gang. Oft ist es zur Überwindung von Blockierungen auch sinnvoll, die Aufmerksamkeit auf Aspekte des belastenden Ereignisses zu lenken, die im aktuellen Erleben nicht im Vordergrund standen.

Blockierungen bei der Verarbeitung aktueller Probleme können aber auch dazu anregen, nach Erinnerungen zu suchen, die mit diesem Problem in assoziativer Verbindung stehen und es aufrechterhalten *(feeder memories)*. Dies kann z. B. geschehen, indem sich die PatientIn auf die negative Kognition oder die aktuellen Gefühle und Körperempfindungen konzentriert und nach dazu passenden früheren Erfahrungen sucht.[1] Eine Desensibilisierung dieser früheren Erinnerungen erleichtert dann die Bearbeitung der späteren Erfahrungen.

Auch blockierende Überzeugungen (z. B. „Ich habe es nicht verdient, daß es mir gut geht") oder Befürchtungen, die sich auf die Konsequenzen einer erfolgreichen Behandlung beziehen, können den Verarbeitungsprozeß behindern, wenn sie in der Therapie nicht thematisiert werden.

Das „kognitive Einflechten" (cognitive interweave). In manchen Fällen, vor allem bei schwerer gestörten PatientInnen, führt das Standardvorgehen in der EMDR nicht zu einem befriedigenden Ergebnis. In diesen Situationen ist es eine wichtige therapeutische Aufgabe, den Verarbeitungsprozeß durch verbale Interventionen zu fördern (Shapiro, 1995, S. 244–271).

Nach Shapiro (1995, S. 247–248) sind drei Themen für Opfer traumatischer Ereignisse besonders bedeutsam, nämlich *Verantwortlichkeit, Sicherheit* und *Entscheidungsmöglichkeiten*. Es ist wichtig, daß Personen, die z.B. als Kind sexuell mißbraucht wurden, sich von Schuldgefühlen und Selbstvorwürfen befreien und erkennen, daß der Täter für die vergangenen Ereignisse verantwortlich war. Dies erleichtert die Unterscheidung zwischen der Vergangenheit und der gegenwärtigen sicheren Situation, in der sie die Möglichkeit haben, Entscheidungen zu treffen, die ihren eigenen langfristigen Interessen entsprechen

Shapiro (1995, S. 256–261) beschreibt verschiedene Interventionen, die dabei helfen können, adaptivere Überzeugungen zu entwickeln. Wenn Erinnerungen an sexuellen Mißbrauch oder Mißhandlungen geschildert werden, kann die TherapeutIn fragen: „Wer ist daran schuld?" oder „Wer ist dafür verantwortlich?" Wenn der Täter als schuldig benannt wird, wird eine Augenbewegungs-Serie mit der Anweisung, darüber nachzudenken, induziert.

Sofern PatientInnen sich selbst wegen Ereignissen beschuldigen, für die sie keine Verantwortung tragen, kann die TherapeutIn z. B. erstaunt fragen: „Ich bin verwirrt. Wollen Sie damit sagen, daß ein fünfjähriges Mädchen es verursachen kann, daß ein

---

1. Wenn im Verlauf einer EMDR-Sitzung spontan oder aufgrund von Anregungen der TherapeutIn Erinnerungen auftauchen, stellt sich natürlich die Frage, ob es sich dabei um echte (zuvor verdrängte oder disoziierte) oder um falsche Erinnerungen *(false memories)* handelt. Shapiro (1995, S. 291–296) diskutiert diese Frage sehr differenziert. Sie weist darauf hin, daß es ohne unabhängige Bestätigungen nicht möglich ist zu entscheiden, ob eine „Erinnerung", die berichtet wird, eine mehr oder weniger korrekte Beschreibung vergangener Erlebnisse ist, ob es sich um eine symbolische Darstellung von Lebenserfahrungen handelt oder ob die Person Erfahrungen verarbeitet, die ihr durch Erzählungen, Lektüre oder Filme vermittelt wurden. Weiterhin könnten Erinnerungen auf Lügen und Täuschungen durch andere Personen beruhen; z. B. könne ein Täter, der ein Kind sexuell mißbraucht, diesem einreden, seine Eltern würden die sexuellen Handlungen beobachten und billigen. TherapeutInnen sollten daher nicht vorschnell von der Richtigkeit oder Falschheit solcher Erinnerungen ausgehen, sondern eher deutlich machen, daß es in vielen Fällen keine absolute Sicherheit in Bezug auf die objektive Wahrheit und Richtigkeit von Erinnerungen gibt (vgl. auch die Fallstudie von Shapiro, Vogelmann-Sine & Sine, in diesem Buch).

Erwachsener sie vergewaltigt?" Es könnte auch hilfreich sein, die Frage zu stellen: „Wenn Ihr Kind sexuell belästigt würde, würden Sie dann sagen, es ist seine Schuld?" Bei einer Reaktion in der gewünschten Richtung wird dann wieder eine Augenbewegungs-Serie induziert. So können verschiedene kognitive Therapiemethoden mit dem typischen Vorgehen in der EMDR kombiniert werden, um selbstschädigende Einstellungen zu verändern.

Die Ermutigung, Gefühle von Wut und Schmerz gegenüber einer anderen Person wiederholt in der Therapiesitzung mit möglichst starkem emotionalem Ausdruck auszusprechen, erinnert an Techniken der Gestalttherapie; auch diese Methode wird mit Augenbewegungs-Serien kombiniert (Shapiro, 1995, S. 262–268).

2.4 Unterschiede zwischen EMD und EMDR

Es gibt eine Reihe von Unterschieden zwischen EMD (Shapiro, 1989a; 1989b) und der heutigen EMDR (Shapiro, 1995). Die frühere Version von Shapiros Methode beschäftigt sich nur mit der Behandlung traumatischer Erinnerungen, EMDR auch mit gegenwärtigen oder zukunftsbezogenen Ängsten. EMDR kann daher nicht nur bei posttraumatischen Störungen angewendet werden, sondern auch bei Phobien, pathologischer Trauer und als Hilfe zur Krankheitsbewältigung (vgl. Shapiro, 1995, S. 222–235).

Das EMD-Konzept ist nur für die Arbeit mit kooperativen PatientInnen geeignet. Bei schwierigen PatientInnen stellte sich heraus, daß bei dem therapeutische Vorgehen sehr viel mehr Punkte berücksichtigt werden müssen, als Shapiro ursprünglich glaubte. Bezogen auf das 8-Phasen-Modell der EMDR, machen Shapiros Artikel über EMD nur Aussagen über die Phasen 3 bis 5 (Einschätzung, Desensibilisierung und Einsetzen eines neuen Gedankens). Überlegungen zur Behandlungsplanung, zur systemischen Einbettung von Symptomen, zur therapeutischen Beziehung und zu Kontraindikationen fehlen. Es werden auch keine Angaben zur Konzentration auf Körperempfindungen und zum Abschluß von Sitzungen bei unvollständiger Bearbeitung von Erinnerungen gemacht. Während das EMD-Konzept überwiegend auf lerntheoretischen Annahmen beruht, basiert die EMDR auf Konzepten von Informationsverarbeitung und assoziativen Netzwerken (vgl. Shapiro, 1995, S. 9f.).

Die Version der EMD von Joseph Wolpe (vgl. Wolpe, 1994; Wolpe & Abrams, 1991; in diesem Buch) unterscheidet sich in einigen wichtigen Aspekten von Shapiros ursprünglicher Methode. Er verzichtet auf die Formulierung von negativen und positiven Kognitionen und konzentriert sich auf die gegenwärtigen Auslöser von Angstreaktionen. Dagegen wird kein Versuch gemacht, die Erinnerung an das ursprüngliche traumatische Erlebnis zu desensibilisieren.

Die Variante des EMDR, über die Reinhard Tausch (in diesem Buch) berichtet, unterscheidet sich ebenfalls in einer Reihe von Punkten von Shapiros Standardmethode (z. B. Verzicht auf die Verwendung von Skalen und Induktion langsamerer Augenbewegungen).

3. Anwendungsgebiete der EMDR

EMDR kann die negativen Gefühle und Körperempfindungen, die mit traumatischen oder belastenden Erinnerungen verbunden sind, deutlich reduzieren und eine konstruktive Neubewertung dieser Ereignisse fördern. Daher sind Posttraumatische Belastungsstörungen (PTBS) das Hauptanwendungsgebiet für dieses therapeutische Verfahren. Aber auch bei Angststörungen, extremen Trauerreaktionen und verschiedenen anderen Störungen, bei denen belastende Erlebnisse eine wichtige Rolle spielen, ist eine Anwendung von EMDR möglich. Auch in der Behandlung von Kindern kann diese Methode eingesetzt werden. Oft ist es sinnvoll, EMDR mit anderen bewährten therapeutischen Verfahren zu kombinieren. Im folgenden werde ich die Richtlinien von Shapiro (1995, S. 216–235) für die Behandlung verschiedenartiger Störungen und die bisher vorliegenden Fallstudien und Untersuchungen darstellen.

3.1. Posttraumatische Belastungsstörungen (PTBS) bei Erwachsenen

Die diagnostische Kategorie *posttraumatic stress disorder* wurde 1980 von der *American Psychiatric Association* eingeführt; seitdem wurden die Kriterien für diese Diagnose in bestimmten Punkten überarbeitet und verändert (vgl. Steil & Ehlers, 1995, S. 171–176). Im ICD-10 (Dilling et al. 1991, S. 157) wird die *posttraumatische Belastungsstörung (F43.1)* definiert „als eine verzögerte oder protrahierte Reaktion auf ein belastendes Ereignis oder eine Situation außergewöhnlicher Bedrohung oder katastrophenartigen Ausmaßes (kurz oder langanhaltend), die bei fast jedem eine tiefe Verstörung hervorrufen würde. Hierzu gehören eine durch Naturereignisse oder von Menschen verursachte Katastrophe, eine Kampfhandlung, ein schwerer Unfall oder die Tatsache, Zeuge des gewaltsamen Todes anderer oder selbst Opfer von Folterung, Terrorismus, Vergewaltigung oder anderer Verbrechen zu sein." Eine vorübergehende Störung, die nach einem außergewöhnlich belastenden Ereignis auftritt, wird als *akute Belastungsreaktion (F43.0)* bezeichnet (Dilling et al., 1991, S. 155-156).

Bei Posttraumatischen Belastungsstörungen (PTBS) treten mehrere der folgenden Symptome auf:

1. *Wiedererleben.* Das traumatische Ereignis wird in Form von störenden (intrusiven) Gedanken, Tagträumen oder Träumen wiedererlebt. Situationen, die in irgendeiner Art an das traumatische Erlebnis erinnern oder es symbolisieren, lösen oft intensive negative Gefühle aus.
2. *Vermeidung.* Die Person versucht, Gedanken und Vorstellungen, Situationen und Aktivitäten, die sie an das Trauma erinnern, zu vermeiden. Ein Zustand von Betäubtsein, emotionaler Stumpfheit und Teilnahmslosigkeit kann auftreten; die Person verliert in manchen Fällen das Interesse an Aktivitäten, die sie früher als bedeutsam betrachtete.
3. *Erhöhtes Erregungsniveau.* Symptome wie Ein- und Durchschlafstörungen, Reizbarkeit, Konzentrationsstörungen und übermäßige Schreckhaftigkeit sind Folgen eines erhöhten Erregungsniveaus.

PTBS ist häufig mit depressiven Verstimmungen oder Ängsten verbunden; Drogen- oder Alkoholkonsum können ebenfalls auftreten. Wenn PatientInnen nicht alle Kriterien für die Diagnose PTBS erfüllen, wird dies als partielle oder subsyndromale posttraumatische Störung bezeichnet (vgl. Frommberger et al., 1997, S. 47).

Zur Entstehung, Aufrechterhaltung und Überwindung von PTBS gibt es unterschiedliche Erklärungsversuche (vgl. dazu die Darstellung von Steil & Ehlers, 1995, S. 182–198). In Abschnitt 4 dieses Aufsatzes gehe ich kurz auf einige dieser Ansätze ein.

Shapiro (1995, S. 218–222) beschreibt das Vorgehen für die Behandlung von traumatischen Ereignissen. Bei einzelnen traumatischen Ereignissen werden die folgenden Aspekte mit EMDR bearbeitet:

1. Die Erinnerung an das tatsächliche Ereignis;
2. Flashback-Szenen, die sich von dem erinnerten Ereignis unterscheiden;
3. die schlimmste Szene bei wiederkehrenden Alpträumen;
4. gegenwärtige Auslöser, die an das traumatische Erlebnis erinnern.

Nach den Erfahrungen von Shapiro genügt es bei älteren Erinnerungen, eine Szene zu bearbeiten, die das gesamte Ereignis repräsentiert, zumeist die schlimmste Szene. Bei Ereignissen, die erst wenige Wochen zurückliegen, sei es dagegen notwendig, die gesamte Sequenz imaginativ durchzuspielen und verschiedene belastende Episoden zu desensibilisieren, da keine Generalisierung von einer Episode auf das gesamte Erlebnis auftreten würde.

Zur Wirksamkeit der EMDR bei PTBS-PatientInnen liegen eine Reihe von Einzelfallstudien, Fallserien und quantitative Studien mit Gruppen von PatientInnen von sehr unterschiedlicher methodischer Qualität vor.

In der Studie von Shapiro (1989a) wurden 22 Personen, die unter traumatischen Erinnerungen (z. B. aufgrund von Überfällen, Vergewaltigungen, sexuellem Mißbrauch in der Kindheit oder Kriegserlebnissen) litten, in einer Sitzung mit EMD behandelt. Die Hälfte der Gruppe erhielt zunächst eine Placebo-Behandlung, bei der sie das traumatische Erlebnis im Detail schildern sollten, und anschließend die EMD, da die Placebo-Behandlung sich als wirkungslos herausstellte. Die *subjektiven Angstwerte (SUD-Werte)*, die mit der traumatischen Erinnerung verbunden waren, sanken bei der EMD-Gruppe hochsignifikant von 7,45 auf 0,13; bei den Follow-ups nach einem Monat bzw. drei Monaten stiegen die Werte nur geringfügig auf 0,63 bzw. 0,73 an. Bei der Kontrollgruppe sanken die SUD-Werte nach der verzögerten EMD-Behandlung im gleichen Ausmaß. Die Glaubwürdigkeit positiver Gedanken zu dem traumatischen Ereignis stieg bedeutsam an. Bei der ersten Sitzung und den beiden Follow-ups wurde die maximale Pulsrate bei der Vorstellung des traumatischen Ereignisses gemessen; sie sank beim Follow-up um 13 Schläge pro Minute. Bei den Follow-ups berichteten 15 PatientInnen über das Verschwinden des wichtigsten Problems und sechs über Besserungen; eine Person war nicht erreichbar. Vor allem störende Gedanken und bildhafte Vorstellungen *(flashbacks)* sowie Alpträume und Schlafstörungen verschwanden durch die Behandlung. Besserungen wurden z. B. bei Unsicherheit in Gruppen und mangelndem Vertrauen berichtet. Die in dieser Studie berichtete hundertprozentige

Besserungsquote ist außerordentlich ungewöhnlich. Zumindest in einigen Fällen wurde anscheinend die Behandlung der PatientInnen durch die überweisenden TherapeutInnen fortgesetzt; Shapiro (1989a, S. 213) berichtet, die TherapeutInnen hätten den Erfolg der EMD bestätigt (zur methodischen Kritik an dieser Studie vgl. Lohr et al., 1992 und Herbert & Mueser, 1992).

In einer großen Anzahl von Fallstudien wird über die erfolgreiche Behandlung von Erwachsenen mit posttraumatischen Störungen mit EMD bzw. EMDR berichtet (de Jongh, ten Broeke & van der Meer, 1995; Dyregrov, 1993; Kleinknecht & Morgan, 1992; McCann, 1992; Montgomery & Ayllon, 1994a; Page & Crino, 1993; Puk, 1991; Shapiro, 1989b; Spates & Burnette, 1995; Spector & Huthwaite, 1993; ten Broeke & de Jongh, 1993; ten Broeke & de Jongh, 1995; Wolpe & Abrams, 1991; Young, 1995). In manchen Fällen wurden dramatische Erfolge nach *einer* EMDR-Sitzung erzielt (Shapiro, 1989b; Puk, 1991; McCann, 1992; Spector & Huthwaite, 1994; ten Broeke & de Jongh, 1993). In diesem Band werden die Fallstudien von McCann und von Kleinknecht & Morgan als Beispiele für dramatische Besserungen nach einer kurzen Behandlung mit EMD vorgestellt. In zwei Einzelfallstudien dauerte die Therapie deutlich länger:

- Die von Wolpe & Abrams (1991; in diesem Band) gemeinsam durchgeführte Behandlung (Verhaltensanalyse, Training in progressiver Relaxation und EMD) einer Frau, die vor neun Jahren Opfer einer Vergewaltigung geworden war, dauerte insgesamt 15 Sitzungen. Im Gegensatz zu dem sonst üblichen Vorgehen wurde nicht versucht, die traumatische Erinnerung zu desensibilisieren oder nach dem Absinken der Angst positive Gedanken mit dem Vorstellungsbild zu koppeln. Die erfolgreiche Desensibilisierung bezog sich auf verschiedene Alltagssituationen, vor denen sich die Patientin fürchtete.
- Montgomery & Ayllon (1994a) berichten über ein allmähliches Absinken der Angst im Verlauf von sechs EMD-Sitzungen bei einer Frau, die unter zwei verschiedenartigen traumatischen Erinnerungen litt.

Eine Fallstudie von Walter Young (1995) zeigt besonders deutlich die Möglichkeiten und Grenzen einer kurzen EMDR-Intervention:

Jim, ein 46jähriger Vietnam-Veteran, litt seit 24 Jahren unter schweren posttraumatischen Störungen. Besonders quälend war für ihn die Erinnerung an den Tod eines Kameraden, der bei einem Kampfeinsatz in seinem Hubschrauber abgeschossen worden war. Kurz vor dem Einsatz hatten sie vereinbart, die Hubschrauber zu tauschen. Jim litt deshalb unter Schuldgefühlen und die Erinnerung an den Absturz und die Zerstörung des Hubschraubers tauchte im Wachzustand und in Alpträumen immer wieder auf. Der Patient litt außerdem unter Gefühlen von Stumpfheit, Isolation, Reizbarkeit, Panikattacken und dissoziativen Symptomen. Seine einzige „Bewältigungsmethode" für diese Probleme war der Konsum von Alkohol und Valium. Er hatte mehrere Jobs verloren und bekam wegen Arbeitsunfähigkeit finanzielle Unterstützung. Mehrere Klinikaufenthalte und konventionelle Therapieversuche hatten ihm nicht geholfen.

Der Patient stimmte einer EMDR-Behandlung zu, obwohl er nicht glaubte, daß sie ihm bei der extrem belastenden Erinnerung an den Tod des Kameraden helfen könnte. Auf der SUD-Skala gab er den Höchstwert 10 für diese Erinnerung an. Nach dreißig Minuten Behandlung berichtete der Patient über eine deutliche Erleichterung und ein Gefühl der Ruhe in Bezug auf das Ereignis. Er empfand den Tausch der Hubschrauber nicht mehr als einen Grund, sich selbst Vorwürfe zu machen. Nach 45 Minuten hatte er Schwierigkeiten, die Erinnerung wieder hervorzurufen; das Angstniveau schätzte er auf 0 bis 1 ein. In der Sitzung wurde dann noch ein zweites Kriegsereignis desensibilisiert, bei dem er intensive Gefühle von Hilflosigkeit empfunden hatte.

Der Patient berichtete, daß das Verfahren sich anders anfühle als andere Therapiemethoden. Zum ersten Mal habe die Erinnerung an die Ereignisse zu einem Gefühl der Lösung der Probleme geführt, daß er früher nie empfunden habe.

Bei einer telefonischen Nachbefragung nach neun Monaten berichtete der Patient, daß die positiven Effekte der Behandlung angehalten hätten. Die sich aufdrängenden Erinnerungsbilder und die Furcht waren verschwunden. Er hatte aber weiterhin Probleme in Beziehungen und mit dem Gebrauch von Suchtmitteln. Die dramatischen Besserungen in Bezug auf belastende Erinnerungen und Schlafstörungen führten offenbar nicht zu grundlegenden Veränderungen in anderen Problembereichen.

In Artikeln von Marquis (1991), Lipke & Botkin (1992), und Oswalt et al. (1993) wird über die Behandlung mehrerer PTBS-PatientInnen mit EMD berichtet; dabei wurden keine standardisierten Maße zur Erfolgskontrolle verwendet. Während Marquis (1991, S. 190-191) seine Behandlungsergebnisse bei 16 PatientInnen mit PTBS als sehr erfolgreich einschätzte, berichten Lipke & Botkin (1992) und Oswalt et al. (1993) über gemischte Ergebnisse. Möglicherweise beruhen Mißerfolge in diesen Untersuchungen zum Teil auf fehlendem Training und mangelnder Erfahrung der TherapeutInnen (vgl. Shapiro, 1991b; Greenwald, 1995).

Hassard (1995) berichtet über die Behandlung von 27 PatientInnen einer Schmerzklinik, die EMD als einen wichtigen Teil ihrer psychologischen Behandlung erhielten. Die meisten von ihnen litten unter den physischen und psychischen Nachwirkungen von Verkehrs- und Arbeitsunfällen. Von 19 PatientInnen, die die EMD-Behandlung beendeten, schätzt der Autor zwölf als erfolgreich ein. Da es sich um PatientInnen mit unterschiedlichen Diagnosen handelt und die verwendeten psychologischen Fragebögen nicht die spezifischen Symptome posttraumatischer Störungen erfaßten, ist diese Untersuchung methodisch nicht sehr überzeugend. Die relativ geringe Erfolgsquote kann auch damit zusammenhängen, daß der Autor keine EMD-Ausbildung hatte.

Arne Hofmann (1996) veröffentlichte die erste deutsche Untersuchung zur EMDR. Acht PatientInnen mit der Diagnose PTBS wurden im Rahmen eines Klinikaufenthalts mit durchschnittlich vier EMDR-Sitzungen behandelt. Bei sieben von acht PatientInnen bewirkte diese Behandlung deutliche und anhaltende Besserungen. Die SUD-Werte der traumatischen Erinnerungen sanken im Durchschnitt von 6,5 auf 0,9; dieser Behandlungserfolg blieb auch nach drei und sechs Monaten erhalten. Als Einschränkung der Studie erwähnt der Autor neben der fehlenden Kontrollgruppe den Effekt der übrigen stationären Behandlung. Die EMDR war in ein psychodynamisches Therapiekonzept eingebettet. Material, das während und nach den EMDR-Sitzungen aufgetaucht war, wurde in tiefenpsychologischen Gesprächen weiter bearbeitet.

Ich werde nun die Arbeiten besprechen, in denen standardisierte Fragebögen, Interviews, physiologische Messungen und/oder Kontrollgruppen zur Erfolgskontrolle eingesetzt wurden (Boudewyns et al., 1993; Forbes et al., 1994; Jensen, 1994; Montgomery & Ayllon, 1994b; Pitman et al., 1996a; Renfrey & Spates, 1994; Rothbaum, 1997; Vaughan, Armstrong et al., 1994; Vaughan, Wiese et al., 1994; Wilson et al., 1995).

In einer Reihe von Untersuchungen, die standardisierte Erfolgskriterien verwendeten, konnten positive Effekte von EMD bzw. EMDR bei PTBS nachgewiesen werden:

In der Studie von Vaughan, Wiese, Gold & Tarrier (1994) erhielten zehn PatientInnen, die unter verschiedenartigen Traumata litten, bis zu sechs EMD-Sitzungen (Durchschnitt 3,3 Sitzungen); diagnostische Interviews fanden vor und nach der Behandlung und beim Follow-up acht bis zwölf Wochen nach dem Beginn der Behandlung statt. Bei acht PatientInnen wurde die Diagnose PTBS gestellt; zwei PatientInnen, die eine Woche nach Überfällen behandelt wurden, litten unter akuten Belastungsreaktionen. Bei acht PatientInnen bewirkte die Behandlung deutliche Besserungen. Besonders starke und anhaltende Besserungen wurden bei den Kategorien Wiedererleben (weniger Flashbacks und belastende Träume) und Vermeidung gefunden; auch Übererregung und Depression verminderten sich nach der Behandlung. Beim Follow-up waren die Werte für diese beiden Kategorien zwar etwas niedriger als vor der Behandlung, die Veränderungen waren aber nicht mehr statistisch signifikant. Die AutorInnen führen dies auf zusätzliche Belastungen einiger PatientInnen in der Zeit nach Therapieende zurück.

Vaughan, Armstrong et al. (1994) verglichen in einer Studie EMD mit imaginativem Habituationstraining und angewandter Muskelentspannung. Beim imaginativen Habituationstraining hatten die PatientInnen die Aufgabe, täglich eine Stunde eine Endloskassette mit der Beschreibung des traumatischen Ereignisses anzuhören. Bei der angewandten Muskelentspannung lernten die PatientInnen, auf Angstsignale zu achten und dann eine Entspannungsmethode einzusetzen; sie hatten die Aufgabe, dies zweimal täglich zu üben. 36 PatientInnen, die unter posttraumatischen Störungen litten, wurden auf die drei Behandlungsgruppen aufgeteilt; die Hälfte wurde zunächst auf eine Warteliste gesetzt und nach zwei bis drei Wochen behandelt. Alle drei Behandlungen führten zu bedeutsamen Besserungen im Vergleich zur Wartekontrollgruppe.

Während vor der Behandlung 78 % der PatientInnen die Kriterien für eine PTBS-Diagnose erfüllten, waren es nach der Behandlung 47 % und beim Follow-up nach drei Monaten nur noch 30 %. Die Unterschiede zwischen den Wirkungen der verschiedenen Behandlungen waren nicht statistisch signifikant. Die tendenziell stärksten Veränderungen wurden bei der EMD-Gruppe gefunden wurden, bei der die PTBS-Symptome um 45 % reduziert wurden, während sie durch das Habituationstraining um 25 % und durch die Muskelentspannung um 34 % vermindert wurden. Nur EMD führte zu einer bedeutsamen Verminderung von Flashbacks und Alpträumen. Die AutorInnen betonen, daß die Behandlungsdauer von vier Sitzungen relativ kurz war und daß für einige PatientInnen der EMD-Gruppe eine längere Behandlungsdauer sinnvoll gewesen wäre.

Forbes et al. (1994) behandelten acht PTBS-PatientInnen (vier 90minütige EMDR-Sitzungen in wöchentlichem Abstand). Vor und nach der Behandlung und drei Monate nach dem Behandlungsende wurden die PatientInnen mit einem strukturierten Interview und mit standardisierten Fragebögen untersucht. Bei allen untersuchten Erfolgskriterien (Wiedererleben, Vermeidung, Übererregbarkeit und Depression) wurden signifikante Besserungen nach der Therapie und keine weiteren Änderungen zwischen Behandlungsende und Follow-up gefunden. Bei den Behandlungssitzungen wurde die Muskelspannung mit einem Elektromyogramm bei der Vorstellung einer neutralen und einer traumatischen Szene gemessen; beide Werte sanken von der ersten zur vierten Sitzung ab. Nach einem strengen Erfolgskriterium wurden nach der Behandlung sechs und beim Follow-up fünf der acht PatientInnen als bedeutsam gebessert eingeschätzt. Trotz dieser Verbesserungen erfüllten noch vier PatientInnen bei Therapieende und Follow-up die Voraussetzungen für die Diagnose PTBS. Nach der Einschätzung der AutorInnen sind die in dieser Studie erzielten Behandlungseffekte im Ausmaß vergleichbar mit anderen erfolgreichen PTBS-Therapien; sie wurden aber in kürzerer Zeit erreicht.

Forbes et al. (1994, S. 117) fanden in ihrer Studie eine signifikante positive Korrelation ($r = 0{,}86$) zwischen der Suggestibilität der PatientInnen, die vor Beginn der Behandlung festgestellt wurde und der Verminderung der Symptome nach der Behandlung; beim Follow-up war dieser Zusammenhang nicht mehr signifikant. Die AutorInnen betrachten Suggestibilität als ein Maß für die Fähigkeit zur Imagination. Sie nehmen an, daß Personen, die sich die traumatischen Szenen bei der Therapie lebhaft vorstellen können, besonders stark von der EMDR profitieren (1994, S. 119).[1]

Montgomery & Ayllon (1994b) behandelten sechs PTBS-PatientInnen. Nach einer diagnostischen Sitzung folgten drei Sitzungen mit imaginativer Konfrontation ohne Augenbewegungen, anschließend sechs EMD-Sitzungen und Follow-up-Sitzungen. Während die imaginative Konfrontation nicht zu einer bedeutsamen Verminderung der Angst führte, bewirkte EMD deutliche Besserungen (Absinken von SUD-Werten, Herzfrequenz und Blutdruck während der Sitzungen, Verminderung der Häufigkeit störender Gedanken um 66 % und belastender Träume um 51 %, geringere Depression). Bei fünf von sechs PatientInnen war die Behandlung erfolgreich. Der einzige Patient, bei dem sich keine bedeutsame Besserung zeigte, prozessierte wegen Arbeitsunfähigkeit, wobei sich sein Anwalt auf die Diagnose PTBS stützte.

Renfrey & Spates (1994) verglichen in ihrer Studie mit 23 PatientInnen drei Bedingungen:

1. die übliche EMD;
2. eine Variante, bei der die Personen zwei alternierend aufleuchtende Lichter mit den Augen verfolgen sollten;
3. eine Variante, bei der ein Lichtpunkt visuell fixiert werden sollte.

---

[1]. Hekmat, Groth & Rogers (1994, S. 125f.) fanden dagegen in einem Experiment zur Schmerzkontrolle mit StudentInnen keine statistisch signifikanten Zusammenhänge zwischen Suggestibilität und dem Erfolg der Behandlung (EMDR und EMD mit Musik).

Die Teilnehmer erhielten zwischen zwei und sechs Therapiesitzungen (Durchschnitt 3,9 Sitzungen bei Gruppe 1; 4,3 bei Gruppe 2 und 5,4 bei Gruppe 3). Während vor der Behandlung 21 der 23 PatientInnen die Kriterien für eine PTBS-Diagnose erfüllten, waren dies nach der Behandlung nur noch fünf PatientInnen. Herzfrequenz und subjektive Angst verminderten sich bei allen drei Behandlungsgruppen bedeutsam und bei allen stieg die Glaubwürdigkeit positiver Kognitionen deutlich an. Bei verschiedenen standardisierten Maßen zur Erfassung von PTBS-Symptomen fanden die Autoren ebenfalls signifikante positive Veränderungen. Zwischen den drei Behandlungsgruppen gab es auch hier keine signifikanten Unterschiede.

In der Studie von S. Wilson, Becker & Tinker (1995) wurden achtzig Personen, die unter traumatischen Erinnerungen litten, von fünf TherapeutInnen behandelt. Die Hälfte der Gruppe mußte als Kontrollgruppe einen Monat auf die Behandlung warten. Die Behandlung bestand aus drei 90minütigen EMDR-Sitzungen. Die Ergebnisse: In der Wartezeit von einem Monat veränderten sich die Werte der Kontrollgruppe nicht. Bei allen Erfolgskriterien führten die Behandlung und die verzögerte Behandlung zu signifikanten Besserungen; diese Veränderungen hielten an, wie das Follow-up nach drei Monaten zeigte. Besonders ausgeprägt waren die Besserungen bei symptomspezifischen Maßen (SUD, Intrusionen und Vermeidung); positive Veränderungen wurden aber auch in Bezug auf Somatisierung, Angst, Depression und interpersonelle Empfindlichkeit gefunden. In zusätzlichen Analysen der Daten zeigen die AutorInnen, daß die Behandlung zu klinisch bedeutsamen Veränderungen führte. Die Besserung war unabhängig von der Art des traumatischen Erlebnisses.

In einer Studie von Barbara O. Rothbaum (1997) wurden 18 Frauen, die Opfer einer Vergewaltigung geworden waren und unter PTBS litten, mit EMDR behandelt. Im Vergleich zu der Warte-Kontrollgruppe führte die Behandlung zu signifikanten und klinisch bedeutsamen Besserungen bei PTBS- und Depressions-Symptomen. Das Follow-up nach drei Monaten zeigte, daß die positiven Veränderungen stabil waren. Bei den nach der Wartezeit behandelten Patientinnen wurden ähnlich deutliche Therapieeffekte gefunden.

Die Arbeit von D. Wilson et al. (1996) zur Behandlung traumatischer Erinnerungen diente vor allem zur Analyse von verschiedenen Komponenten der EMDR und zur Untersuchung der dabei ablaufenden physiologischen Prozesse. Sie wird in Abschnitt 5 dieses Aufsatzes besprochen.

Zwei Untersuchungen mit Vietnam-Veteranen konnten keine klinisch bedeutsamen Veränderungen nachweisen. Boudewyns et al. (1993) verglichen bei zwanzig hospitalisierten Patienten:

1. EMD;
2. imaginative Exposition ohne Augenbewegungen;
3. eine Kontrollgruppe, die die in der Institution übliche Behandlung erhielt.

Die ersten beiden Gruppen erhielten je zwei 90minütige Therapiesitzungen. Während der beiden Therapiesitzungen sanken die subjektiven Angstwerte bei der EMD-Gruppe stärker als bei der Expositionsgruppe. Vor und nach der Behandlung wurden die Patienten mit einer auf Band aufgenommenen Beschreibung einer traumatischen Szene konfrontiert; hier wurden keine Behandlungseffekte in Bezug auf subjektive Angst und verschiedene physiologische Maße gefunden. Auch Interviews und Fragebögen zur Erfassung von PTBS-Symptomen ergaben keine positiven Veränderungen.

Jensen (1994) kam bei der Untersuchung von 25 unter PTBS leidenden Vietnam-Veteranen zu ganz ähnlichen Ergebnissen: Nach einem Erstgespräch und zwei EMDR-Sitzungen war der einzige signifikante Unterschied zwischen Behandlungs- und Kontrollgruppe ein leichtes Absinken der mit der traumatischen Erinnerung verbundenen subjektiven Angstwerte. Bei allen anderen Erfolgskriterien wurde keine Besserung gefunden. Nach der Einschätzung eines erfahrenen Beurteilers verwirklichten die TherapeutInnen in dieser Studie das EMDR-Konzept nur unzureichend (Jensen, 1994, S. 321–322).

Pitman et al. (1996a) verglichen bei 17 Vietnam-Veteranen mit chronischen posttraumatischen Störungen EMDR mit einer Variante des Verfahrens (Fixierung eines Punktes mit den Augen und rhythmisches Fingertippen, während der Therapeut die Hand wie bei dem Standardverfahren bewegt). Den Patienten war diese Behandlung angeboten worden; nicht alle hatten sich aktiv um eine Therapie bemüht. In sechs Sitzungen wurde ein traumatischen Kriegserlebnis mit EMDR oder der Variante des Verfahrens bearbeitet; in weiteren sechs Sitzungen wurde dann das Verfahren gewechselt und eine zweite traumatische Erinnerung desensibilisiert.[1] Beide Verfahren waren etwa gleich wirksam. Sie führten zu einer partiellen emotionalen Verarbeitung, die sich in einer Abnahme von SUD-Werten und einer Habituation bei einigen physiologischen Meßwerten zeigte. Bei Fragebögen wurden mäßig starke Besserungen als Ergebnis der Behandlung gefunden (insgesamt 23 % Besserung nach der gesamten Behandlung). Die Qualität der Therapiedurchführung *(fidelity)* wurde von einem Experten im Durchschnitt als mäßig akzeptabel beurteilt; höhere Einschätzungen korrelierten mit etwas stärkeren Besserungen bei den Patienten. Die gleiche Forschungsgruppe fand in einer ganz ähnlichen Studie, in der imaginative Konfrontation als Behandlungsmethode benutzt wurde, eine Besserung von 13 % bei den Erfolgskriterien (Pitman et al., 1996b). Aufgrund dieser Ergebnisse halten die Autoren EMDR für die besser geeignete Methode bei Vietnam-Veteranen mit chronischen Störungen (Pitman et al., 1996a, S. 428).

Silver et al. (1995) untersuchten die Wirkungen eines stationären Therapieprogramms für Vietnam-Veteranen. Die Teilnehmer hatten die Möglichkeit, zusätzlich zu dem Standardprogramm freiwillig an einer Biofeedback-Behandlung, einem Entspannungstraining oder EMDR teilzunehmen; die Personen waren also nicht per Zufall verschiedenen Behandlungsgruppen zugeteilt worden. Bei fünf von acht Selbsteinschätzungs-Skalen (Angst, Isolation, belastende Gedanken, Alpträume, Beziehungsprobleme) führte EMDR zu signifikanten zusätzlichen Besserungen im Vergleich zu dem Standardprogramm; das Entspannungstraining führte nur zu leichten nicht-signifikanten Besserungen und die Biofeedback-Behandlung hatte keinen positiven Effekt.

---

1. Einige Patienten brauchten weniger als sechs Sitzungen, um ein traumatisches Erlebnis zu bearbeiten. Die durchschnittliche Therapiedauer betrug 9,7 Sitzungen. Drei Patienten beendeten die Behandlung wegen negativer Auswirkungen vorzeitig.

Boudewyns et al. (1993, S. 32), Jensen (1994, S. 323) und Pitman et al. (1996a, S. 427) diskutieren einige Gründe für die unbefriedigenden Ergebnisse ihrer Studien: Manche Vietnam-Veteranen erhalten eine finanzielle Unterstützung aufgrund ihrer Beeinträchtigungen; daher könnte es für sie bedrohlich sein, über positive Veränderungen zu berichten. Bei dieser Gruppe komme häufiger Alkohol- und Drogenmißbrauch als bei zivilen PTBS-PatientInnen vor; außerdem sei sie mißtrauischer gegenüber professionellen HelferInnen.

Insgesamt erscheint es mir als eine wenig sinnvolle und ethisch fragwürdige Forschungsstrategie, einer größeren Anzahl von chronischen Patienten eine kurze Behandlung durch wenig erfahrene TherapeutInnen anzubieten, die sich dann als unzureichend herausstellt; vgl. auch die Kritik von Greenwald (1994c; 1996) und Shapiro (1994c; 1995, S. 333) an diesen Untersuchungen. In der Studie von Pitman et al. (1996a) war die Behandlungszeit deutlich länger als bei Boudewyns et al. (1993) und Jensen (1994); zwölf Sitzungen standen zur Verfügung, um zwei traumatische Erlebnisse zu bearbeiten. Die therapeutischen Wirkungen waren aber bei dieser Gruppe mit fraglicher Therapiemotivation viel schwächer als in anderen EMDR-Untersuchungen. Shapiro (1995, S. 296–302) bespricht die besonderen Probleme bei der Therapie von Kriegsveteranen, die unter posttraumatischen Störungen leiden. Viola & McCarthy (1994) beschreiben ein Konzept für eine umfassende stationäre Behandlung von Veteranen, in dem EMDR ein wichtiges Element darstellt.

Herbert & Mueser (1992), Lohr et al. (1992) und Acierno, Hersen et al. (1994) beurteilen die damals vorliegenden Ergebnisse zur Wirksamkeit der EMD als unzureichend und methodisch fragwürdig. Meichenbaum (1994, S. 304–305) warnt vor einer unkritischen Akzeptierung der EMDR, wobei er sich unter anderem auf die Ergebnisse der Studien von Boudewyns et al. (1993) und Jensen (1994) stützt, ohne deren methodische Schwächen zu erwähnen. Lohr et al. (1995) kommen in einem Artikel zum empirischen Status der EMDR zu einer sehr skeptischen Einschätzung der Wirksamkeit dieses Verfahrens, obwohl sie auch neuere Untersuchungen berücksichtigen. Ihr Aufsatz enthält eine Reihe von gravierenden Fehlern bei der Darstellung empirischer Untersuchungen, auf die Shapiro (1996b) hingewiesen hat. Im Gegensatz dazu schätzen andere AutorInnen den empirischen Status der EMDR in Bezug auf die Behandlung von PTBS ausgesprochen positiv ein (vgl. z. B. Greenwald, 1994; Eschenröder, 1995; de Jongh & ten Broeke, 1996; Shapiro, 1995, S. 328–336; 1996a).

Lohr et al. (1995) glauben, daß die Wirkung von EMDR auf einem Placebo-Effekt beruhen könnte, daß er also auf die unspezifische Hoffnung auf Besserung, die durch die Behandlung geweckt wird, zurückzuführen ist (vgl. auch Merckelbach et al., 1994 a, S. 46; Page & Crino, 1993, S. 290). Dies erscheint mir aus zwei Gründen sehr unwahrscheinlich: Erstens berichten Solomon et al. (1992, S. 634), daß PTBS-PatientInnen bei pharmakologischen Studien auf Placebo-Medikamente nicht ansprachen. Zweitens sind die symptomspezifischen Behandlungseffekte bei EMDR-Studien sehr viel stärker als die üblicherweise gefundenen Placebo-Wirkungen. Die Effektstärke, ein statistisches Maß für die Größe der Veränderungen, betrug in der Studie von S. Wilson et al. (1995, S. 935) für die symptomspezifischen Maße 1,82 und für die anderen Maße 0,65. Im Vergleich dazu sind die Effektstärken von Placebo-Behandlungen sehr viel geringer; die durchschnittlichen Werte, die hier angegeben werden, liegen zwischen 0,21 (vgl. Grawe et al., 1994, S. 712) und 0,56 (vgl. Eysenck, 1994, S. 485).

Shapiro (1996a) weist darauf hin, daß es mehr kontrollierte Studien zur Behandlung von posttraumatischen Störungen mit EMDR als mit jeder anderen therapeutischen Methode gibt. Bei keiner der bisher durchgeführten Untersuchungen war EMDR einem anderen therapeutischen Verfahren unterlegen. Studien mit Warte-Kontrollgruppen zeigten, daß die Wirkungen der EMDR nicht auf sogenannte Spontanremissionen zurückgeführt werden können (Vaughan, Armstrong et al., 1994; S. Wilson et al., 1995; Rothbaum, 1995). Verschiedene Arbeiten zeigten anhaltende klinisch bedeutsame Veränderungen bei den Gruppen, die mit EMDR behandelt worden waren (Vaughan, Armstrong et al., 1994; Forbes et al., 1994; Montgomery & Ayllon, 1994b; Renfrey & Spates, 1994; S. Wilson et al., 1995; Rothbaum, 1995). Zwei Untersuchungen mit Vietnam-Veteranen fanden dagegen nur schwache Effekte der EMDR (Boudewyns et al., 1993; Jensen, 1994). Offenbar war hier die Behandlungszeit zu kurz, um bei dieser schwierigen Patientenpopulation bedeutsame Therapieerfolge zu erzielen.

Es ist interessant, die Studie von Foa, Rothbaum, Riggs & Murdock (1991) zur Behandlung von Frauen, die Opfer einer Vergewaltigung geworden waren, mit der bereits oben dargestellten Arbeit von Rothbaum (1995) zu vergleichen. In der Arbeit von Foa et al. (1991) führten Stressimpfungstraining (SIT) und verlängerte Exposition zu deutlichen Besserungen verglichen mit den geringfügigen positiven Änderungen bei stützender Therapie und einer Wartegruppe. Die AutorInnen berichten über eine hohe Abbrecherquote; sie betrug bei der Expositionsbehandlung 28,6 % und bei SIT 17,6 %. Offenbar war die langdauernde Konfrontation mit dem traumatischen Ereignis so belastend, daß nicht alle Patientinnen diese Behandlung beendeten. Im Gegensatz dazu brach nach den Angaben von Rothbaum (1995) keine Patientin die EMDR-Behandlung ab. Die therapeutischen Wirkungen waren mit den Ergebnissen von Foa et al. (1991) vergleichbar; sie wurden aber in einer sehr viel kürzeren Behandlungszeit (vier 90minütige Sitzungen) erzielt.

Aufgrund dieser Ergebnisse komme ich zu der Einschätzung, daß EMDR nach dem gegenwärtigen Wissensstand die empirisch am besten überprüfte Behandlungsmethode für Posttraumatische Belastungsstörungen ist. Im Vergleich zu verhaltenstherapeutischen Expositionsmethoden wirkt sie in kürzerer Zeit und ist für die PatientInnen anscheinend weniger belastend.

3.2. Andere psychische Störungen bei Erwachsenen

EMDR wird nicht nur bei posttraumatischen Belastungsstörungen, sondern auch bei anderen psychischen Störungen eingesetzt. John Marquis (1991) berichtete in einer explorativen Studie über 100 PatientInnen, denen er EMD als Behandlung anbot. In einigen Fällen kam die Behandlung nicht zustande oder sie wurde abgebrochen, da die Personen nicht positiv auf die Methode reagierten. Mit 78 PatientInnen wurde die Behandlung durchgeführt; dabei handelte es sich um Personen mit posttraumatischen Störungen, Angststörungen, Beziehungsproblemen, Suchtproblemen, Persönlichkeitsstörungen und anderen Störungen. Zusätzlich zur EMD benutzte der Therapeut auch andere Methoden wie Entspannung, Training sozialer Fertigkeiten und kognitive Umstrukturierung. Nach der Einschätzung von Marquis (1991, S. 190) führte die Behandlung in den meisten Fällen zu deutlichen Besserungen. Isolierte, in der Vergangenheit liegende Probleme konnten leicht desensibilisiert werden. Bei diffusen, stark generalisierten Themen, stimmungsabhängigen Zuständen oder Abhängigkeiten war die Behandlung weniger erfolgreich. Bei aktuellen Problemen bewirkte EMD im allgemeinen eine Besserung, in manchen Fällen sogar dramatische positive Änderungen (Marquis, 1991, S. 189).

Die Studie von Marquis (1991) wurde aus verschiedenen methodischen Gründen kritisiert: So fehlen z. B. Angaben über die Länge der Behandlungen; der Autor selbst schätzte das Ausmaß der Besserungen ein; die positiven Ergebnisse der Therapien könnten auch durch die Methoden bedingt sein, die der Autor zusätzlich zur EMD anwendete (vgl. Herbert & Mueser, 1992, S. 171f.; Acierno et al., 1994, S. 190).

Verschiedene AutorInnen veröffentlichten Fallstudien oder Untersuchungen, in denen sie über die Behandlung von Angststörungen mit EMD bzw. EMDR berichteten. Viele dieser Arbeiten verwendeten die ursprüngliche Methode von Shapiro (1989a) oder eine Variante dieses Verfahrens. Bevor ich diese Arbeiten referiere, möchte ich die Richtlinien von Shapiro (1995, S. 222–235) für das therapeutische Vorgehen bei unterschiedlichen Störungen darstellen.

Extreme Trauerreaktionen. Der Tod einer geliebten Person wird oft als außerordentlich belastend erlebt. Wenn eine Person deshalb therapeutische Hilfe sucht, können die folgenden Ansatzpunkte für EMDR gewählt werden:

1. Tatsächliche Erlebnisse, die sich auf das Leiden und den Tod der geliebten Person beziehen;
2. Vorstellungsbilder, die sich der Person aufdrängen;
3. Traumbilder;
4. gegenwärtige Auslöser für Erinnerungen an die verstorbene Person;
5. Themen, die mit persönlicher Verantwortung, der eigenen Sterblichkeit oder früheren unverarbeiteten Verlusten zu tun haben.

Nach der Verarbeitung der belastenden Erfahrungen tauchen häufig wieder erfreuliche Erinnerungen auf, die mit der verstorbenen Person zu tun haben (vgl. Shapiro, 1995, S. 226–228).

Eine Fallskizze von Puk (1991, S. 150) zeigt positive Wirkungen einer einstündigen EMD-Behandlung, bei der nur eine besonders belastende Erinnerung desensibilisiert wurde. Eine 33jährige Frau, die unter Depressionen und intrusiven Erinnerungen litt, hatte ihre an Lungenkrebs erkrankte Schwester in der letzten Krankheitsphase bis zu ihrem Tod gepflegt. Das Vorstellungsbild der abgemagerten Schwester, die unter Atemschwierigkeiten litt, löste bei der Patientin zunächst extrem negative Gefühle (SUD-Wert 100) aus. Innerhalb von sechs Augenbewegungs-Serien sank der SUD-Wert auf 10 ab. Die Erinnerung wurde blasser und veränderte sich von einem farbigen zu einem schwarz-weißen Bild. Da die Patientin zunehmende Schwierigkeiten hatte, das Erinnerungsbild hervorzurufen, wurde es zuletzt durch eine verbale Beschreibung ersetzt. Die einstündige Behandlung führte neben dem Verschwinden der belastenden

Erinnerungen dazu, daß die Patientin mit dem Verlust der Schwester besser umgehen konnte.

Krankheitsbewältigung. Viele PatientInnen mit körperlichen Krankheiten leiden auch unter psychischen Problemen, z. B. Furcht vor bestimmten medizinischen Prozeduren, vor persönlichen Einschränkungen oder vor sozialen Problemen, die mit der Krankheit verbunden sind. Eine erfolgreiche Bewältigung dieser psychischen Probleme wirkt sich in manchen Fällen günstig auf den Verlauf der Krankheit aus und fördert die Genesung; in anderen Fällen wird die Lebensqualität der PatientInnen verbessert, auch wenn die Krankheit selbst dadurch nicht beeinflußt werden kann. Als Ansatzpunkte für die Behandlung mit EMDR können vergangene oder gegenwärtige belastende Erfahrungen mit der Krankheit und zukunftsbezogene Befürchtungen bearbeitet werden. Weiterhin hält es Shapiro für sinnvoll, bei heilbaren Krankheiten eine positive Vision eines zukünftigen gesunden Zustands zu entwickeln und ein „mentales Videoband" mit dieser Vorstellung ablaufen zu lassen. Dabei sollte deutlich gemacht werden, daß durch die psychologische Behandlung Ressourcen aktiviert werden, um den Heilungsprozeß zu unterstützen; dies bedeutet aber nicht, daß PatientInnen daran schuld haben, wenn sie nicht geheilt werden (vgl. Shapiro, 1995, S. 229–235).

Phobien. In Hinsicht auf eine EMDR-Behandlung unterscheidet Shapiro (1996, S. 222–226) zwischen einfachen Phobien und Prozeßphobien. Als Beispiel für *einfache Phobien* nennt sie Spinnen- und Schlangenphobien, bei denen Furcht vor einem spezifischen Objekt besteht. Im Gegensatz dazu erfordern *Prozeßphobien* die aktive Beteiligung der Person an der angstauslösenden Situation; bei Flugphobien z. B. die Entscheidung, sich Tickets zu kaufen, zum Flughafen zu fahren und in ein Flugzeug einzusteigen. Zur Behandlung *einfacher Phobien* gehören nach Shapiro (1995, S. 223) die folgenden Schritte:

1. Die Vermittlung von Selbstkontrollstrategien zum Umgang mit der Angst vor der Angst (z. B. imaginative Methoden zur Entspannung).
2. Die Bearbeitung der *ersten Erinnerung* an die Furcht, der *schlimmsten Erinnerungen* und der *letzten Erinnerung* bis zur vollständigen Desensibilisierung. Auch frühere Erlebnisse von Hilflosigkeit oder extremer Angst, die zur Entwicklung der Phobie beigetragen haben, gegenwärtige Auslöser und körperliche Manifestationen der Furcht können als Ansatzpunkt für die Bearbeitung genommen werden.
3. Schließlich wird ein Konzept für zukünftiges angstfreies Handeln ausgearbeitet und imaginativ durchgespielt.

Bei *Prozeßphobien* wird zusätzlich ein Kontrakt geschlossen, daß die PatientInnen die gefürchtete Situation aktiv aufsuchen. Die gesamte Handlungssequenz wird mental durchgespielt und dabei auftauchende Ängste werden bearbeitet. Ebenso werden angstauslösende Ereignisse, die zwischen den Sitzungen bei der Annäherung an die gefürchtete Situation deutlich werden, bearbeitet.

Die meisten bisher veröffentlichten Untersuchungen und Fallstudien zur Behandlung von Angststörungen orientieren sich an Shapiros früheren Behandlungskonzepten. In anderen Arbeiten war die Behandlungszeit zu kurz, um das neuere Konzept zur Behandlung von Phobien angemessen zur verwirklichen. In sieben Studien wurde die

Behandlung verschiedener Angststörungen mit EMD bzw. EMDR untersucht; die Behandlungsdauer betrug eine bis fünf Sitzungen (Sanderson & Carpenter, 1992; Bauman & Melnyk, 1994; Gosselin & Matthews, 1995; Foley & Spates, 1995; Hekmat et al., 1994; Goldstein & Feske 1994; Muris & Merckelbach, 1997). In einigen dieser Untersuchungen wurde vor allem die Wirkung verschiedener Komponenten des Verfahrens analysiert (vgl. Abschnitt 5).

Sanderson & Carpenter (1992) verglichen in einer *single-session crossover study* mit 58 Personen, die unter Phobien litten (darunter 31 mit Spinnenphobien), wiederholte imaginative Konfrontation mit EMD (ohne kognitive Umstrukturierung). Die Hälfte der Personen erhielt zuerst imaginative Konfrontation und dann EMD, bei der anderen Hälfte wurden die Verfahren in umgekehrter Reihenfolge durchgeführt. Bei nicht-traumatischen Phobien (überwiegend Spinnenphobien) bewirkten beide Verfahren ein mäßiges Absinken der subjektiven Angst bei der Vorstellung des gefürchteten Objekts (vor der Behandlung betrugen die SUD-Werte 69,6; nach der Behandlung 41,3 und einen Monat später 44,5). Bei acht Personen, deren Phobien auf ein traumatisches Erlebnis zurückgingen (z.B. Fahrphobien nach einem Unfall), wurde dagegen eine sehr starke Verminderung der Angst festgestellt (SUD-Werte vor der Behandlung 73,8; nach der Behandlung 4,4; einen Monat später 11,9).

Bauman & Melnyk (1994) berichten über die Behandlung von Prüfungsangst bei dreißig StudentInnen mit EMD und mit einer Kontrollprozedur, bei der statt der Augenbewegungen eine motorische Aufgabe auszuführen war (abwechselnd mit den Zeigefingern auf eine Tischplatte tippen). Wenn bei der zweiten Gruppe nach 45 Minuten das Kriterium für eine erfolgreiche Behandlung (Absinken der subjektiven Angstwerte auf 0 oder 1) nicht erreicht wurde, wurde ihnen eine EMD-Behandlung angeboten. Neun StudentInnen nahmen dieses Angebot an. Beide Behandlungsbedingungen führten zur signifikanten Abnahme subjektiver Angst; bei der EMD-Gruppe sanken die SUD-Werte von 8,82 auf 3,17; bei der „Finger-tapping"-Gruppe von 8,57 auf 4,67. Bei einem Prüfungsangst-Fragebogen zeigte die zweite Gruppe, bei der mehr als die Hälfte mit beiden Methoden behandelt worden war, stärkere Veränderungen als die EMD-Gruppe. Dies spricht dafür, daß eine längere Behandlung bei Prüfungsangst deutlichere positive Wirkungen haben könnte.

In der Studie von Gosselin & Mathews (1995) wurden vierzig StudentInnen mit Prüfungsangst in einer Sitzung entweder mit EMDR oder mit einer Variante des Verfahrens ohne Augenbewegungen behandelt, bei der sie auf die unbewegten Finger des Therapeuten blickten. Eine zweite unabhängige Variable waren hohe bzw. niedrige Erwartungen an die Behandlung, die durch unterschiedliche Instruktionen hervorgerufen werden sollten; diese Variable hatte aber keinen Einfluß auf die Ergebnisse. EMDR führte zu einer signifikanten Abnahme der SUD-Werte, während sie bei der Gruppe ohne Augenbewegungen gleich blieben. Bei einem Prüfungsangst-Fragebogen waren die Werte bei einem Follow-up nach einem Monat bei beiden Gruppen gleich stark gesunken. Die Verminderung der subjektiven Angstwerte durch EMDR war in der Studie von Gosselin & Mathews (1995) relativ gering (-1,77); in der Arbeit von Bauman & Melnyk (1994, S. 31) wurden deutlich stärkere Effekte gefunden (-5,65). Diese Unterschiede könnten darauf beruhen, daß in der Studie von Bauman & Melnyk nur eine belastende Erinnerung bearbeitet wurde, während Gosselin & Mathews nach den

Richtlinien für die Behandlung von Prozeßphobien versuchten, die Erinnerung an vergangene Situationen und die Vorstellung zukünftiger Prüfungen zu behandeln (vgl. Gosselin & Mathews, 1995, S. 336). Die Zeit von einer Stunde reichte dafür offensichtlich nicht aus.

In der Untersuchung von Foley & Spates (1995) wurden vierzig StudentInnen mit Redeangst einer der folgenden Gruppen zugeteilt: 1. EMD; 2. eine auditive Variante des Verfahrens, bei der ein sich bewegendes Geräusch mit geschlossenen Augen verfolgt werden sollte; 3. eine Variante, bei der die Personen die Augen auf ihre Hände richten sollten; 4. eine unbehandelte Kontrollgruppe. Die Behandlung dauerte ein oder zwei Sitzungen. Vor der Behandlung und eine Woche nach der Behandlung hielten die StudentInnen eine Rede. In einem Fragebogen zur Sprechangst verbesserten sich die Behandlungsgruppen gleich stark. Die Einschätzung der Redeangst durch geschulte Beobachter zeigte, daß alle Gruppen (auch die Kontrollgruppe) bei der zweiten Rede weniger ängstlich waren. Positive Veränderungen bei den subjektiven Angstwerten (SUD) und der Glaubwürdigkeit der gewünschten Kognitionen (VOC) wurden bei den drei Behandlungsgruppen in gleichem Ausmaß gefunden. Die Autoren erwähnen als Faustregel für *klinisch bedeutsame Veränderungen*, daß diese mindestens zwei Standardabweichungen betragen sollten. Dies trifft für die SUD- und die VOC-Werte zu, bei dem Redeangst-Fragebogen waren die durchschnittlichen Veränderungen dagegen geringer.

Hekmat, Edelstein & Cook (1994) untersuchten die Wirksamkeit von EMDR bei StudentInnen, die unter Grübeln litten (Furcht, im Studium zu versagen). Zwanzig StudentInnen wurden auf eine Behandlungs- und eine Kontrollgruppe aufgeteilt. Beide Gruppen füllten Fragebögen aus und erhielten die Instruktion, das Grübeln zu beobachten und seine Häufigkeit einzuschätzen. Die Behandlungsgruppe erhielt drei EMDR-Sitzungen. Die Behandlung führte zu einer bedeutsamen Verminderung von Grübeln, Anspannung, Angst und Depression im Vergleich zur Kontrollgruppe. Diese positiven Effekte wurden auch beim Follow-up nach sechs Monaten gefunden.

Goldstein & Feske (1994) berichten über eine Pilotstudie mit sieben PatientInnen, die unter Panikattacken litten; die meisten dieser PatientInnen litten zusätzlich auch unter anderen Angststörungen. Sie wurden in fünf 90minütigen Sitzungen mit EMDR behandelt. Dies führte zu einer deutlichen Verminderung oder zum Verschwinden der Panikanfälle nach der Behandlung; im Durchschnitt verminderte sich die Anzahl der Panikanfälle von 5,1 (zwei Wochen vor der Behandlung) auf 0,56 (zwei Wochen nach der Behandlung). Auch die Furcht vor Panikattacken und das Ausmaß depressiver Verstimmungen wurde sehr viel geringer. Das Vermeidungsverhalten änderte sich dagegen in den meisten Fällen nicht. Daher plädieren Goldstein & Feske dafür, bei der Behandlung von Panikstörungen (insbesondere wenn sie mit Agoraphobie verbunden sind) EMDR mit anderen bewährten kognitiv-behavioralen Verfahren zu kombinieren. Der Behandlungsprozeß, der sich an den Assoziationen der PatientInnen orientierte, lief unterschiedlich ab. Bei einigen führte die Ausgangsszene zu verschiedenartigen Assoziationen. Dazu gehörten Kindheitserinnerungen und Themen wie mangelndes Vertrauen, Hilflosigkeit und Einsamkeit. Bei der Wiederholung der Ausgangsszene am Ende der Sitzung zeigte sich, daß die dadurch ausgelöste Angst geringer geworden oder ganz verschwunden war. Andere wiederholten dagegen die gleiche Szene mit geringfügigen Variationen; auch dies führte zu einer bedeutsamen Verminderung der damit verbundenen Angst.

Muris & Merckelbach (1997) behandelten 24 Frauen mit Spinnenphobien; alle erfüllten die Kriterien für die Diagnose „spezifische Phobie". Eine Gruppe erhielt zuerst eine Stunde EMDR, die zweite wurde mit imaginativer Konfrontation behandelt und die dritte diente als Warte-Kontrollgruppe. Ein Verhaltenstest zeigte in dieser ersten Therapiephase bei der EMDR-Gruppe tendenziell die stärksten Besserungen, ohne das die Unterschiede statistisch signifikant waren. In der zweiten Therapiephase erhielten alle drei Gruppen Exposition in vivo nach der von Öst (1989) beschriebenen Methode, wobei die abgestufte Konfrontation mit lebenden Spinnen mit Modellverhalten und Ermutigung durch den Therapeuten kombiniert wurde. Diese Behandlungsbedingung war am wirksamsten und führte bei dem Verhaltenstest zu deutlichen Besserungen. Ein direkter Vergleich der Effektivität der verschiedenen Behandlungen ist aufgrund dieser Studie allerdings nicht möglich, da für EMDR und imaginative Konfrontation nur je eine Stunde Zeit zur Verfügung stand, für die Exposition in vivo dagegen 2 1/2 Stunden. Die Autoren behaupten, die Exposition in vivo habe zu *klinisch bedeutsamen Resultaten* geführt; sie machen aber keine Angaben, ob die Behandlung bei den Patientinnen im Alltag zu klinisch bedeutsamen Besserungen führte. Auch die beiden Fallstudien von Merckelbach & Muris (1995) zur Behandlung von Spinnenphobien enthalten keine Angaben über die Stabilität der erzielten Therapieerfolge. Eine Studie von Muris et al. (1997) über die Behandlung von Kindern und Jugendlichen mit Spinnenphobien wird im Abschnitt 3.3 besprochen; die Ergebnisse dieser Arbeit zeigen, daß Exposition in vivo der Behandlung mit EMDR auch bei gleich langer Behandlungszeit überlegen ist.

Im folgenden werde ich kurz einige Fallstudien referieren, in denen EMD bzw. EMDR bei verschiedenen Störungen angewendet wurde:

- Kleinknecht (1993): Eine 21jährige Studentin mit Blut- und Spritzenphobie wurde in vier halbstündigen Sitzungen mit EMD behandelt. Die SUD-Werte sanken für die angstauslösenden Situationen auf Null; physiologische Messungen (Blutdruck und Pulsrate) und Fragebögen zu medizinischen Ängsten bestätigten diese Ergebnisse. Das wichtigste Erfolgskriterium waren Berichte der Studentin über die angstfreie Teilnahme an einer Grippeimpfung und einer Blutabnahme (Follow-up nach 24 Wochen).
- Lohr, Tolin & Kleinknecht (1995): Die Autoren beschreiben die Behandlung von zwei Patientinnen mit spezifischen medizinischen Phobien (Furcht vor Blutabnahme und Injektionen). Bei einer 35jährigen Patientin führte die Therapie (drei Sitzungen) zu einer bedeutsamen Verminderung der SUD-Werte und zu einer Abnahme der Pulsrate. Die Patientin berichtete nach einer Blutabnahme drei Wochen nach dem Ende der Behandlung über eine deutliche Besserung; ihre Ängste waren nur noch mäßig (SUD-Wert 50), während sie früher extrem stark waren; Erwartungsangst war an den Tagen vor der Blutabnahme nicht aufgetreten. Bei einem Follow-up nach sechs Monaten schilderte die Patientin dagegen ein Wiederauftreten der Angst bei einer weiteren Blutabnahme. Bei einer 22jährigen Patientin führten zwei EMD-Sitzungen ebenfalls zu einem deutlichen Absinken der subjektiven Angstwerte. Beim Follow-up nach sechs Monaten berichtete sie, es habe keine Notwen-

digkeit für eine Blutabnahme bestanden. Der erste Fall zeigt, daß einmal erzielte Besserungen nicht in jedem Fall zu dauerhaften Änderungen führen. Es wäre naheliegend gewesen, der ersten Patientin eine Fortsetzung der Behandlung anzubieten, nachdem sie bei einer ersten Blutabnahme noch mäßig starke Angst verspürte; anscheinend war dies aber in dem Behandlungsplan der Forscher nicht vorgesehen.
- de Jongh, ten Broeke & van der Meer (1995): Die Behandlung eines 35jährigen Mannes mit Angst vor zahnärztlicher Behandlung mit einer EMDR-Sitzung führte zu deutlich verminderter Angst bei der Zahnbehandlung.
- ten Broeke & de Jong (1993): Eine 63jährige Frau mit einer Mäusephobie wurde in einer EMDR-Sitzung erfolgreich behandelt (Follow-up nach sechs Monaten).
- de Jongh, ten Broeke & van der Meer (in diesem Buch): Eine 30jährige Frau, die unter Furcht vor Übelkeit und Erbrechen litt, wurde mit einer EMDR-Sitzung behandelt. Dies führte zum Verschwinden der Symptome und zu deutlichen positiven Veränderungen bei Symptom- und Angstfragebögen (Follow-up nach einem und vier Monaten).
- Hassard (1994): Eine 37jährige Patientin, die wegen eines Hüftleidens mehrfach operiert worden war, litt unter starker Angst vor einer erneuten Operation und unter einem negativen Selbstbild aufgrund ihrer Operationsnarben. Eine EMD-Sitzung führte zum Verschwinden der Angst und zu einem deutlich positiveren Selbstbild (Follow-up nach sechs Monaten).
- Acierno, Tremont et al. (1994): Eine 42jährige Patientin mit Furcht vor Dunkelheit und vor dem Tod bzw. toten Körpern wurde mit einer EMD-Variante ohne Augenbewegungen und mit EMD (sechs Sitzungen) behandelt. EMD führte weder auf der Verhaltensebene noch bei subjektiven und physiologischen Angstmaßen zu klinisch bedeutsamen Besserungen. Eine Expositionsbehandlung unter therapeutischer Anleitung bewirkte dagegen eine dramatische Verminderung von subjektiver Angst und Vermeidungsverhalten. Shapiro (1995, S. 333) führt den Mißerfolg der EMD darauf zurück, daß in dieser Studie die frühe Version ihrer Methode fehlerhaft und unflexibel durch einen Therapeuten ohne Ausbildung in dem Verfahren verwirklicht wurde.
- Levin (1993): Der Autor berichtet über die erfolgreiche Behandlung eines Paares mit schwerwiegenden sexuellen Problemen durch die Kombination von EMDR zur Bearbeitung traumatischer Erinnerungen des Mannes und einer systemischen Intervention. In einem Kommentar erwähnt Shapiro (1993a) als mögliches alternatives Vorgehen die Bearbeitung der aktuellen sexuellen Probleme des Paares mit EMDR.
- Wernik (1993): Nach der Erfahrung des Autors erleben männliche Patienten sexuelles Versagen oft als ein traumatisches Ereignis, das mit starken negativen Gefühlen und Gedanken verbunden ist. Die Auswirkungen dieser traumatischen Erlebnisse können mit Hilfe von EMD wirksam behandelt werden. Wernik beschreibt die erfolgreiche Therapie eines 21jährigen Mannes mit vorzeitiger Ejakulation (eine Sitzung) und eines 45jährigen Mannes mit Impotenz (zwei Sitzungen).
- Shapiro, Vogelmann-Sine & Sine (1994) beschreiben die Behandlung eines medikamentenabhängigen Mannes mit EMDR. In diesem Artikel (in diesem Buch) wird außerdem dargestellt, wie EMDR in ein umfassendes Konzept für die Behandlung von Suchtproblemen integriert werden kann.

Die bisher veröffentlichten Gruppen- und Einzelfallstudien zur Anwendung von EMDR bei verschiedenen Störungen zeigen, daß diese Methode bei aktuellen Ängsten, belastendem Grübeln und psychogenen sexuellen Funktionsstörungen zu Besserungen führen kann. Aus den Einzelfallstudien können zwar keine allgemeinen Schlußfolgerungen über die Wirksamkeit von EMDR abgeleitet werden, da überwiegend besonders erfolgreiche Fälle veröffentlicht werden. Es ist aber offensichtlich, daß einige Personen deutlich positiv auf EMDR ansprechen.

Wie Marquis (1991) berichtet, ist EMD vor allem bei klar abgegrenzten Ängsten wirksam und weniger bei generalisierten Spannungszuständen. Bei manchen Problemen ist es offenbar sinnvoll, EMDR mit anderen Behandlungsmethoden zu kombinieren; dies ist insbesondere dann wichtig, wenn neue Verhaltensweisen zum Umgang mit schwierigen Situationen erlernt werden sollen (Marquis, 1991; Levin, 1993; Goldstein & Feske, 1993; Shapiro, 1993a).

Bisher gibt es nur zur Behandlung von Spinnenphobien eine Untersuchung, bei der EMDR mit einer bewährten Behandlungsmethode verglichen wurde; dabei erwies sich Exposition in vivo auf der Verhaltensebene als deutlich überlegen (Muris & Merckelbach, 1997). Wegen der Kürze der EMDR-Behandlung (eine Sitzung) können daraus aber keine weitergehenden Schlußfolgerungen über die Effektivität der Methode bei spezifischen Phobien abgeleitet werden.

Untersuchungen zur Prüfungsangst (Bauman & Melnyk, 1994; Gosselin & Mathews, 1995) und zur Redeangst (Foley & Spates, 1995) zeigen eine begrenzte Effektivität von EMDR oder Varianten des Verfahrens nach einer oder zwei Sitzungen. Es ist möglich, daß eine längere Behandlung zu stärkeren, klinisch bedeutsamen Veränderungen führen würde. In der Studie von Goldstein & Feske (1994) zur Behandlung von Panikstörungen wurden deutliche positive Wirkungen der EMDR festgestellt; dies hängt sicherlich auch damit zusammen, daß für die Behandlung fünf 90minütige Sitzungen zur Verfügung standen.

Insgesamt gesehen gibt es einige Hinweise für die Wirksamkeit von EMDR bei verschiedenen angstbezogenen Störungen. EMDR führt vor allem zu einer deutlichen Verminderung der subjektiv erlebten und mit Hilfe von Fragebögen erfaßten Angst. Bisher liegen nur wenige Untersuchungen vor, die zeigen, daß die Verminderung von subjektiver Angst mit Veränderungen auf der physiologischen Ebene verbunden ist (vgl. Kleinknecht, 1993; Wilson et al., 1996). In Einzelfällen (vgl. Kleinknecht, 1993) führt dies zu bedeutsamen Verhaltensänderungen; andere Untersuchungen fanden dagegen nur einen relativ schwachen positiven Einfluß auf das Vermeidungsverhalten (vgl. Goldstein & Feske, 1994; Muris & Merckelbach, 1997). Zu anderen Indikationen (z. B. extreme Trauerreaktionen, Krankheitsbewältigung, Suchtprobleme) gibt es keine kontrollierten Studien über die Wirkungen von EMDR.

3.3 Die Behandlung von Kindern

Es gibt bisher nur wenige Berichte über die Behandlung von Kindern mit EMD oder EMDR, nämlich Fallstudien von Pellicer (1993) und Cocco & Sharpe (1993), eine Fallserie von Greenwald (1994) und eine kontrollierte Untersuchung von Muris et al.

(1997). Shapiro (1995, S. 276–281) gibt Hinweise über kindgemäße Formen der Vermittlung und Durchführung von EMDR. In dem Beitrag von Oliver Schubbe (in diesem Buch) wird der Einsatz von EMDR bei der Behandlung traumatisierter Kinder beschrieben. Im folgenden werde ich die Einzelfall- und Gruppenstudien zur Behandlung von Kindern referieren.

Pellicer (1993) beschreibt die Behandlung eines zehnjährigen Mädchens, das fast jede Nacht unter Alpträumen unbekannter Ursache litt und voller Angst aufwachte. Bei der Behandlung wurde wegen der geringen Intelligenz des Kindes auf die kognitive Komponente der EMD verzichtet. Das Mädchen sollte sich eine typische Traumszene möglichst klar vorstellen. Eine einzige Sitzung mit zwei Augenbewegungs-Serien führte zum völligen Verschwinden des Problems (Follow-up nach sechs Monaten).

Cocco & Sharpe (1993) schildern die Behandlung eines Jungen im Alter von vier Jahren und neun Monaten. Seine Eltern und er waren vor einem Jahr zu Hause von drei maskierten Räubern überfallen, mißhandelt und bedroht worden. Seitdem litt das Kind unter Alpträumen, sprach oft von dem Überfall und äußerte die Befürchtung, die Verbrecher könnten wiederkommen. Er näßte nachts wieder regelmäßig ein und schlief nicht mehr wie vorher im eigenen Bett, sondern bei den Eltern. Der Junge wurde gebeten, zunächst ein Bild des Überfalls und dann ein Bild seines „Lieblingshelden" zu zeichnen. Als Alternative zu den Augenbewegungen wurden auditive Reize (Knipsen des Therapeuten mit den Fingern, während das Kind die Bilder betrachtete) gewählt. Auf die Vorstellung, daß sein Held die Räuber erschießen würde, reagierte der Junge begeistert und äußerte Zufriedenheit, daß sie ihm nun nichts mehr tun könnten. Zur Überraschung der AutorInnen führte diese Intervention in den drei Monaten nach der Behandlung zu einem fast völligen Verschwinden der Symptome, über die die Eltern berichtet hatten. Auch bei einem Follow-up nach sechs Monaten gab es keine Hinweise auf wiederkehrende Gedanken an den Überfall; Bettnässen und Schlafen im Bett der Eltern traten danach aber wieder auf und erforderten eine weitere Behandlung. Ob die auditiven Reize für den Effekt der Behandlung bedeutsam waren, kann aufgrund dieser Fallstudie natürlich nicht entschieden werden.

Greenwald (1994a) beschreibt die Behandlung von fünf Kindern im Alter zwischen vier und elf Jahren, bei denen nach dem Hurrikan Andrew posttraumatische Störungen auftraten. Sie wurden in einer oder zwei Sitzungen so lange behandelt, bis die mit der traumatischen Erinnerung verbundene Angst verschwunden war. Bei der Behandlung wurde in manchen Fällen nicht nur die Erinnerung an den Hurrikan bearbeitet, sondern auch andere belastende Erlebnisse. Nach den Einschätzungen der Mütter eine Woche nach der Behandlung verminderten sich bei allen fünf Kindern die Probleme deutlich. Vier Wochen nach der Behandlung waren die Besserungen stabil oder es wurden weitere positive Veränderungen berichtet.

Diese Fallstudien zeigen, daß EMDR auch bei Kindern wirksam sein kann, wenn die Methode in kindgemäßer Form vermittelt wird. Greenwald (1994d) weist aber zurecht darauf hin, daß eine EMDR-Behandlung von Kindern nur Aussicht auf Erfolg hat, wenn eine Besserung von den Eltern unterstützt wird. Er beschreibt familientherapeutische Interventionen, um diese Unterstützung zu fördern. Wie Greenwald (1997) berichtet, wurden inzwischen einige Studien mit Kindern und Jugendlichen durchgeführt, die demnächst veröffentlicht werden und nach seiner Einschätzung zeigen, daß

EMDR auch bei dieser Altersgruppe eine wirksame Methode zur Behandlung posttraumatischer Störungen ist.

Muris et al. (1997) verglichen in ihrer Untersuchung verschiedene Methoden zur Behandlung von Spinnenphobien bei 26 Mädchen im Alter zwischen acht und siebzehn Jahren. In der ersten Therapiephase, die 2 1/2 Stunden dauerte, wurden sie mit EMDR, Exposition in vivo oder Exposition mit Hilfe von Computerbildern behandelt. Die Exposition in vivo stellte sich eindeutig als die wirksamste Behandlungsmethode heraus; sie führte sowohl bei subjektiven Angstmaßen als auch bei einem Verhaltenstest (Annäherung an eine lebende Spinne) zu deutlichen Besserungen. EMDR bewirkte dagegen nur bei der subjektiven Angsteinschätzung eine gewisse Besserung. Die Konfrontation mit Bildern von Spinnen auf einem Computerbildschirm war nicht wirksam. In der zweiten Behandlungsphase wurden alle drei Gruppen anderthalb Stunden lang mit Exposition in vivo behandelt. Bei der EMDR-Gruppe führte dies zu signifikanten Fortschritten bei dem Verhaltenstest. Ähnlich wie bei den Untersuchungen mit Erwachsenen, die unter Spinnenphobie leiden (Merckelbach & Muris, 1995; Muris & Merckelbach, 1997; vgl. auch Abschnitt 3.2.), fehlen in dieser Arbeit Follow-up-Daten. Die Schlußfolgerung der Autoren aus den Ergebnissen ihrer Studie, daß Exposition in vivo die Behandlungsmethode der Wahl für spezifische Phobien von Kindern und Jugendlichen ist, wäre noch überzeugender, wenn sie die zeitliche Stabilität der kurzfristig erzielten positiven Ergebnisse der Therapie nachweisen könnten.

4. Theoretische Erklärungsansätze

Um die Wirkungsweise der EMDR zu erklären, wurden von Francine Shapiro und von anderen AutorInnen verschiedene Hypothesen aufgestellt. Zum Teil wurde versucht, die EMDR mit Hilf *lerntheoretischer Prinzipien* (Dyck, 1993; Renfrey & Spates, 1994; Bauman & Melnyk, 1994; Armstrong & Vaughan, 1996) zu erklären, ein anderer Ansatz verwendet die Terminologie von *Informationsverarbeitung* und *assoziativen Netzwerken* (Shapiro, 1994b; 1995). Einige Konzepte postulieren eine *spezifische Wirkung von Augenbewegungen* (Shapiro, 1989a; 1989b; Marquis, 1991; Lipke & Botkin, 1992), während andere davon ausgehen, daß die Effekte der EMDR auf *Ablenkung* (Dyck, 1993; Merckelbach, 1993; Renfrey & Spates, 1994), auf der *Unterbrechung eines stereotypen Reaktionsmusters* (Shapiro, 1991a; 1995, S. 314) oder auf *doppelt fokussierter Aufmerksamkeit* (Shapiro, 1995, S. 30) beruhen. Umstritten ist auch, ob Hypothesen über neurophysiologische Prozesse, die den in der EMDR beobachteten Phänomenen zugrunde liegen könnten (Shapiro, 1989a; 1989b; 1991a; 1994b; 1995; Marquis, 1991), sinnvolle Erklärungen darstellen oder ob es sich um nutzlose Spekulationen handelt (zur Kritik vgl. Dyck, 1993; Merckelbach, 1993; Steketee & Goldstein, 1994; Allen & Lewis, 1996). In diesem Abschnitt referiere ich zunächst die theoretischen Erklärungsversuche von Francine Shapiro zur EMD und EMDR; anschließend bespreche ich theoretische Ansätze anderer AutorInnen.

Shapiro (1989a, S. 220–221; 1989b, S. 216) stellt die Hypothese auf, daß durch traumatische Ereignisse das Erregungs-Hemmung-Gleichgewicht im Gehirn gestört wird. Durch die pathologische Veränderung neuraler Elemente werde das normale

Fortschreiten der Informationsverarbeitung, das zu einer Auflösung der Probleme führe, gestört. Statt dessen werde die Erinnerung an das traumatische Ereignis in der ursprünglichen angstauslösenden Form erhalten. Die Autorin glaubt, daß durch die rhythmischen Augenbewegungen, die gleichzeitig mit der Erinnerung an das traumatische Ereignis induziert werden, die neurale Balance wiederhergestellt und die neurale Pathologie aufgelöst wird. Shapiro sieht Parallelen zwischen EMD und dem Traumschlaf: Möglicherweise werde in der Traumphase des Schlafs auftauchendes Material durch die schnellen Augenbewegungen teilweise desensibilisiert (vgl. auch Lipke & Botkin 1992, S. 594f.). In ihren ersten Veröffentlichungen zur EMD vertritt Shapiro (1989a, S. 120; 1989b, S. 216) eindeutig die Hypothese, daß rhythmische Augenbewegungen der entscheidende Faktor für die Wirksamkeit der Methode sind. Die Autorin macht keine Angaben darüber, ob und wie wichtige Konstrukte ihrer Theorie (z. B. neurale Balance und neurale Pathologie) empirisch erfaßt werden können.

In späteren Veröffentlichungen betont Shapiro (1991a; 1995, S. 310–313) auch Aspekte der EMDR, die unabhängig von den Augenbewegungen wichtig sein könnten:

1. Eine dosierte Form der Exposition spielt eine wichtige Rolle in der EMDR.
2. Personen werden darin unterstützt, traumatische Erinnerungen wiederholt hervorzurufen und zu beenden, wodurch der Eindruck der Kontrolle über diese Vorstellungen gefördert wird.
3. Sie werden dazu angeregt, sich auf die Körperempfindungen zu konzentrieren, die durch die traumatische Erinnerung ausgelöst werden und diese Empfindungen von Interpretationen des eigenen Gefühlszustands zu unterscheiden.
4. Die Identifikation von negativen Selbsteinschätzungen, die mit dem Trauma verbunden sind, kann dabei helfen, deren Irrationalität zu erkennen.
5. Dysfunktionale Informationen werden durch die Konzentration auf Vorstellungen, negative Kognitionen und körperliche Empfindungen aktiviert und durch eine positive Kognition mit korrektiven Informationen verknüpft.
6. Nach jeder Augenbewegungs-Serie wird die Frage gestellt, was jetzt aufgetaucht ist. Wichtige mit dem Trauma verknüpfte Informationen werden dadurch dem Bewußtsein zugänglich und können anschließend verarbeitet werden.
7. Die Instruktion, nur zu beobachten, was geschieht, wirkt der Tendenz entgegen, sich in Angst vor der Angst hineinzusteigern.

Der Effekt von Augenbewegungen und anderen Reizen könnte nach Shapiro (1991a; 1995, S. 313–324) auf die folgenden Mechanismen zurückzuführen sein:

1. Unterbrechung stereotyper physiologischer Reaktionsmuster, die durch die traumatische Erinnerung ausgelöst werden;
2. die Ablenkung durch die Augenbewegungen oder eine andere Aufgabe;
3. Induktion eines Trancezustands, in dem selbstinduzierte Suggestionen akzeptiert werden;
4. synaptische Veränderungen durch neuronale Entladungen, die mit Augenbewegungen oder anderen Reizen verbunden sind (vgl. Marquis, 1991, S.192);

5. eine Entspannungsreaktion, die durch Augenbewegungen ausgelöst wird (vgl. Wilson et al., 1996);
6. andere Effekte von Augenbewegungen und rhythmischen Aktivitäten auf kortikale Funktionen (z. B. die gleichzeitige Stimulierung beider Gehirnhälften).

Die Autorin betont, daß man zur Zeit über die Mechanismen, die der Wirksamkeit der EMDR zugrunde liegen, nur spekulieren könne.

Shapiro (1994b; 1995) plädiert dafür, EMDR in der Terminologie von Informationsverarbeitung und assoziativen Netzwerken zu beschreiben und zu interpretieren. Ihr *Modell der beschleunigten Informationsverarbeitung (accelerated information processing)* benutzt neurophysiologische Begriffe, die auf klinische Beobachtungen angewandt werden. Die Autorin betont den hypothetischen Status ihrer Annahmen. Das Modell stimme mit den in der EMDR gemachten Beobachtungen überein und könne als eine „klinische Straßenkarte" die Orientierung erleichtern (Shapiro 1995, S. 28f.).

Shapiros Modell (1994b; 1995, S. 13–17) geht von der Annahme aus, daß pathologische Phänomene auf früheren belastenden Lebenserfahrungen beruhen, die ein dauerhaftes Muster von Gefühlen, Verhaltensweisen, Kognitionen und daraus folgenden Identitätsstrukturen in Gang setzen. Die Informationen über die belastenden Ereignisse sind im Nervensystem in zustandsabhängiger Form gespeichert. Kognitionen über traumatische Ereignisse werden auf damit assoziierte Erinnerungen und auf die Wahrnehmung aktueller Situationen generalisiert. Die Autorin formuliert die folgenden Annahmen ihres theoretischen Modells, die hier sinngemäß wiedergegeben werden:

1. Durch EMDR werden gespeicherte pathologische Informationen zugänglich gemacht und direkt beeinflußt.
2. Das menschliche Informationsverarbeitungssystem ist adaptiv. Normalerweise werden Informationen so verarbeitet, daß sie angemessen integriert und zukünftig genutzt werden können. Bei psychischen Störungen ist dieser Mechanismus blockiert. Durch EMDR werden die Blockierungen aufgehoben und die Selbstheilungskräfte des Systems gefördert.
3. Die Veränderungen der gespeicherten Informationen führen zu Änderungen bei kognitiven Strukturen, Verhalten und Gefühlen.
4. Durch EMDR können therapeutische Veränderungen auch bei Störungen, die seit langer Zeit bestehen, in relativ kurzer Zeit erreicht werden.

Nach Shapiro (1995, S. 32–54) sind Vorstellungsbilder belastender Ereignisse oft in einem Gedächtnis-Netzwerk mit anderen negativ getönten Erinnerungen verbunden. Diese assoziierten Erinnerungen können auftauchen, wenn ein oder mehrere Elemente des Gedächtnis-Netzwerks aktiviert werden. Die in einem Netzwerk gespeicherten Informationen sind oft gegenüber anderen Netzwerken, die hilfreiche Informationen enthalten, abgeschottet; daher kann kein konstruktiver Lernprozeß stattfinden. Der Verarbeitungsprozeß, der durch EMDR gefördert wird, ermöglicht eine Verbindung verschiedener Netzwerke, was sich z. B. in Form emotional bedeutsamer Einsichten äußern kann. Es ist auch möglich, daß der Person nach dem Abklingen extrem negativer Gefühle, die mit einer anderen Person oder einem Lebensbereich verbunden waren, zuvor blockierte positive Erinnerungen wieder zugänglich werden.

Nach Shapiros Ansicht widerspricht das neue Paradigma der Informationsverarbeitung nicht dem früheren lerntheoretischen Modell, es sei aber umfassender. Im Gegensatz zu früher betrachtet sie Augenbewegungen nur als einen Aspekt der Methode. Obwohl die Verarbeitung traumatischer Erfahrungen auch durch andere Reize (z. B. Berührungen oder Töne) gefördert werden könne, glaubt sie, daß Augenbewegungen besonders eng mit bestimmten kognitiven Verarbeitungsprozessen verbunden sind. Die Autorin betont stärker als in früheren Veröffentlichungen die Bedeutung systemischer Aspekte für die EMDR (z.B. den möglichen Einfluß eines sekundären Krankheitsgewinns durch Symptome) und die Wichtigkeit von Kompetenz und Sensibilität der TherapeutInnen, die die Methode anwenden (Shapiro 1994b; 1995, S. 17–27).

Steketee & Goldstein (1994) kritisieren in ihrer Antwort auf einen Artikel, in dem Shapiro (1994b) ihr neues theoretisches Modell kurz skizziert, daß physiologische Veränderungen im Nervensystem aufgrund von kognitiven und behavioralen Veränderungen unterstellt werden; da sie aber nicht spezifiziert werden und nicht gemessen werden können, sei das Modell zirkulär und verstoße gegen das Prinzip der Sparsamkeit (vgl. auch die Kritik von Allen & Lewis, 1996).

Auch Dyck (1993, S. 201) kritisiert Shapiros Hypothesen über „neurale Pathologie", da sie nicht überprüfbar seien. Er schlägt als Alternative ein Konditionierungsmodell der posttraumatischen Belastungsstörung (PTBS) und der Behandlung dieser Störung durch EMD vor. Dycks Modell erklärt die Entstehung von PTBS auf der Grundlage von lerntheoretischen Prinzipien. Durch klassische Konditionierung werden nicht nur äußere Reize, die bestimmten Aspekten der traumatischen Situation ähnlich sind, sondern auch Gedanken, die die Person in dieser Situation hatte, zu Auslösern für Angstanfälle. Durch Vermeidung dieser inneren und äußeren Auslöser versucht die Person, diese Angstreaktionen zu verhindern; sie schränkt dadurch ihren Verhaltensspielraum und ihr emotionales Erleben ein.

Die EMD führt nach Dyck (1993, S. 206f.) aus den folgenden Gründen zu einer Besserung:

1. Wenn sich eine Person entschließt, an der Behandlung teilzunehmen, ersetzt sie ein Vermeidungsverhalten durch ein Annäherungsverhalten. Möglicherweise wird schon dadurch Erwartungsangst vermindert.
2. Die Person kann sich nicht gleichzeitig voll auf die traumatischen Erinnerungsbilder, Gedanken und Gefühle und den neuen äußeren Reiz (den Finger, der sich schnell hin- und herbewegt) konzentrieren. Wenn durch die Ablenkung keine Angstreaktion ausgelöst wird, führt dies nach einigen Durchgängen zu einer *Löschung* der konditionierten Reaktion.
3. Das Annäherungsverhalten führt zu der Erfahrung einer erfolgreichen Bewältigung der zuvor vermiedenen Vorstellungen.

Nach dem Konditionierungsmodell der EMD von Dyck (1993, S. 207f.) hängt die Wirksamkeit dieser Methode nicht davon ab, daß Augenbewegungen induziert werden. Entscheidend ist vielmehr, daß die Person mit Reizen oder Aufgaben konfrontiert wird, die die Aufmerksamkeit stark genug ablenken, während sie versucht, sich an das traumatische Ereignis zu erinnern. Wenn eine Person durch eine Aufgabe nur schwach abgelenkt wird, führt dies zu einem langsameren Absinken des Angstniveaus. Der Autor vermutet, daß visuelle Ablenkungen besonders wirksam sind, wenn bildhafte Vorstellungen bei den traumatischen Erinnerungen im Vordergrund stehen; sofern auditive oder taktile Empfindungen besonders bedeutsam sind, könnten auditive bzw. taktile ablenkende Reize eine bessere therapeutische Wirkung haben. Dyck (1993, S. 208) nimmt an, daß die EMD weniger wirksam ist, wenn eine Person mit vielen verschiedenartigen traumatischen Ereignissen konfrontiert wurde, da es dann eine größere Anzahl konditionierter angstauslösender Reize gebe.

Armstrong & Vaughan (1996) führen wie Dyck (1993) die schnelle Verminderung von Angst in der EMD auf den Prozeß der Löschung zurück. Nach ihrer Ansicht ist entscheidend, daß durch die Handbewegungen, denen die PatientInnen mit den Augen folgen, intensive *Orientierungsreaktionen* ausgelöst werden. Nach der Erfahrung der Autoren führen diese Reaktionen oft zu einer vorübergehenden Erhöhung des Erregungsniveaus; nach dem Durcharbeiten einer Erinnerung tritt in vielen Fällen ein Zustand der Müdigkeit auf.

Durch die ausgelösten Orientierungsreaktionen konzentriert sich die Person auf die gegenwärtige sichere Situation in der Therapiesitzung. Dadurch werde die Zuwendung zu der traumatischen Erinnerung erleichtert. Die Information über die gegenwärtige Sicherheit führe zu einer Veränderung des „neuronalen Modells" des Traumas und damit zu der Löschung der konditionierten Angstreaktionen. Die Autoren machen einige Vorschläge, wie ihr Modell vor allem durch physiologische Messungen getestet werden könnte.

Merckelbach (1993), Bauman & Melnyk (1994) und Renfrey & Spates (1994) nehmen an, daß bildhafte Vorstellungen und die damit verbundenen Gefühle durch gleichzeitig durchgeführte Augenbewegungen gestört und abgeschwächt werden.

Bauman & Melnyk (1994, S. 32) halten auch die Instruktion, zwischen den Durchgängen die Vorstellungsbilder „auszulöschen" und tief durchzuatmen, für bedeutsam. Wenn die StudentInnen in ihrer Untersuchung dies schwierig fanden, wurden sie gebeten, an etwas anderes (z. B. angenehme Aktivitäten) zu denken. Diese Beendigung unangenehmer Erinnerungen interpretieren die AutorInnen als eine Art von *konditionierter Angsterleichterung* (vgl. Wolpe, 1972, S. 177f.).

Renfrey & Spates (1994, S. 238) äußern die Vermutung, daß die visuelle Aufgabe oder andere Merkmale der EMD zu „Sicherheitssignalen" werden könnten, wenn die Person weniger Angst verspürt, als sie erwartet hatte. Durch die Kürze der imaginativen Exposition werde die Angst in tolerierbaren Grenzen gehalten. Diese *Dosierung* könnte für den therapeutischen Effekt eine bedeutsame Rolle spielen (vgl. auch Foley & Spates, 1995, S. 322).

Verschiedene AutorInnen entwickelten *Netzwerkmodelle*, die auf Annahmen und Erkenntnissen über Informationsverarbeitung und Gedächtnis beruhen, um die Entstehung und Überwindung posttraumatischer Störungen zu erklären (vgl. Steil & Ehlers, 1996, S. 185-188). Nach dem Ansatz von Foa, Steketee & Rothbaum (1989, S. 165–167) enthalten im Gedächtnis gespeicherte *Furchtstrukturen*:

1. Informationen zu den furchtauslösenden Situationen;
2. Informationen zu den Furchtreaktionen und
3. Informationen über die Bedeutung der Ereignisse und der eigenen Reaktionen.

Die traumatischen Ereignisse werden von den Betroffenen oft so interpretiert, daß die eigene Sicherheit ständig bedroht ist. Situationen, die früher Sicherheit signalisierten, werden nun mit Gefahr verbunden. Auch die Bewertung der eigenen Angstreaktionen spielt eine wichtige Rolle für den Verlauf der Störung; z. B. kann eine Nicht-Akzeptierung der eigenen Angst zu einer Verschlimmerung führen.

Um die Angst zu vermindern, sind nach Foa et al. (1989, S. 167) zwei Bedingungen nötig:

1. Die Furchtstruktur muß aktiviert werden.
2. Während die Furchtstruktur aktiviert ist, nimmt die Person Informationen auf, die mit bestimmten Elementen dieser Struktur unvereinbar sind. Durch diese Integration neuer Informationen, die kognitiv und emotional bedeutsam sind, wird das Gedächtnis-Netzwerk verändert (vgl. auch Creamer, 1993).

Die Phänomene, die im Verlauf einer EMDR auftauchen, können gut im Sinne des Modells von Foa und Mitarbeiterinnen interpretiert werden. Der Verarbeitungsprozeß bewirkt Veränderungen bei verschiedenen Elementen der „Furchtstruktur". Das Absinken der emotionalen Erregung im Verlauf der Desensibilisierung verändert die Informationen über die eigenen Reaktionen. Anscheinend verändern sich in manchen Fällen auch die Informationen über das traumatische Ereignis, z. B. können bisher nicht zugängliche Erinnerungen wieder auftauchen oder das Vorstellungsbild kann blasser und distanzierter erscheinen. Auch die Bedeutung von Ereignissen kann sich verändern. Manchmal treten wichtige emotional getönte Einsichten spontan während oder nach einer Augenbewegungs-Serie auf. Sie können aber auch durch die therapeutische Anregung, positive Kognitionen zu formulieren, oder durch die Methoden der kognitiven Umstrukturierung, die Shapiro (1995, S. 244–271) als „kognitives Einflechten" *(cognitive interweave)* bezeichnet, gefördert werden. Allen & Lewis (1996) glauben, die positiven Wirkungen der EMDR könnten am überzeugendsten durch die Annahme erklärt werden, daß neue Assoziationen gefördert werden, während die traumatische Gedächtnisstruktur aktiviert ist. Sie halten es für wichtig, daß PatientInnen bei der Erinnerung an das Trauma mit einem Fuß in der Vergangenheit und mit einem Fuß in der Gegenwart stehen. Im Rahmen einer sicheren therapeutischen Beziehung führen die induzierten Augenbewegungen (oder andere Aufgaben, die die Aufmerksamkeit teilweise auf die Gegenwart lenken) und die Formulierung hilfreicher Kognitionen zu neuen Assoziationen, die ein Abklingen von Angstsymptomen ermöglichen.

Gegenwärtig gibt es also viele verschiedene theoretische Ansätze, um die Wirkungen der EMDR zu erklären. Im nächsten Absatz werden die Forschungsergebnisse referiert, die bisher zur Klärung dieser Fragen durchgeführt wurden.

5. Untersuchungen zur Analyse von Komponenten und Prozessen in der EMDR

Verschiedene Forschungsgruppen haben versucht, in einer Reihe von Studien herauszufinden, welches die wirksamen Komponenten der EMDR sind und welche physiologischen Prozesse mit einer erfolgreichen Desensibilisierung verbunden sind. In den folgenden Abschnitten werde ich diese Arbeiten darstellen und diskutieren.

5.1 Studien über verschiedene Komponenten der EMDR

EMDR ist ein komplexes Verfahren, das aus verschiedenen Elementen besteht. Montgomery & Ayllon (1994b, S. 22) nennen drei Komponenten, nämlich die wiederholte imaginative Konfrontation, kognitive Umstrukturierung und rhythmische Augenbewegungen. Renfrey & Spates (1994, S. 233) unterscheiden sieben Komponenten:

1. Konfrontation mit traumatischen Vorstellungsbildern;
2. Konfrontation mit negativen Gedanken, die sich auf das Trauma beziehen;
3. Einüben adaptiver Kognitionen;
4. schnelle Augenbewegungen;
5. aktive auf ein Objekt gerichtete visuelle Aufmerksamkeit;
6. Beenden von Gedanken und Vorstellungsbildern;
7. tiefes Durchatmen beim Ende jeder Serie.

Im folgenden bespreche ich zunächst die Arbeiten, die untersuchten, ob die Augenbewegungen überhaupt ein wirksamer Bestandteil des Verfahrens sind. Dann stelle ich die Untersuchungen dar, die überprüften, ob Augenbewegungen an sich entscheidend sind oder ob andere Stimulierungen oder motorische Aufgaben die gleiche Wirkung haben. Zum Schluß dieses Abschnitts diskutiere ich die Bedeutung des Einübens positiver Kognitionen für die EMDR.

Die Studie von Shapiro (1989a) verglich EMD mit einer Kontrollbedingung, bei der die Personen die traumatische Szene genau beschreiben sollten. Da das Kontrollverfahren nicht zu einer Abnahme der subjektiven Angstwerte führte, betrachtete Shapiro (1989a, S. 220) die Kombination von imaginativer Konfrontation mit wiederholten Augenbewegungen als entscheidend für die Wirkung des Verfahrens. Diese Schlußfolgerung wurde von verschiedenen AutorInnen kritisiert: Sanderson & Carpenter (1992, S. 275) vermuten, daß die Kontrollbedingung unwirksam war, weil die Personen sich dabei nicht wie bei der EMD intensiv auf einzelne Vorstellungsbilder konzentrierten. Bei dieser Bedingung fehlte auch die Instruktion zum „Auslöschen" der belastenden Gedanken und zum tiefen Durchatmen (vgl. Shapiro 1989a, S. 207), die nach Bauman & Melnyk (1994, S. 32) bedeutsam sein könnte. Herbert & Mueser (1992, S. 170) vermuten, daß die Therapeutin bei der EMD die Erwartung auf eine Veränderung kommunizierte, dies bei der Kontrollbedingung aber nicht tat.

In verschiedenen Studien wurde untersucht, ob Augenbewegungen eine wirksame Komponente der Behandlung psychischer Störungen mit EMDR sind. In zwei Arbeiten wurde EMDR mit einer Methode der imaginativen Konfrontation verglichen, bei der die Expositionszeiten sehr viel länger als bei der EMDR sind:

- In der Studie von Vaughan, Armstrong et al. (1994) wurden die Effekte von EMD und imaginativem Habituationstraining (IHT) bei der Behandlung von PTBS verglichen. Die Ergebnisse der Studie sprechen aus verschiedenen Gründen für einen unterschiedlichen Wirkungsmechanismus von EMD und IHT: Beim IHT hatten die PatientInnen die Aufgabe, täglich eine Endloskassette mit der Beschreibung des Traumas anzuhören; die Expositionszeit war also beim IHT sehr viel länger als bei der EMD. Trotzdem war EMD in der Tendenz wirksamer als das Habituationstraining, wobei die Unterschiede allerdings nicht signifikant waren. Für eine qualitativ unterschiedliche Wirkung spricht auch, daß EMD zu einer deutlich stärkeren Verminderung von Alpträumen und Flashbacks führte.
- Nach Muris & Merckelbach (1997) führte eine EMDR-Sitzung bei Patientinnen mit einer Spinnenphobie in einem Verhaltenstest zu einer durchschnittlichen Verbesserung von 1,63 und imaginative Konfrontation zu einer Verbesserung von 0,5 auf einer Skala von 1 bis 8. Diese Unterschiede waren statistisch nicht signifikant.

Die folgenden Untersuchungen verglichen EMDR mit wiederholter kurzfristiger imaginativer Exposition:
- Boudewyns et al. (1993, S. 31) berichten über die Behandlung von hospitalisierten Vietnam-Veteranen. Die subjektiven Angstwerte nahmen bei der EMD-Gruppe signifikant stärker ab (um 4,0 Punkte) als bei der Gruppe, die mit imaginativer Exposition behandelt wurde (Verminderung um 1,6 Punkte). Ansonsten wurden in dieser Studie keine weiteren positiven Therapieeffekte gefunden.
- In der Untersuchung von Montgomery & Ayllon (1994b) mit PTBS-PatientInnen wurden nach den Baseline-Messungen zunächst drei Sitzungen ohne induzierte Augenbewegungen (imaginative Konfrontation und kognitive Umstrukturierung) und dann sechs EMD-Sitzungen durchgeführt. Während in der ersten Therapiephase nur schwache, nicht-signifikante Veränderungen gefunden wurden, führte die EMD-Phase bei fünf von sechs PatientInnen zu deutlichen Besserungen.
- Sanderson & Carpenter (1992) verglichen in einer Studie imaginative Konfrontation und EMD ohne kognitive Umstrukturierung. EMD und imaginative Konfrontation waren bei nicht-traumatischen Phobien (überwiegend Spinnenphobien) gleich wirksam und führten zu einer mäßigen Abnahme der subjektiven Angst. Bei acht Personen mit traumatischen Phobien (z. B. Fahrphobie nach einem Unfall, Höhenphobie nach einem Sturz) führte EMD tendenziell zu einer stärkeren Verminderung der Angstwerte als imaginative Konfrontation. Allerdings waren diese Unterschiede nicht statistisch signifikant (vgl. Sanderson & Carpenter 1992, S. 271).
- In der Studie von David Wilson et al. (1996) wurde EMDR mit zwei anderen Behandlungen verglichen, eine davon war imaginative Konfrontation ohne Induktion von Augenbewegungen. Während in der EMDR-Gruppe in einer Sitzung bei allen sechs behandelten Personen eine vollständige Desensibilisierung gelang (SUD-Werte von 0 oder 1 am Ende der Sitzung), trat dieser Effekt bei imaginativer Konfrontation nur bei einer von sechs Personen auf. Im Gegensatz zur EMDR-Gruppe,

deren physiologische Meßwerte eine deutliche Entspannungsreaktion anzeigten, wurden bei der imaginativen Konfrontation keine signifikanten physiologischen Veränderungen gefunden.

Diese Untersuchungen sprechen dafür, daß die Induktion von Augenbewegungen bzw. eine visuelle Aufgabe, die Augenbewegungen erfordert, eine wirksame Komponente bei der Desensibilisierung traumatischer Erinnerungen ist. Ten Broeke & de Jongh (1995) weisen darauf hin, daß EMDR sehr viel schneller zu positiven Wirkungen führt als imaginative Exposition. Diese Ergebnisse widersprechen der Annahme von Acierno, Hersen et al. (1994), die Wirkung der EMDR könne auf die Komponente der imaginativen Exposition zurückgeführt werden.[1]

Im folgenden bespreche ich Arbeiten, die den Effekt von Augenbewegungen mit der Wirkung anderer ablenkender Aufgaben verglichen:

- Pitman et al. (1996a) verglichen bei Vietnam-Veteranen mit chronischen posttraumatischen Störungen EMDR mit einer Variante des Verfahrens (Fokussierung der Augen des Patienten auf einen Punkt und Tippen mit den Fingern, während der Therapeut seine Hand rhythmisch bewegt); beide Bedingungen führten zu ungefähr gleich starken mäßig positiven Veränderungen.
- Renfrey & Spates (1994) untersuchten bei PTBS-PatientInnen zwei Formen der EMD, bei denen Augenbewegungen induziert wurden, und eine Variante, bei der die Aufmerksamkeit auf einen nahe gelegenen Lichtpunkt gerichtet werden sollte. Alle drei Behandlungsbedingungen führten zu bedeutsamen positiven Veränderungen; zwischen den Gruppen wurden keine signifikanten Unterschiede gefunden. Bei den ersten beiden Gruppen mit Augenbewegungen konnte die Behandlung im Durchschnitt etwas schneller beendet werden (3,9 bzw. 4,3 Sitzungen) als bei der Gruppe mit fixierter visueller Aufmerksamkeit (5,4 Sitzungen). Die Autoren nehmen daher an, daß Augenbewegungen als Ablenkung besonders gut geeignet sind, auch wenn sie keine notwendige Komponente des Verfahrens darstellen (Renfrey & Spates, 1994, S. 238).
- Foley & Spates (1995) berichten, daß bei der Behandlung von Sprechangst das übliche Verfahren bei der EMDR mit einer auditiven Variante (Verfolgen eines sich bewegenden Geräuschs) und einer visuellen Variante mit ruhenden Augen (Blick auf die im Schoß ruhenden Hände) verglichen wurde. Alle drei Behandlungen waren gleich wirksam.
- Bauman & Melnyk (1994) fanden bei der Behandlung von Prüfungsangst, daß

---

1. Tallis & Smith (1994) fanden dagegen in einem Experiment mit psychisch nicht gestörten Versuchspersonen, denen ein aversives Bild gezeigt wurde, keine positive Wirkung von Augenbewegungen auf die emotionale Verarbeitung. Die SUD-Werte sanken in einer Gruppe, bei der während der Vorstellung des Bildes schnelle Augenbewegungen induziert wurden, weniger ab als in den Gruppen mit langsamen Augenbewegungen und mit wiederholter imaginativer Konfrontation ohne Augenbewegungen. Die Bedingungen in diesem Experiment unterscheiden sich deutlich von den traumatischen Erlebnissen, die zur Entwicklung posttraumatischer Störungen führen; außerdem wurde hier die emotionale Verarbeitung eines aktuellen belastenden Bildes untersucht und nicht eine im Langzeitgedächtnis gespeicherte traumatische Erinnerung.

EMD und eine Variante mit einer motorischen Aufgabe (Tippen mit den Zeigefingern auf eine Tischplatte) ungefähr gleich wirksam waren.
- Gosselin & Mathews (1995) verglichen bei prüfungsängstlichen StudentInnen EMDR mit einer Kontrollbedingung, bei der die nicht bewegten Finger des Therapeuten fixiert werden sollten. EMDR führte zu einer signifikant stärkeren Verminderung der SUD-Werte. Beide Behandlungen führten zu gleich starken positiven Veränderungen bei einem Testangst-Fragebogen.
- Dunn et al. (1996) untersuchten 28 StudentInnen, die unter mäßig starken Ängsten im Zusammenhang mit belastenden Ereignissen litten. Die Hälfte der Gruppe erhielt eine EMDR-Sitzung, die andere Hälfte eine genau so lange Behandlung, bei der die Personen die Augen nicht bewegen, sondern einen roten Punkt auf einer gelben Karte fixieren sollten. Beide Behandlungen führten zur Verminderung von SUD-Werten und physiologischen Maßen. Zwischen den beiden Gruppen gab es keine signifikanten Unterschiede.
- In der bereits erwähnten Untersuchung von David Wilson et al. (1996) wurde EMDR nicht nur mit imaginativer Konfrontation verglichen, sondern auch mit einer Bedingung, bei der die behandelten Personen die Aufgabe hatten, in regelmäßigem Rhythmus mit den Daumen zu tippen. Im Gegensatz zu der Augenbewegungsgruppe war diese Behandlungsmaßnahme wirkungslos (keine bedeutsame Veränderung von SUD-Werten und physiologischen Werten).

Von sieben Studien kommen sechs zu dem Ergebnis, daß EMDR mit induzierten Augenbewegungen und mit anderen perzeptiven oder motorische Aufgaben etwa gleich wirksam sind. Dadurch werden Theorien in Frage gestellt, die von einer spezifischen Wirkung rhythmischer Augenbewegungen ausgehen (z. B. Shapiro, 1989 a; Marquis, 1991; Lipke & Botkin, 1992), und Konzepte gestützt, die die Effekte der EMDR auf andere Wirkungsmechanismen zurückführen. Nach Shapiro (1995, S. 24f.) wird durch die Wirksamkeit von auditiven oder motorischen Aufgaben die Annahme einer Analogie zwischen EMDR und REM-Schlaf nicht widerlegt; im Wachzustand gebe es aber mehr Möglichkeiten, um die Verarbeitung von Informationen zu fördern.

Merckelbach und MitarbeiterInnen untersuchten in einer Reihe von Experimenten mit psychisch nicht gestörten Versuchspersonen die Wirkungsweise der EMD. Merckelbach et al. (1993) fanden in einem Versuch keine Hinweise dafür, daß EMD das visuelle Gedächtnis beeinträchtigt. In zwei weiteren Experimenten verglichen sie EMD mit einer Variante des Verfahrens, bei der die Versuchspersonen mit einem Finger tippen sollten (Merckelbach et al., 1994a; 1994b). Beide Bedingungen führten zu etwa gleich starken Veränderungen; so nahm z. B. die Peinlichkeit einer Erinnerung und die damit verbundene Anspannung nach der Einschätzung der Versuchspersonen in der EMD-Gruppe und in der Kontrollgruppe signifikant ab. Die AutorInnen interpretieren ihre Ergebnisse so, daß EMD bei normalen Versuchspersonen keinen Effekt habe. Genau so gut kann man aber auch sagen, daß sowohl Augenbewegungen als auch Fingertippen zu mäßig positiven emotionalen Wirkungen führten.

Nach Shapiro (1995, S. 56-61) spielt die Formulierung negativer und positiver Kognitionen und die Koppelung der positiven Kognition mit der traumatischen Erinnerung nach der Desensibilisierungsphase eine wesentliche Rolle in der EMDR. Wolpe

(1994; vgl. auch Wolpe & Abrams, 1991; in diesem Buch) hält diese Komponenten dagegen für wenig bedeutsam. Leider gibt es bisher keine empirischen Arbeiten, in denen der Beitrag der kognitiven Umstrukturierung zur Wirksamkeit der EMDR bei der Behandlung psychischer Störungen untersucht wurde.[1] Es gibt aber verschiedene Hinweise dafür, daß bedeutsame therapeutische Wirkungen auch ohne explizite Berücksichtigung der kognitiven Komponenten erzielt werden können:

- In der Einzelfallstudie von Pellicer (1993) verzichtete die Therapeutin wegen der geringen Intelligenz des zehnjährigen Mädchens auf die kognitiven Komponenten des Verfahrens (Formulierung eines negativen und eines positiven Satzes in Bezug auf ihre Alpträume). Nach einer EMD-Sitzung verschwanden die Alpträume und die Schlafstörungen des Kindes.
- Auch Sanderson & Carpenter (1992) berichten über bedeutsame Verminderungen der subjektiven Angstwerte von Personen mit Phobien durch EMD ohne kognitive Umstrukturierung; vgl. auch die Antwort von Sanderson & Carpenter (1994) auf die Kritik von Greenwald (1994b).
- Nach Vaughan et al. (1994, S. 535f.) waren PTBS-PatientInnen mit einem sehr hohen Angstniveau nicht in der Lage, eine erwünschte Kognition zu dem traumatischen Ereignis zu formulieren. In dieser Studie wurde die positive Kognition daher erst erfragt, nachdem die subjektive Angst durch die Desensibilisierung auf einen mittleren Wert abgefallen war.

Wahrscheinlich werden bei der bildhaften Vorstellung traumatischer Ereignisse automatisch auch die damit verbundenen negativen Kognitionen aktiviert. Im Verlauf der Desensibilisierung treten oft spontan neue Einsichten und hilfreiche Gedanken auf (vgl. Shapiro 1989a, S. 215).

Für den Erfolg der EMDR ist es nicht in allen Fällen notwendig, aber wahrscheinlich förderlich, wenn negative und positive Kognitionen zu einer belastenden Erinnerung explizit formuliert werden und wenn nach der Verminderung oder dem Verschwinden der Angst eine neue Assoziation zwischen der Erinnerung und einem adaptiven Gedanken gestiftet wird. Weitere kognitive Interventionen *(cognitive interweave)*, die im Rahmen der EMDR eingesetzt werden, sind in bestimmten therapeutischen Situationen wichtig, um Blockierungen zu überwinden und konstruktive Einstellungsänderungen zu fördern (vgl. Abschnitt 2.3).

---

1. Hekmat, Groth & Rogers (1994) berichten über ein Experiment zur Schmerzkontrolle mit StudentInnen. EMDR und eine Variante des Verfahrens (EMD mit Musik) führten gleichermaßen zu verminderten Schmerzen beim Eintauchen eines Armes in Eiswasser. Da beide Behandlungsgruppen beim zweiten und dritten Eintauchen eine visuelle Aufgabe ausführten, nicht aber die Kontrollgruppe, kann nicht ausgeschlossen werden, daß die positiven Effekte bei den Behandlungsgruppen auf diese Ablenkung zurückzuführen sind.

5.2. Studien über physiologische Prozesse in der EMDR

Zur Beurteilung des laufenden Therapieprozesses in der EMDR werden seit der ersten Untersuchung von Shapiro (1989a) subjektive Einschätzungen der PatientInnen über das Ausmaß der aktuell erlebten negativen Gefühle (SUD-Skala) und der Glaubwürdigkeit positiver Kognitionen (VOC-Skala) verwendet. Gegen die Verwendung dieser subjektiven Maße wurde kritisch eingewendet, daß solche Aussagen sehr leicht durch die direkt oder indirekt kommunizierten Erwartungen von TherapeutInnen und durch die Tendenz von PatientInnen, im Sinne sozialer Erwünschtheit zu antworten, beeinflußt werden können (vgl. Lohr et al., 1972, S. 164; Herbert & Mueser, 1992, S. 170; Muris & Merckelbach, 1997, S. 46f.). Wenn gezeigt werden kann, daß die Verminderung subjektiver Angstwerte mit der Abnahme von physiologischer Erregung verbunden ist, so wird dadurch die Glaubwürdigkeit der subjektiven Einschätzskalen erhöht. Dazu liegen folgende Ergebnisse vor:

- Shapiro (1989a, S. 211) fand in ihrer Untersuchung, daß die maximale Pulsrate bei den Follow-up-Sitzungen um durchschnittlich 13 Schläge pro Minute niedriger war als bei der Behandlung.
- Renfrey & Spates (1994) benutzten die Beschleunigung der Herzfrequenz bei der Vorstellung der traumatischen Ereignisse als Indikator für erhöhte Erregung. Die Veränderungswerte betrugen im Durchschnitt bei allen Behandlungsgruppen (23 PatientInnen) anfangs 9,48 Schläge pro Minute; nach der Desensibilisierung sanken die Werte signifikant auf 0,82.
- Montgomery & Ayllon (1994a) berichten in einer Einzelfallstudie, daß bei der Behandlung einer Traumapatientin mit EMD nicht nur die SUD-Werte, sondern auch Blutdruck und Herzrate signifikant abnahmen.
- In der Untersuchung von Montgomery & Ayllon (1994b) mit sechs PatientInnen sank der systolische Blutdruck von 153,8 in der Anfangsphase auf 130,8 beim Follow-up; die Herzfrequenz sank von 80,3 auf 72,7. Die geringsten physiologischen Veränderungen wurden bei einem Patienten gefunden, dessen Behandlung nicht zu einer Reduzierung der SUD-Werte führte. Nach den Angaben der Autoren waren die physiologischen Veränderungen aber statistisch nicht signifikant.
- Forbes et al. (1994) erfaßten bei acht PatientInnen die Muskelspannung mit dem EMG. Von der ersten bis zur vierten Sitzung sanken die EMG-Werte sowohl bei der Vorstellung einer neutralen Szene als auch bei der Vorstellung des traumatischen Ereignisses.
- In der Untersuchung von David Wilson et al. (1996) wurde bei PatientInnen eine spezifische belastende Erinnerung bearbeitet. EMDR führte bei 16 von 17 Fällen zu einer vollständigen Desensibilisierung (SUD-Werte von 0 oder 1) und in einem Fall zu einer teilweisen Desensibilisierung.[1] Die folgenden signifikanten physiologischen Veränderungen wurden in der Studie bei EMDR gefunden: Die Herzrate, der systolische Blutdruck und die galvanische Hautreaktion gingen zurück, während

---
1. Sechs Personen erhielten von vornherein eine EMDR-Behandlung; elf Personen wurden mit EMDR behandelt, nachdem sich Kontrollverfahren als unwirksam herausgestellt hatten; nur bei einer Person war ein Kontrollverfahren (wiederholte imaginative Konfrontation) erfolgreich (vgl. Abschnitt 5.1).

die Fingertemperatur anstieg. Dies sind Anzeichen für eine ausgeprägte Entspannungsreaktion. Atemfrequenz und diastolischer Blutdruck veränderten sich nicht signifikant. Die AutorInnen berichten aber über eine Synchronisation von Atemrhythmus und Augenbewegungen.

In elf Fällen wurden Abreaktionen, die mit Schluchzen und Weinen verbunden waren, beobachtet. In den meisten Fällen stieg der systolische Blutdruck in den Augenbewegungs-Serien unmittelbar vor der Abreaktion an; während der Abreaktion sank er in allen Fällen ab. In den folgenden Serien blieb der systolische Blutdruck stabil oder er sank noch weiter ab. Diese Untersuchung zeigt in beeindruckender Weise, daß eine erfolgreiche Desensibilisierung nicht nur zur Verminderung der subjektiven Angstwerte führt, sondern auch zu einer physiologisch meßbaren Entspannungsreaktion.

Die Effekte von EMDR bei Vietnam-Veteranen mit chronischen posttraumatischen Störungen sind relativ gering, wenn man sie mit den deutlichen Besserungen bei anderen PatientInnen vergleicht.

- In zwei EMD-Sitzungen mit Veteranen konnten Boudewyns et al. (1993) nur eine teilweise Desensibilisierung erreichen (Absinken der SUD-Werte von 7,4 auf 3,4). Vor und nach der Behandlung wurden die Teilnehmer der Studie mit einer Beschreibung ihrer schlimmsten Erinnerung auf Tonband konfrontiert. Dabei wurde keine Auswirkung der Behandlung auf die physiologischen Reaktionen gefunden.
- Pitman et al. (1996a) verwendeten in ihrer Studie mit Vietnam-Veteranen vier physiologische Maße. Sie untersuchten, ob sich die Meßwerte während der Augenbewegungs-Serien innerhalb einer Sitzung und zwischen den Sitzungen veränderten. Eine signifikante Habituation innerhalb der Sitzungen wurde bei allen physiologischen Maßen gefunden; aber nur die Werte der Hautleitfähigkeit nahmen signifikant zwischen erster und letzter Sitzung ab. Die Behandlung führte also nur zu einer partiellen emotionalen Verarbeitung der traumatischen Kriegsereignisse.

In den bisher referierten Untersuchungen wurden PatientInnen mit posttraumatischen Störungen behandelt. Nur in der Arbeit von Wilson et al. (1996) litten einige der behandelten PatientInnen an einer Phobie. Es gibt nur wenige Studien zur Behandlung von Phobien mit EMDR, in denen auch physiologische Messungen durchgeführt wurden:

- Kleinknecht (1993) berichtet, daß die erfolgreiche Behandlung einer Patientin mit einer Phobie (Furcht vor Blutabnahme und Spritzen) auch zum Absinken des systolischen Blutdrucks und der Herzrate führte.
- In zwei Einzelfallstudien, über die Lohr, Tolin & Kleinknecht (1995) berichten, wurden Patientinnen mit medizinischen Phobien behandelt. EMD führte zwar zu einer deutlichen Verminderung der SUD-Werte, aber nach der Einschätzung der Autoren nicht zu konsistenten Veränderungen bei Blutdruck und Pulsrate. Andererseits wird berichtet, bei der ersten Patientin habe sich die Pulsrate bei simulierten Blutabnahmen von 104 auf 86 Schläge pro Minute am Ende der dritten Sitzung verringert (1995, S. 146)!

- Nach Acierno, Tremont et al. (1994) führte die EMD-Behandlung einer Patientin mit Phobien weder auf der subjektiven noch auf der physiologischen Ebene zu bedeutsamen Besserungen.[1]

Insgesamt zeigen die referierten Arbeiten, daß starke Verminderungen der subjektiven Angstwerte durch EMDR in den meisten Fällen mit physiologischer Veränderungen korrelieren, die eine Abnahme von Erregung und Anspannung anzeigen.

Nicosia (1995) berichtet über die Ergebnisse einer EEG-Untersuchung bei drei Personen. Er fand, daß die Gehirnwellen während der Durchführung von EMDR dem normalen Wachzustand entsprechen, während für Hypnose andere Wellenmuster typisch sind. Lamprecht & Lempa (in diesem Buch) erwähnen erste Ergebnisse einer Studie, wonach erfolgreiche EMDR-Behandlungen zur Veränderung von EEG-Mustern führten.

Bessel van der Kolk (1996, S. 233f.) schildert eine neurophysiologische Untersuchung, in der Patienten mit posttraumatischen Störungen mit einer detailierten Beschreibung ihrer eigenen traumatischen Erlebnisse konfrontiert wurden. Mit der Positronen-Emmisions-Tomographie (PET), einem bildgebenden Verfahren, wurde die Aktivität des Gehirns erfaßt. Dabei zeigte sich, daß vor allem die rechte Hemisphäre des Gehirns stark aktiviert war, aber nicht das Sprachzentrum in der linken Gehirnhälfte.[2] Die Hypothese liegt nahe, daß eine erfolgreiche Behandlung mit EMDR zu einer Veränderung dieses Aktivierungsmusters führt. Vielleicht erlauben PET-Untersuchungen, etwas mehr über die neurophysiologischen Mechanismen zu erfahren, die der Wirkung der EMDR zugrunde liegen.

6. Diskussion und Schlußfolgerungen

Obwohl die EMDR erst vor wenigen Jahren entwickelt wurde, gibt es bereits eine beeindruckende Anzahl von Fallstudien und empirischen Untersuchungen zu dieser Methode. Nach Shapiro (1996a) gibt es mehr kontrollierte Studien zur Wirksamkeit von EMDR bei posttraumatischen Störungen als für jede andere Therapiemethode. Mehrere Arbeiten zur Effektivität der EMDR, die bereits auf Kongressen vorgestellt wurden, werden in der nächsten Zeit veröffentlicht werden.

EMDR wurde bei verschiedenartigen Störungen von Erwachsenen und Kindern angewendet, bei denen belastende Vorstellungsbilder eine wichtige Rolle spielen. Wie bereits erwähnt ist die Wirksamkeit des Verfahrens bei posttraumatischen Belastungsstörungen (PTBS) von Erwachsenen am besten belegt. Zu den Hauptsymptomen dieser Störung gehören immer wieder auftretende Gedanken, bildhafte Vorstellungen und Träume, die sich auf das traumatische Ereignis beziehen und mit starken negativen Gefühlen verbunden sind. Personen, die unter PTBS leiden, versuchen oft, belastende Gedanken abzublocken und Situationen, die an das Trauma erinnern, zu vermeiden. Dies

---

1. In dieser Studie wurde EMD durch einen nicht in dieser Methode ausgebildeten Therapeuten fehlerhaft angewendet (vgl. Abschnitt 3.2).
2. Eine kurze Darstellung der neurophysiologischen Grundlagen der EMDR findet man auch bei Hofmann et al. (1997, S. 74f.).

gelingt aber meist nur teilweise, so daß das Verhalten zwischen Vermeidung und belastenden Erinnerungen, denen sich die Person hilflos ausgeliefert fühlt, schwankt (vgl. Creamer, 1993, S. 223).

Durch EMDR kann in relativ kurzer Zeit (die Angaben verschiedener AutorInnen schwanken zwischen einer und sechs Sitzungen) eine Desensibilisierung einzelner traumatischer Szenen erreicht werden. Bei komplexeren Fällen kann die Behandlung über viele Monate gehen; EMDR wird in bestimmten Phasen der Behandlung eingesetzt und mit anderen Methoden kombiniert (vgl. Shapiro 1995, S. 196–210). In den meisten erfolgreichen Fällen nimmt nicht nur die mit der traumatischen Erinnerung verbundene Angst ab oder verschwindet ganz, auch das Vorstellungsbild kann sich verändern, z. B. wird es blasser oder es ist schwerer abrufbar. Im Verlauf der Desensibilisierung können neue Einsichten oder hilfreiche Gedanken auftreten. Es ist auch möglich, daß lange vergessene positive Erlebnisse oder Erinnerungen an andere traumatische Erlebnisse auftauchen, die dann ebenfalls bearbeitet werden können. Anscheinend sind diese verschiedenen Gedächtnisinhalte in assoziativen Netzwerken miteinander verknüpft (vgl. Foa et al., 1989; Shapiro, 1995).

Zum Wirkungsmechanismus der EMDR sind zwar viele Fragen noch nicht geklärt, einige Aussagen sind aber schon jetzt möglich: Die wiederholte kurzfristige Konfrontation mit belastenden Gedanken und Vorstellungen ist zwar eine notwendige Komponente der EMDR; die Wirkungsweise des Verfahrens kann aber nicht auf diese Komponente reduziert werden (vgl. Abschnitt 5.1). Für die Wirkung der EMDR ist offenbar ein *doppelter Fokus der Aufmerksamkeit (dual focus of attention)* (Shapiro, 1995, S. 30) entscheidend, Nicht nur induzierte Augenbewegungen, sondern auch andere perzeptive oder motorische Aufgaben, die gleichzeitig mit der Vorstellung einer belastenden Situation ausgeführt werden, fördern das Abklingen von Ängsten und andere konstruktive Veränderungen (vgl. Bauman & Melnyk, 1994; Renfrey & Spates, 1994; Foley & Spates, 1995; Pitman et al., 1996a). Daher wäre es sinnvoll, dem Verfahren einen anderen Namen zu geben. Shapiro (1995, S. viii) schreibt im Vorwort ihres Buches, daß sie den Namen EMDR aus historischen Gründen beibehält; heute würde sie das Verfahren vielleicht einfach *Reprocessing Therapy* nennen.

Es gibt verschiedene Hypothesen zur Erklärung der Wirkung der EMDR:

1. Die Wirksamkeit von Augenbewegungen und anderen perzeptiven oder motorischen Aufgaben kann auf der Störung oder Unterbrechung eines automatisch ablaufenden Musters durch eine ablenkende Aufgabe beruhen (Shapiro, 1995, S. 314).
2. Nach Dyck (1993) werden durch die ablenkenden Aufgaben konditionierte Angstreaktionen vermindert, was im Verlauf mehrerer Durchgänge zu einer Löschung der Angstreaktionen führt.
3. Armstrong & Vaughan (1996) betonen, daß vor allem das Hervorrufen von Orientierungsreaktionen die Löschung konditionierter Reaktionen und die Aufnahme relevanter neuer Informationen begünstigt.
4. David Wilson et al. (1996) betrachten aufgrund der Ergebnisse ihrer Untersuchung das Hervorrufen von Entspannungsreaktionen als Folge der Augenbewegungen als einen entscheidenden Wirkungsmechanismus der EMDR. Sie interpretieren die

Methode daher als eine Desensibilisierung durch reziproke Hemmung,[1] wobei emotionale Erregung, die durch die traumatischen Vorstellungsbilder ausgelöst wird, mit einer Entspannungsreaktion gekoppelt wird. Möglicherweise wird die Entspannung durch den Wechsel zwischen doppelt fokussierter Aufmerksamkeit und der Instruktion zum Durchatmen und Loslassen gefördert.

5. Es ist auch möglich, daß durch rhythmische Augenbewegungen oder andere bilaterale Stimulierungen die Verknüpfung von traumatischen und adaptiven Gedächtnis-Netzwerken gefördert wird. Shapiro (1995, S. 315-323) weist auf verschiedene neurophysiologische Studien hin, die nach ihrer Einschätzung diese Annahme unterstützen. Nach dem gegenwärtigen Stand der Forschung ist es aber noch nicht möglich, eine Entscheidung zwischen diesen Hypothesen über den Wirkungsmechanismus der EMDR zu treffen.

Ich möchte nun einige Vermutungen formulieren, unter welchen Bedingungen schnelle dramatische Besserungen durch EMDR möglich sind und wann mit Rückfällen, mit langsamen Veränderungen oder Mißerfolgen zu rechnen ist.

Die Befreiung von belastenden Symptomen, gegen die die Person bisher vergeblich angekämpft hat, kann einen positiven *Welleneffekt* auslösen (im Kontrast zum Teufelskreis kann man dieses Phänomen auch als *Engelskreis* bezeichnen): Die Stimmungslage hellt sich auf; vorhandene, aber zeitweise nicht verfügbare Ressourcen werden der Person wieder zugänglich; in manchen Fällen ordnet sie ihr Leben neu.

Dies zeigt der Fallbericht von McCann (1992; in diesem Buch) besonders deutlich. Ich vermute, daß solche dramatischen Veränderungen am häufigsten bei Menschen auftreten, die vor dem traumatischen Ereignis nicht unter psychischen Störungen litten. Deutliche Besserungen durch eine kurze EMDR-Intervention können auch erwartet werden, wenn PatientInnen generell von einer abgeschlossenen oder noch laufenden Therapie profitiert haben, aber noch unter spezifischen posttraumatischen Symptomen leiden (vgl. Shapiro, 1989a; D. Wilson et al., 1996; Lamprecht & Lempa, in diesem Buch). Einige Studien zur EMDR berichten über anhaltende Besserungen in mehreren Bereichen (Shapiro, 1989a; Vaughan, Armstrong, et al. 1994; Forbes et al., 1994; Wilson et al., 1995).

Nach einer erfolgreichen Therapie sind Rückfälle möglich, wenn PatientInnen erneuten Belastungen ausgesetzt sind. Die Studie von Vaughan, Wiese et al. (1994) kam zu dem Ergebnis, daß nur ein Teil der beim Therapieende festgestellten Besserungen beim Follow-up noch vorhanden war.

Manchmal ist es notwendig, Personen nach der Befreiung von belastenden Symptomen beim Erwerb neuer Verhaltensweisen zu unterstützen, z. B. wenn Vermeidungsverhalten zu Defiziten im sozialen Verhalten geführt hat. Daher dürfte es oft sinnvoll

---

1. Wolpe (1972, S. 29) formuliert das „Prinzip der reziproken Hemmung" folgendermaßen: *„Wenn eine angsthemmende Reaktion in Gegenwart angsterzeugender Reize hervorgerufen werden kann, so schwächt sie die Verknüpfung zwischen diesen Reizen und der Angst."* (Hervorhebung im Original).

sein, EMDR mit anderen Therapiemethoden zu kombinieren (vgl. Goldstein & Feske, 1994; Levin, 1993; Marquis, 1991; Shapiro, 1995, S. 207–210).[1]

Bei chronischen Störungen kann das Verschwinden von Symptomen für bestimmte PatientInnen beunruhigend sein, z. B. wenn sie sich als „psychisch Kranke" oder als „Opfer" definieren, wenn andere Personen mit dem gleichen Selbstkonzept ihre wichtigsten Bezugspersonen sind, und/oder wenn sie wegen dieser Krankheit eine Rente beziehen (vgl. Lipke & Botkin, 1992, S. 593; Boudewyns et al., 1993, S. 32). Sowohl Shapiro (1995, S. 97f.) als auch Greenwald (1994c, S. 29) betonen, daß Probleme des sekundären Krankheitsgewinns geklärt werden müßten, bevor EMDR angewandt wird; ansonsten seien keine bedeutsamen Besserungen zu erwarten.

Die Wirksamkeit von EMDR hängt aber nicht nur mit Merkmalen der behandelten PatientInnen, sondern auch mit der angemessenen Verwirklichung des EMDR-Konzeptes zusammen (vgl. Pitman et al., 1996a). Unbefriedigende Ergebnisse sind bei einigen Studien wahrscheinlich auf fehlendes Training und mangelnde Kompetenz der TherapeutInnen zurückzuführen (z. B. Acierno, Tremont et al., 1994; Jensen, 1994; Oswalt et al., 1993). Daher fordert Shapiro (1995, S. 324f.) zurecht, daß die Qualität der Therapiedurchführung bei empirischen Studien durch *fidelity checks* überprüft werden sollte.

Es gibt eine ganze Reihe von Aufgaben und ungeklärten Fragen für die Forschung:

- Vergleiche der Effektivität von EMDR bei bestimmten Störungen mit anderen therapeutischen Methoden, deren Wirksamkeit für diese Zielgruppe bereits nachgewiesen wurde;
- Untersuchung der Bedeutung von kognitiven Methoden im Rahmen der EMDR;
- Untersuchung der Wirkung verschiedener ablenkender Aufgaben, die die Aufmerksamkeit unterschiedlich stark beanspruchen (vgl. Dyck, 1993, S. 207f.);
- Untersuchung von Variablen, die mit dem Erfolg der Methode zusammenhängen könnten (z.B. Suggestibilität, Imaginationsfähigkeit);
- Untersuchung des Zusammenhangs von Gehirnwellenmustern und Aktivierungsmustern des Gehirns mit dem Erfolg des therapeutischen Verfahrens (vgl. Hedstrom, 1991; van der Kolk, 1996).

Unter praktischen Gesichtspunkten erscheint mir der Einsatz der EMDR insbesondere sinnvoll, um Personen zu helfen, die Opfer von Verbrechen, Unfällen, familiärer Gewalt oder sexuellem Mißbrauch wurden und unter den Nachwirkungen dieser traumatischen Ereignisse leiden. In anderen Bereichen (z. B. bei Angststörungen oder bei pathologischer Trauer) lohnt es sich, die Möglichkeiten der EMDR zu untersuchen und ihre Wirkungen mit den Effekten anderer bewährter Therapiemethoden zu vergleichen. Wie Einzelfallstudien zeigen (z. B. Kleinknecht, 1993; de Jongh, ten Broeke & van der Meer, in diesem Buch) sprechen manche Personen mit Phobien sehr gut auf diese Behandlungsmethode an.

---

1. Die Fallstudie von Young (1995), die in Abschnitt 3.1 referiert wurde, zeigt sehr deutlich die positiven Wirkungen, aber auch die Grenzen einer kurzen EMDR-Intervention, die nicht im Rahmen einer umfassenderen Behandlung durchgeführt wurde.

Die Untersuchung der Wirkungsmechanismen der EMDR könnte auch zu theoretisch wichtigen Erkenntnissen über die Speicherung und Verarbeitung emotional bedeutsamer Erfahrungen führen. In einem Überblicksartikel zur EMDR kam ich 1995 zu der Schlußfolgerung, „daß die EMDR nicht eine kurzfristige therapeutische Modeströmung ist, sondern eine Bereicherung des Repertoires wirksamer therapeutischer Methoden darstellt." (Eschenröder, 1995, S. 370). Die in den letzten beiden Jahren erschienenen Untersuchungen zur EMDR bestätigen meiner Ansicht nach diese Einschätzung sehr deutlich.

Literatur

Acierno, R., Hersen, M., Van Hasselt, V.B., Tremont, G. & Meuser, K. T. (1994). Review of validation and dissemination of eye-movement desensitization and reprocessing: A scientific and ethical dilemma. *Clinical Psychology Review, 14,* 287–299.

Acierno, R., Tremont, G., Last, C. & Montgomery, D. (1994). Tripartite assessment of the efficacy of eye-movement desensitization in a multi-phobic patient. *Journal of Anxiety Disorders, 8,* 259–276.

Allen, J. G. & Lewis, L. (1996). A conceptual framework for treating traumatic memories and its application to EMDR. *Bulletin of the Menninger Clinic, 60,* 238–263.

Armstrong, M. S. & Vaughan, K. (1996). An orienting response model of eye movement desensitization. *Journal of Behavior Therapy and Experimental Psychiatry, 27,* 21–32.

Bauman, W. & Melnyk, W. T. (1994). A controlled comparison of eye movements and finger tapping in the treatment of test anxiety. *Journal of Behavior Therapy and Experimental Psychiatry, 25,* 29–33.

Bengel, J. & Landji, Z. (1996). Symptomatik, Diagnostik und Therapie der Posttraumatischen Belastungsstörung. *Zeitschrift für Klinische Psychologie, Psychopathologie und Psychotherapie, 44,* 129–149.

Boudewyns, P. A., Stwertka, S., Hyer, L., Albrecht, W. & Sperr, E. (1993). Eye movement desensitization for PTSD of combat: A treatment outcome pilot study. *The Behavior Therapist, 16,* 29–33.

Bronisch, T. (1997). Posttraumatische Belastungsstörung -Klinisches Erscheinungsbild, Epidemiologie und Therapiestudien. *Psychotherapie in Psychiatrie, Psychotherapeutischer Medizin und Klinischer Psychologie, 2,* 9–14.

Cocco, N. & Sharpe, L. (1993). An auditory variant of eye movement desensitization in a case of post-traumatic stress disorder. *Journal of Behavior Therapy and Experimental Psychiatry, 24,* 373–377.

Creamer, M. (1993). Recent developments in posttraumatic stress disorder. *Behaviour Change, 10,* 219–227.

de Jongh, A. & ten Broeke, E. (1993). Een nieuwe behandelingsmethode voor angst en trauma's: ‚Eye movement desensitization and reprocessing'. *Directieve Therapie, 13,* 161–170.

de Jongh, A. & ten Broeke, E. (1994). Opmerkelijke veranderingen na een zitting met Eye Movement Desensitization and Reprocessing: een geval van angst voor misselijkheid en braken. *Directieve Therapie, 14,* 90–102.

de Jongh, A. & ten Broeke, E. (1996). Eye Movement Desensitization and Reprocessing (EMDR): een procedure voor de behandeling van aan trauma gerelateerde angst. *Tijdschrift voor Psychotherapie, 22,* 93–114.

de Jongh, A., ten Broeke, E. & van der Meer, K.(1995). Eine neue Entwicklung in der Behandlung von Angst und Traumata: „Eye Movement Desensitization and Reprocessing (EMDR)". *Zeitschrift für Klinische Psychologie, Psychopathologie und Psychotherapie, 43,* 226–233.
Dilling, H., Mombour, W. & Schmidt, M. H. (Hrsg.). (1991). *Internationale Klassifikation psychischer Störungen.* ICD-10 Kapitel V (F). Bern: Huber.
Dyck, M. J. (1993). A proposal for a conditioning model of eye movement desensitization treatment for posttraumatic stress disorder. *Journal of Behavior Therapy and Experimental Psychiatry, 24,* 201–210.
Dyregrov, A. (1993). EMDR – ny metode for traumebehandling. *Tidsskrift for Norsk Psykologforening, 30,* 975–981.
Emmelkamp, P. M. G., Bouman, T. K. & Scholing, A. (1993). *Angst, Phobien und Zwang.* Göttingen: Verlag für Angewandte Psychologie.
Eschenröder, C. T. (1995). Augenbewegungs-Desensibilisierung und Verarbeitung traumatischer Erinnerungen – eine neue Behandlungsmethode. *Verhaltenstherapie und psychosoziale Praxis, 27,* 341–373.
Eschenröder, C. T. (1997). EMDR – das neue Therapiewunder? Erlösende Blicke. *PSYCHOLOGIE HEUTE, 24 (4),* 58-61.
Eysenck, H. J. (1994). The outcome problem in psychotherapy: What have we learned? *Behaviour Research and Therapy, 32,* 477–495.
Foa, E. & Rothbaum, B.O. (1996). Posttraumatische Belastungsstörungen. In J. Margraf (Hrsg.), *Lehrbuch der Verhaltenstherapie Band 2: Störungen – Glossar* (S. 107–120). Berlin: Springer.
Foa, E., Rothbaum, B. O., Riggs, D. S. & Murdock, T. B. (1991). Treatment of posttraumatic stress disorder in rape victims: A comparison between cognitive-behavioral procedures and counseling. *Journal of Consulting and Clinical Psychology, 59,* 715–723.
Foa, E., Steketee, G. & Rothbaum, B. O. (1989). Behavioral/cognitive conceptualizations of post-traumatic stress disorder. *Behavior Therapy, 20,* 155-176.
Foley, T. & Spates, C. R. (1995). Eye movement desensitization of public-speaking anxiety: A partial dismantling. *Journal of Behavior Therapy and Experimental Psychiatry, 26,* 321–329.
Forbes, D., Creamer, M. & Rycroft, P. (1994). Eye movement desensitization and reprocessing in posttraumatic stress disorder: A pilot study using assessment measures. *Journal of Behavior Therapy and Experimental Psychiatry, 25,* 113–120.
Frommberger, U., Stieglitz, R. D., Nyberg, E. & Berger, M. (1997). Die psychischen Folgen von Verkehrsunfällen. *Psychotherapie in Psychiatrie, Psychotherapeutischer Medizin und Klinischer Psychologie, 2,* 45–51.
Goldstein, A. J. & Feske, U. (1994). Eye movement desensitization and reprocessing for panic disorder: A case series. *Journal of Anxiety Disorders, 8,* 351–362.
Gosselin, P. & Matthews, W. J. (1995). Eye movement desensitization and reprocessing in the treatment of test anxiety: A study of the effects of expectancy and eye movement. *Journal of Behavior Therapy and Experimental Psychiatry, 26,* 331–337.
Grand, D. (1996). Integrating EMDR into the psychodynamic treatment process. *EMDRIA Newsletter, Issue 1,* 14–16.
Grawe, K., Donati, R. & Bernauer, F. (1994). *Psychotherapie im Wandel. Von der Konfession zur Profession.* Göttingen: Hogrefe.
Greenwald, R. (1994a). Applying eye movement desensitization and reprocessing (EMDR) to the treatment of traumatized children: Five case studies. *Anxiety Disorders Practice Journal, 1,* 83–96.
Greenwald, R. (1994b). Criticism of Sanderson and Carpenter's study on eye movement desensitization. *Journal of Behavior Therapy and Experimental Psychiatry, 25,* 90–91.

Greenwald, R. (1994c). Eye movement desensitization and reprocessing (EMDR): An overview. *Journal of Contemporary Psychotherapy, 24,* 15–34.

Greenwald, R.(1994d). Family interventions to enhance child EMDR treatment. *EMDR Network Newsletter, Issue 2,* 7–8.

Greenwald, R. (1996). The information gap in the EMDR controversy. *Professional Psychology: Research and Practice, 27,* 67–72.

Greenwald, R. (1997). *Eye movement desensitization and reprocessing (EMDR): New hope for children suffering from trauma and loss.* Manuskript (zur Veröffentlichung eingereicht.)

Hassard, A. (1993). Eye movement desensitization of body image. *Behavioural Psychotherapy, 21,* 157–160.

Hassard, A. (1995). Investigation of eye movement desensitization in pain clinic patients. *Behavioural and Cognitive Psychotherapy, 23,* 177–185.

Hedstrom, J. (1991). A note on eye movements and relaxation. *Journal of Behavior Therapy and Experimental Psychiatry, 22,* 37–38.

Hekmat, H., Edelstein, M. & Cook, L. (1994). *Managing worries with eye movement desensitization.* Paper presented at the 28th Annual Meeting of the Association for Advancement of Behavior Therapy, San Diego.

Hekmat, H., Groth, S. & Rogers, D. (1994). Pain ameliorating effect of eye movement desensitization. *Journal of Behavior Therapy and Experimental Psychiatry, 25,* 121–129.

Herbert, J. D. & Mueser, K. T. (1992). Eye movement desensitization: A critique of the evidence. *Journal of Behavior Therapy and Experimental Psychiatry, 23,* 169–174.

Hofmann, A. (1996). EMDR. Eine neue Methode zur Behandlung posttraumatischer Belastungsstörungen. *Psychotherapeut, 41,* 368–372.

Hofmann, A., Ebner, F. & Rost, C. (1997). EMDR in der Therapie posttraumatischer Belastungsstörungen. *Fundamenta Psychiatrica, 11,* 74–78.

Jensen, J. A. (1994). An investigation of eye movement desensitization and reprocessing (EMD/R) as a treatment for posttraumatic stress disorder (PTSD) symptoms of Vietnam combat veterans. *Behavior Therapy, 25,* 311–325.

Kleinknecht, R. A. (1993). Rapid treatment of blood and injection phobias with eye movement desensitization. *Journal of Behavior Therapy and Experimental Psychiatry, 24,* 211-217.

Kleinknecht, R. A. & Morgan, M. P. (1992). Treatment of posttraumatic stress disorder with eye movement desensitization. *Journal of Behavior Therapy and Experimental Psychiatry, 23,* 43–49.

Levin, C. (1993). The enigma of EMDR. *Networker, July/August,* 75–78.

Lipke, H. J., & Botkin, A. L. (1992). Case studies of eye movement desensitization und reprocessing (EMDR) with chronic posttraumatic stress disorder. *Psychotherapy, 29,* 591–595.

Lohr, J. M., Kleinknecht, R. A., Conley, A. T., Dal Cerro, S., Schmidt, J. & Sonntag, M. E. (1992). A methodological critique of the current status of eye movement desensitization (EMD). *Journal of Behavior Therapy and Experimental Psychiatry, 23,* 159–167.

Lohr, J. M., Kleinknecht, R. A., Tolin, D. F. & Barrett, R. H. (1995). The empirical status of the clinical application of eye movement desensitization and reprocessing. *Journal of Behavior Therapy and Experimental Psychiatry, 26,* 285–302.

Lohr, J. M., Tolin, D. F. & Kleinknecht, R. A. (1995). Eye movement desensitization of medical phobias: Two case studies. *Journal of Behavior Therapy and Experimental Psychiatry, 26,* 141–151.

Marquis, J. A. (1991). A report on seventy-eight cases treated by eye movement desensitization. *Journal of Behavior Therapy and Experimental Psychiatry, 22,* 187–192.

McCann, D. L. (1992). Post-traumatic stress disorder due to devastating burns overcome by a single session of eye movement desensitization. *Journal of Behavior Therapy and Experimental Psychiatry, 23,* 319–323.

Meichenbaum, D. (1994). *A clinical handbook/practical therapist manual for assessing and treating adults with post-traumatic stress disorder (PTSD)*. Waterloo, Canada: Institute Press.

Merckelbach, H. (1993). ‚Eye movement desensitization': kanttekeningen bij De Jongh en Ten Broeke. *Directieve Therapie, 13,* 172–177.

Merckelbach, H., Hogerhorst, E. & Kampman, M. (1993). Geen ondermijnend effect van ‚Eye movement desensitization' op het visueel geheugen. *Directieve Therapie, 13,* 313–321.

Merckelbach, H., Hogervorst, E., Kampman, M. & de Jongh, A. (1994a). ‚Eye-movement-desensitization' heeft geen effect op emotionele reactiviteit van ‚normale' proefpersonen. *Gedragstherapie, 27,* 33–49.

Merckelbach, H., Hogervorst, E., Kampman, M. & de Jongh, A. (1994b). Effects of „eye movement desensitization" on emotional processing in normal subjects. *Behavioural and Cognitive Psychotherapy, 22,* 331–335.

Merckelbach, H. & Muris, P. (1995). EMDR bij spinnenfobie: twee gevalsbeschrijvingen. *Directieve Therapie, 15,* 125–137.

Montgomery, R. W. & Ayllon, T. (1994a). Eye movement desensitization across images: A single case design. *Journal of Behavior Therapy and Experimental Psychiatry, 25,* 23–28.

Montgomery, R. W. & Ayllon, T. (1994b). Eye movement desensitization across subjects: Subjective and physiological measures of treatment efficacy. *Journal of Behavior Therapy and Experimental Psychiatry, 25,* 217–230.

Muris, P. & Merckelbach, H. (1997). Treating spider phobics with eye-movement desensitization and reprocessing: A controlled study. *Behavioural and Cognitive Psychotherapy, 25,* 39–50.

Muris, P., Merckelbach, H., Holdrinet, I. & Sijsenaar, M. (1997). *Treating phobic children: Effects of EMDR versus expose.* Manuskript (zur Veröffentlichung im Journal of Consulting and Clinical Psychology eingereicht).

Öst, L. G. (1989). One session treatment for specific phobias. *Behaviour Research and Therapy, 27,* 1–7.

Oswalt, R., Anderson, M., Hagstrom, K. & Berkowitz, B. (1993). Evaluation of the one-session eye-movement desensitization reprocessing procedure for eliminating traumatic memories. *Psychological Reports, 73,* 99–104.

Page, A. C. & Crino, R. D. (1993). Eye movement desensitisation: A simple treatment for posttraumatic stress disorder? *Australian and New Zealand Journal of Psychiatry, 27,* 288–293.

Pellicer, X. (1993). Eye movement desensitization treatment of a child's nightmares: A case report. *Journal of Behavior Therapy and Experimental Psychiatry, 24,* 73–75.

Pitman, R. K., Orr, S. P., Altman, B., Longpre, R. E., Poire, R. E. & Macklin, M. L. (1996a). Emotional processing during eye movement desensitization and reprocessing therapy of Vietnam veterans with chronic posttraumatic stress disorder. *Comprehensive Psychiatry, 37,* 419–429.

Pitman, R. K., Orr, S. P., Altman, B., Longpre, R. E., Poire, R. E., Macklin, M. E., Michaels, M. J. & Steketee, G. S. (1996b). Emotional processing and outcome of imaginal flooding in Vietnam veterans with chronic posttraumatic stress disorder. *Comprehensive Psychiatry, 37,* 409–418.

Puk, G. (1991). Treating traumatic memories: A case report on the eye movement desensitization procedure. *Journal of Behavior Therapy and Experimental Psychiatry, 22,* 149–151.

Renfrey, G. & Spates, C. R. (1994). Eye movement desensitization: A partial dismantling study. *Journal of Behavior Therapy and Experimental Psychiatry, 25,* 231–239.

Rosen, G. M. (1995). On the origin of eye movement desensitization. *Journal of Behavior Therapy and Experimental Psychiatry, 26,* 121–122.

Rothbaum, B.O. (1997). A controlled study of eye movement desensitization and reprocessing in the treatment of posttraumatic stress disordered sexual assault victims. *Bulletin of the Menninger Clinic, 61,* 317–334.

Sanderson, A. & Carpenter, R. (1992). Eye movement desensitization versus image confrontation: A single-session crossover study of 58 phobic subjects. *Journal of Behavior Therapy and Experimental Psychiatry, 23,* 269–275.
Sanderson, A. & Carpenter, R. (1994). Rejomder to Greenwald's criticisms. *Journal of Behavior Therapy and Experimental Psychiatry, 25,* 91.
Shapiro, F. (1989a). Efficacy of the eye movement desensitization procedure in the treatment of traumatic memories. *Journal of Traumatic Stress, 2,* 199–223.
Shapiro, F. (1989b). Eye movement desensitization: A new treatment for post-traumatic stress disorder. *Journal of Behavior Therapy and Experimental Psychiatry, 20,* 211–217.
Shapiro, F. (1991a). Eye movement desensitization and reprocessing procedure: From EMD to EMD/R – A new treatment model for anxiety and related traumata. *The Behavior Therapist, 14,* 133–135.
Shapiro, F. (1991b). Eye movement desensitization and reprocessing: A cautionary note. *The Behavior Therapist, 14,* 188.
Shapiro, F. (1993a). Commentary I. *Networker, July/August,* 78–80.
Shapiro, F. (1993b). Eye movement desensitization and reprocessing (EMDR) in 1992. *Journal of Traumatic Stress, 6,* 17–421.
Shapiro, F. (1994a). Alternative stimuli in the use of EMD(R). *Journal of Behavior Therapy and Experimental Psychiatry, 25,* 89.
Shapiro, F. (1994b). EMDR: In the eye of a paradigm shift. *The Behavior Therapist, 17,* 153–156.
Shapiro, F. (1994c). Shapiro's response. *The Behavior Therapist, 17,* 157–158.
Shapiro, F. (1995). *Eye movement desensitization and reprocessing. Basic principles, protocols, and procedures.* New York: Guilford.
Shapiro, F. (1996a). Eye movement desensitization and reprocessing (EMDR): Evaluation of controlled PTSD research. *Journal of Behavior Therapy and Experimental Psychiatry, 27,* 209–218.
Shapiro, F. (1996b). Errors of context and review of eye movement desensitization and reprocessing research. *Journal of Behavior Therapy and Experimental Psychiatry, 27,* 313–317.
Shapiro, F., Vogelmann-Sine, S. & Sine, L.F. (1994). Eye movement desensitization and reprocessing: Treating trauma and substance abuse. *Journal of Psychoactive Drugs, 26,* 379–91.
Silver, M. S., Brooks, A. & Obenchain, J. (1995). Treatment of Vietnam war veterans with PTSD: A comparison of eye movement desensitization and reprocessing, biofeedback, and relaxation training. *Journal of Traumatic Stress, 8,* 337–342.
Solomon, S. D., Gerrity, E. T. & Muff, A. M. (1992). Efficacy of treatments for posttraumatic stress disorder. *Journal of the American Medical Association, 268,* 633–638.
Spates, C. R. & Burnette, M. M. (1995). Eye movement desensitization: Three unusual cases. *Journal of Behavior Therapy and Experimental Psychiatry, 26,* 51–55.
Spector, J. & Huthwaite, M. (1993). Eye-movement desensitisation to overcome post-traumatic stress disorder. *British Journal of Psychiatry, 163,* 106–108.
Steil, R. & Ehlers, A. (1996). Die Posttraumatische Belastungsstörung: Eine Übersicht. *Verhaltensmodifikation und Verhaltensmedizin, 17,* 169–212.
Steketee, G. & Goldstein, A. J. (1994). Reflections on Shapiro's reflections: Testing EMDR within a theoretical context. *The Behavior Therapist, 17,* 156–157.
Tallis, F. & Smith, E. (1994). Does rapid eye movement desensitisation facilitate emotional processing? *Behaviour Research and Therapy, 32,* 459–461.
Tausch, R. (1997). Rezension von Shapiro, F.: Eye Movement Desensitization and Reprocessing. *Report Psychologie, 22,* 136–137.
ten Broeke, E. & de Jongh, A. (1993). ‚Eye-Movement-Desensitization and Reprocessing' (EMDR): praktische toepassing en theoretische overwegingen. *Gedragstherapie, 26,* 233–54.

ten Broeke, E. & de Jongh, A. (1995). Eye Movement Desensitization and Reprocessing: ‚Gewoon' imaginaire exposure? *De Psycholoog, 30,* 459–464.

van der Kolk, B. A. (1996). The body keeps the score. Approaches to the psychobiology of posttraumatic stress disorder. In B. A. van der Kolk, A. C. McFarlane, & L. Weisaeth, (Eds.) *Traumatic stress* (pp. 214–241). New York: Guilford.

Vaughan, K., Armstrong, M. S., Gold, R., O'Connor, N., Jenneke, W. & Tarrier, N. (1994). A trial of eye movement desensitization compared to image habituation training and applied muscle relaxation in post-traumatic stress disorder. *Journal of Behavior Therapy and Experimental Psychiatry, 25,* 283–291.

Vaughan, K., Wiese, M., Gold, R. & Tarrier, N. (1994). Eye movement desensitisation. Symptom change in post-traumatic stress disorder. *British Journal of Psychiatry, 164,* 533–541.

Viola, J. M. & McCarthy D. A. (1994). An eclectic inpatient treatment model for Vietnam and Desert Storm veterans suffering from posttraumatic stress disorder. *Military Medicine, 159,* 217–220.

Welch, R. B. (1996). On the origin of eye movement desensitization and reprocessing: A response to Rosen. *Journal of Behavior Therapy and Experimental Psychiatry, 27,* 175-179.

Wernik, U. (1993). The role of the traumatic component in the etiology of sexual dysfunctions and its treatment with eye movement desensitization procedure. *Journal of Sex Education and Therapy, 19,* 212–222.

Wilson, D., Silver, S. M., Covi, W. G. & Foster, S. (1996). Eye movement desensitization and reprocessing: Effectiveness and autonomic correlates. *Journal of Behavior Therapy and Experimental Psychiatry, 27,* 219–229.

Wilson, S. A., Becker, L. A. & Tinker, R. H. (1995). Eye movement desensitization and reprocessing (EMDR) treatment for psychologically traumatized individuals. *Journal of Consulting and Clinical Psychology, 63,* 928–937.

Wirtz, U. (1997). Trauma-Therapie: Ein Augenblick zur Heilung. *Intra, Heft 32,* 43–47.

Wolf, U. (1996). *Gestalttherapie bei Trauma und Gewalt.* Vortragsmanuskript.

Wolpe, J. (1972). *Praxis der Verhaltenstherapie.* Bern: Huber

Wolpe, J. (1990). *The practice of behavior therapy* (4th ed.). New York: Pergamon.

Wolpe, J. (1994). *Advances in behavior therapy of anxiety disorders.* (2 Tonkassetten) Heidelberg: Carl-Auer-Systeme.

Wolpe, J. & Abrams, J. (1991). Post-traumatic stress disorder overcome by eye-movement desensitization: A case report. *Journal of Behavior Therapy and Experimental Psychiatry, 22,* 39–43.

Young, W. C. (1995). Eye movement desensitization/reprocessing: Its use in resolving the trauma caused by the loss of a war buddy. *American Journal of Psychotherapy, 49,* 282–291.

Die Überwindung einer Posttraumatischen Belastungsstörung durch Augenbewegungs-Desensibilisierung: Ein Fallbericht[1]

Joseph Wolpe und Janet Abrams

Posttraumatischen Belastungsstörungen (PTBS) geht ein ungewöhnliches, außerordentlich belastendes Ereignis voraus, das bei den Betroffenen intensive Gefühle der Angst und Hilflosigkeit auslöst – wie beispielsweise Kriegserlebnisse, Vergewaltigungen, Erdbeben oder Foltererfahrungen (DSM-III R, 1987). Die Störungen manifestieren sich dabei auf ein oder mehrere der folgenden Arten: störende Erinnerungen an das traumatische Ereignis; beunruhigende Träume, die von dem Ereignis handeln; plötzliche Handlungen oder Gefühle, als ob das Ereignis sich wiederholen würde; oder intensive psychologische Störungen bei der Konfrontation mit Ereignissen, die einen Aspekt des ursprünglichen Ereignisses verkörpern oder ihm ähneln.

Bei der Behandlung von PTBS wurden in den letzten Jahren mit Hilfe von verhaltenstherapeutischen Methoden erhebliche Erfolge erzielt (z.B. Cooper & Clum, 1989; Fairbank, Gross & Keane, 1983; Keane & Kaloupek, 1982; Scrignar, 1984). Vielfach stellten sich derartige Verfahren jedoch als ausgesprochen arbeits- und zeitaufwendig heraus, und zeigten darüber hinaus oft auch nicht die gewünschten Erfolge.

Eine sehr viel schneller wirkende Desensibilisierungstechnik wurde von Shapiro (1989) beschrieben; statt Muskelentspannung setzt sie sakkadische (schnelle, rhythmische) Augenbewegungen ein. Die Vorgehensweise besteht im Wesentlichen darin, daß der Klient, während er sich eine angstauslösende Situation vorstellt, visuell die lateralen Bewegungen des Fingers des Klinikers (oder eines anderen Objekts wie z.B. eines Bleistifts, den dieser hält) verfolgt, ohne dabei den Kopf zu bewegen. Eine Serie besteht dabei aus 20–30 lateralen Bewegungen (eine pro Sekunde in jede Richtung), wobei so viele Serien wiederholt werden wie notwendig. Vor und nach jeder Wiederholung wird dabei das Angstniveau des Klienten anhand der subjektiven Angstskala (SUD) (Wolpe, 1990, S. 91–92) gemessen.

Eine solche Vorgehensweise resultiert für gewöhnlich in einem schnellen Abklingen der Störung, die durch die unangenehmen Bilder ausgelöst wurde, wobei in der Folge auch sekundäre Probleme wie Alpträume und Flashbacks dezimiert werden. Augenbewegungs-Desensibilisierung wird hauptsächlich bei der Behandlung von PTBS bei Kriegsveteranen und Vergewaltigungsopfern eingesetzt. Oft geht damit eine deutliche Senkung des Angstniveaus schon nach einer Sitzung einher, wobei die Tendenz zu Rückfällen gegen Null geht. Die Längsschnittstudie dieses Einzelfalles, die hier

---

1. Wolpe, J. & Abrams, J. (1991). „Post traumatic stress disorder overcome by Eye Movement Desensitization: A case report." Ursprünglich veröffentlicht in *Journal of Behavior Therapy and Experimental Psychiatry, 22*, No.1, pp 39–43, 1991. Übersetzung: Cathrin Steppuhn

vorgestellt wird, kann demnach mehr Details zu dem von Shapiro in ihrem Artikel vorgestellten Material beitragen.

Die Fallgeschichte

Shirley, eine 43jährige, alleinstehende, attraktive leitende Angestellte, kam am 1. November 1989 zum ersten Mal zu J.A. in die Pepperdine Psychology Clinic. Sie klagte über Schwierigkeiten im Umgang mit Kollegen und ihre Angst, allein aus dem Haus zu gehen. Shirley war im April 1980 vergewaltigt worden, wobei ihre Schwierigkeiten sich aus dieser Erfahrung herleiten ließen. Zuvor war sie eine ausgesprochen unabhängige Frau gewesen, die in der Stadt lebte und oft allein auf Reisen ging. Nach ihrer Vergewaltigung war sie nicht mehr dazu fähig, außer Haus zu arbeiten, und ging weder aus, noch hatte sie sexuellen Verkehr. Sie konnte sich nicht frei bewegen, weil sie sich immer vorstellte, noch einmal vergewaltigt zu werden und dann zu sterben. Zu Hause verbrachte sie ihre Zeit meistens im Liegen, in embryonaler Position. Dabei verspürte sie jedoch immer noch den Wunsch nach emotionalen Beziehungen zu Männern. Acht Monate nach der Vergewaltigung unternahm sie dann auch aktiv erste Versuche, sich mit Männern zu verabreden, und nach zwölf Monaten ging sie eine Beziehung ein, die sechs Jahre andauerte. Diese wurde von weiteren gefolgt, und auch als sie in die Klinik kam, hatte Shirley eine Beziehung zu einem Mann.

Shirleys Zustand hatte sich durch ihre Behandlung in einem Krisenzentrum für vergewaltigte Frauen, wo sie sofort nach der Vergewaltigung eine wöchentliche Psychotherapie angefangen hatte, nicht gebessert. Obwohl die dortige Therapeutin ihr sehr viel Unterstützung bot, wurde sie innerhalb der nächsten sechs Monate zunehmend suizidal. Daraufhin wurde sie an einen homöopathischen Therapeuten überwiesen, bei dem sie nur eine Sitzung zubrachte. In dieser Sitzung gab der Therapeut ihr ein Medikament und ließ sie auf ein Kissen einschlagen. Danach hatte sie zwar das Gefühl, funktionsfähiger zu sein und war auch wieder dazu in der Lage, einer Arbeit außerhalb des Hauses nachzugehen, fühlte sich aber emotional kein bißchen besser. Die einzige andere relevante Erfahrung widerfuhr ihr ein Jahr nach der Vergewaltigung. Shirley und ihr Freund saßen in einem Auto am Strand, dem sich ein fremder Mann näherte. In dem Moment, in dem er seinen Kopf an der Fahrerseite zum Fenster hineinsteckte, wurde bei Shirley eine Panikattacke ausgelöst. Dadurch wurde Shirley dazu veranlaßt, mit ihrem Freund zusammen abermals das Krisenzentrum für vergewaltigte Frauen aufzusuchen, was sie aber nach zwei Sitzungen aufgaben, weil es ihnen nicht hilfreich erschien. In den nächsten neun Jahren unternahm Shirley keine weiteren Therapieversuche, bis sie zu uns in die Klinik kam.

Der familiäre Hintergrund

Shirley ist die Älteste von zwei Töchtern. Ihren Vater beschrieb sie als einen autoritären Mann, der sich gewünscht hatte, daß sie ein Junge wäre und sie auch wie einen solchen behandelte. Er kümmerte sich viel um Shirley, bis ihre Eltern sich scheiden ließen, als sie 10 Jahre alt war. Danach besuchte ihr Vater sie kaum. Ihre Mutter war nach Shirleys Beschreibung „ein wunderbarer Mensch", außer wenn sie getrunken hatte. Zum Zeitpunkt der Scheidung hatte sich der Alkoholkonsum der Mutter zu einem ernsthaften Problem ausgewachsen.

In der Schule war Shirley sehr gut gewesen, langweilte sich jedoch auch oft und schwänzte, um Reiten zu gehen. Mit 13 Jahren fühlte sie sich das erste Mal zu Männern hingezogen. Im Alter von 14 ging sie dann eine emotionale und sexuelle Beziehung mit einem Mann ein, die vier Jahre dauerte. Danach hatte sie verschiedene andere Beziehungen, von denen einige auch langfristiger Natur waren.

Die Behandlung

In den Jahren, die auf Shirleys Therapieversuche folgten, war sie zunehmend ängstlicher geworden. Sie hatte versucht, diese Furcht mit Alkohol zu bekämpfen und trank dabei bis zu zwei Gläsern Wein mittags sowie abends eine halbe Flasche. Als besonders angstbeladen beschrieb sie die folgenden Situationen: Alleinsein an bestimmten Orten (z.B. in der Bibliothek oder am Strand), allein reisen sowie Fahrstuhl fahren. Shirley war der Meinung, daß sie eigentlich immer eine Waffe mit sich herumtragen sollte, weil sie dann das Gefühl hätte, „nicht solche Angst haben zu müssen". Sie sagte auch: „Ich lebe ständig in der Angst, noch einmal vergewaltigt zu werden." Ihr Leben war derartig eingeschränkt, daß sie das Gefühl hatte, es sei kaum lebenswert, und sie hatte öfter Selbstmordgedanken. Im Wartezimmer war sie angespannt und strahlte eine defensive Haltung aus.

In den ersten 15 Sitzungen wurde von J.A. eine psychodynamisch orientierte Therapie durchgeführt, wobei Shirleys Kindheitskonflikte, einschließlich ihrer frühen Rolle als „Mutter" in der Familie und ihre Gefühle bezüglich der Enttäuschung ihres Vaters darüber, daß sie kein Junge geworden war, im Mittelpunkt standen. Shirley war mit dieser Behandlung nicht zufrieden und begann, Sitzungstermine nicht wahrzunehmen. Sie weigerte sich, über die Vergewaltigung zu sprechen. In den letzten Wochen der Behandlung war ihre Angst stark gestiegen, und sie wurde zunehmend suizidal.

Zu diesem Zeitpunkt erklärte sich J.W. bereit, die Behandlung des Falles unterstützend zu begleiten. Die Betrachtung der vorliegenden Merkmale führte ihn zur DSM-III R Diagnose einer Posttraumatischen Belastungsstörung (PTBS). Durch eine Verhaltensanalyse wurden die folgenden zusätzlichen Informationen gewonnen: Im Willoughby-Fragebogen wurde ein Ergebnis von 56 erzielt. Der Fear Survey Schedule (Wolpe & Lang, 1969) zeigte starke Belastungen in den Gebieten Einsamkeit, soziale Ablehnung, Autoritätspersonen und Fehlermachen. Als erster Behandlungsschritt wurde Shirley in die Tiefenentspannung der Muskeln eingewiesen, mit der Begründung, daß Entspannung emotionale Wirkungen mit sich bringt, die der Angst diametral gegenüberstehen. Ihr wurde gezeigt, wie sie Stirn-, Augen- und Kiefermuskeln entspannen konnte. Am Ende dieser Sitzung sah sie schon weniger ängstlich aus und schien eine positivere Haltung einzunehmen. Später berichtete sie, daß sie sich in der Gegenwart eines Bankangestellten, der zuvor in ihr die Angst ausgelöst hatte, er könne sie sexuell angreifen, schon weniger ängstlich gefühlt hätte.

Auch wenn es sich dabei um einen wichtigen Fortschritt handelte, war dies allein für einen Erfolg der Therapie noch nicht ausreichend, weshalb es angezeigt schien, zusätzlich Augenbewegungs-Desensibilisierung (Shapiro, 1989) einzusetzen. Während der folgenden fünf Sitzungen experimentierte J.A. daher mit dieser Technik. Shirley schien dabei in jeder Sitzung weniger reserviert, und sie berichtete auch, daß sich bei der Arbeit bereits positive Veränderungen bemerkbar machten. Auch in der Klinik erschien sie zunehmend entspannter und freundlicher.

Das erste Mal seit Jahren begann Shirley, Wut im Zusammenhang mit der Vergewaltigung zu empfinden. Sie beschrieb, wie sie sich ein rot-schwarzes Monster vorstellte, das „voller Haß" sei. Weiter fuhr sie fort: „Ich habe Angst, daß ich mich umbringe. Ich will das auf keinen Fall." Obwohl sie spürte, daß sich etwas veränderte, befürchtete sie, nicht vollständig zu genesen. Sie weinte und brachte ihre Gefühle der Wut und der Trauer zum Ausdruck.

Von den verbleibenden Sitzungen wurden drei von J.W. durchgeführt, wobei die erste am 5. Juli stattfand. In dieser Sitzung wurde die folgende Liste von Angstquellen mit den dazugehörenden subjektiven Angstwerten erstellt:

- Allein in ihrem Wohnviertel spazieren gehen (85)
- Bei Tag allein an den Strand gehen (85)
- Allein ins Kino gehen (85)
- Allein in die Bibliothek gehen (85)
- Tagsüber in Hollywood allein spazierengehen (80)
- Mit einem fremden Mann reden (80)
- Mit zwei Männern Aufzug fahren (80)
- Allein Taxi fahren (60)

Die erste Szene, auf die Augenbewegungs-Desensibilisierung angewendet wurde, betraf das Spazierengehen in ihrer Wohngegend. Dabei wurden 4 Serien von sakkadischen Augenbewegungen eingesetzt, während derer die Angst auf ein sehr niedriges Niveau sank und es für Shirley zunehmend schwieriger wurde, sich die Szene vorzustellen. Danach wurde die Behandlung in bezug auf ihre Angst, tagsüber allein an den Strand zu gehen, angewandt. Wieder war die Angst nach 4 Serien von 25 sakkadischen Augenbewegungen wesentlich geringer geworden. Nach jeder Serie kommentierte Shirley, daß das Bild schneller verschwand als beim vorigen Mal. Zu Anfang der vierten Serie war nach ihren Angaben ihr Angstniveau auf 15 gesunken. Sie wurde dazu ermutigt, die Wirkung auszuprobieren, indem sie in ihrem Wohnviertel spazieren ging.

Bei der nächsten Sitzung am 12. Juli, die wieder von J.A. durchgeführt wurde, erzählte Shirley, daß der Spaziergang in ihrem Wohnviertel eine angenehme Erfahrung gewesen sei, „aber wenn ich das nächste Mal spazieren gehe, werde ich eine andere Straße nehmen, weil mich jemand beobachtet haben könnte." Shirley schienen die paranoiden Merkmale dieses Gedankengangs jedoch aufzufallen und sie lachte. Sie erklärte auch, daß sie eine Veränderung spüre: „Mit den Kollegen bei der Arbeit komme ich viel besser aus." Auch in der Sitzung traten positive Veränderungen in ihrer Haltung zutage sowie eine erhöhte Bereitschaft, ihre Gedanken und Gefühle mitzuteilen. Shirley erzählte, daß sie reizvolle Gedanken an eine intime Beziehung mit einem Mann habe. Sie berichtete weiterhin von neuen Erinnerungen, die mit ihrem Vergewaltigungstrauma in Zusammenhang standen. Wenn sie morgens aufwachte, geschah dies oft mit „ekelhaften" Gedanken an einen kleinen Penis, den sie nach weiterer Exposition mit dem ihres Vergewaltigers assoziierte.

Der letzte Teil der Sitzung wurde mit Augenbewegungs-Desensibilisierung verbracht, die aus 4 Serien von 25 sakkadischen Bewegungen bestand, während Shirley sich vorstellte, tagsüber allein am Strand spazieren zu gehen. Sie gab an, sich am Ende jeder Serie immer ruhiger zu fühlen. Shirley willigte ein, in der nächsten Woche am Strand spazieren zu gehen. Sie fragte auch, ob nun bei „allem", was sie ängstigte, eine Augenbewegungs-Desensibilisierung durchgeführt werden müsse, weil sie sich schon so viel besser fühlte und befürchtete, daß einem vollständigen Genesungsproze etwas im Weg stehen könnte. Ihr wurde mitgeteilt, daß wir uns mit der ganzen Skala ihrer Ängste befassen würden.

In der Sitzung am 17. Juli, die wieder von J.A. durchgeführt wurde, erzählte Shirley, daß sie es letzte Woche nicht geschafft hätte, allein am Strand spazieren zu gehen. Inzwischen war sie allerdings zu der Erkenntnis gekommen, daß sie im Falle einer erneuten Vergewaltigung das Trauma auch überleben könnte und nicht sterben würde. Sie erzählte, daß sie in dieser Woche die Augenbewegungs-Desensibilisierung auch bei sich selbst ausprobiert und mit den Entspannungstechniken kombiniert hätte, weil sie Angst gehabt hatte, auf einer Konferenz vor 150 Menschen zu sprechen. Dabei verringerte sich ihre Angst, und ihr gelang ein erfolgreicher Beitrag. Shirley war weniger „paranoid" und kam mit anderen Menschen bei der Arbeit besser zurecht. Sie hatte auch keine Angst mehr, die Kontrolle über sich zu verlieren und schien allgemein gelassener geworden zu sein.

In bezug auf Shirleys Vorstellungen, allein in ihrem Wohnviertel spazieren zu gehen, wurde noch einmal eine Augenbewegungs-Desensibilisierung angewandt, wobei die Gebiete sich von den am 12. Juli behandelten unterschieden. Sie wurde mit 4 Serien zu je 25 Bewegungen behandelt. Nach jeder Serie verringerte sich ihre Angst zunehmend, und schließlich berichtete sie, daß sie sich entspannt fühle. Danach wurden noch einmal 4 Serien von 25 sakkadischen Augenbewegungen eingesetzt, wobei sie sich vorstellte, vor einer Gruppe zu sprechen.

Die Sitzung am 24. Juli wurde von J.W. durchgeführt. Shirley sprach von ihrer Angst, daß Menschen ihre Opferposition intuitiv erfassen könnten: „Männer können die Angst riechen." Shirley wurde darauf hingewiesen, daß sie auf Dinge reagierte, die sie sich selbst vorstellte. Danach wurden 4 Serien von 25 Augenbewegungen auf Shirleys Vorstellung angewandt, in ihrem Viertel spazierenzugehen. Schon nach der zweiten Serie gab sie an, sich schon viel entspannter zu fühlen, und nach der vierten beschrieb sie sich sogar als ausgelassen: „Ich verspüre ein Euphoriegefühl, ich kann die Blumen riechen. Ich bin völlig entspannt." Danach wurden 4 Serien von Augenbewegungen auf ihre Vorstellung verwandt, allein am Strand spazieren zu gehen. Anfänglich lag ihr Angstniveau bei 85. Nach der zweiten Serie war der Wert jedoch zwischen 50 und 60 gefallen, und nach der dritten berichtete sie: „Die Vorstellung ist weggeschwommen." Nach der dritten und vierten Serie lag ihr Angstniveau nur noch zwischen 5 und 10, und Shirley erklärte, daß sie sehr müde sei.

Trotz ihrer Müdigkeit wurde Shirley gebeten, sich vorzustellen, wie sie mit einem

Mann im Wartezimmer eines Arztes saß, worauf dann wieder Augenbewegungs-Desensibilisierung in 4 Serien zu je 25 Bewegungen angewandt wurde. Nach der ersten gab sie an, sie habe die Vorstellung gehabt, wie jemand seinen Haß gegen sie richtete und sie sagte: „Er haßt mich, er haßt mich." Nach der zweiten Serie mit sakkadischen Augenbewegungen war ihre Angst nicht geringer geworden. Nach der dritten sagte sie: „Er haßte mich ein bißchen weniger, aber ich konnte es immer noch sehr stark fühlen." In der vierten Serie stellte sie sich ein Gesicht ohne feste Konturen vor, dessen Haß nicht sicher zu erkennen war. Die Angst ließ nach, und Shirley beschrieb, wie der Mann „immer kleiner wird, er wird ganz klein."

Am Anfang der nächsten Sitzung, die am 31. Juli mit J.W. stattfand, berichtete Shirley von einigen Veränderungen: „Ich kann wieder auf der Straße herumlaufen und fühle mich wie ein vollwertiges Mitglied der Gesellschaft. Ich habe eine Perspektive für die Zukunft. Das Trinken habe ich fast ganz aufgegeben." Ihr schien eine Last von den Schultern genommen zu sein. J.W. wiederholte die Augenbewegungs-Desensibilisierung mit den haßerfüllten Bildern von der letzten Sitzung. Trotz drei Serien von sakkadischen Bewegungen blieb Shirleys Angstniveau die ganze Zeit bei 80. Am Ende der dritten Serie sagte sie: „Ich fühle seinen intensiven Haß auf mich immer noch." Danach wurde sie von J.W. gebeten, sich die Haßfigur in zehn Metern Abstand und durch eine dicke Scheibe Panzerglas von ihr getrennt vorzustellen. Ihr Angstniveau ging nach der ersten Serie von sakkadischen Bewegungen auf 40 zurück, nach der zweiten auf 30 und nach der dritten auf 10. Derselbe Rückgang des Angstniveaus wurde dann beobachtet, als sie sich die Haßfigur von ihr durch Panzerglas getrennt und mit drei Metern Abstand und schließlich mit der Haßfigur in drei Metern Entfernung ohne das Glas vorstellte.

In der letzten Sitzung (am 24. August) erzählte Shirley von weiteren Veränderungen. Sie fühlte sich bei der Arbeit wesentlich entspannter und hatte einen einsamen Spaziergang am Strand sehr genossen. Sie erzählte auch, daß sie jetzt mehr auf ihr Äußeres achte; sie freute sich, einige Pfund abgenommen zu haben und flirtete mit Männern. Sie gab an, daß von ihren übermäßigen Ängsten, die anfangs beschrieben wurden, fast keine mehr übrig seien. Ihr Willoughby-Ergebnis lag nun bei 32, was einen merklichen Rückgang gegenüber den 56 vom Anfang der Verhaltenstherapie bedeutet. Sie lebte nicht mehr ständig in der Furcht vor einer Vergewaltigung und dachte nicht mehr, daß sie dadurch sterben würde. Daher wurde die Therapie beendet.

Bei Shirley wurden insgesamt 15 Sitzungen Verhaltenstherapie eingesetzt. In der Folge wurden noch einige Follow-up Telefonate durchgeführt, die durch eine persönliche Begegnung am 22. Januar 1991 ergänzt wurden. Bei all diesen Gelegenheiten berichtete Shirley, daß sie von ihren Ängsten befreit sei und bei der Arbeit und in anderen sozialen Situationen gut zurechtkäme.

Diskussion

Shapiros Beschreibung (1989) vom Einsatz von sakkadischen Augenbewegungen als angstreduzierende Maßnahme hat dazu geführt, daß eine ansehnliche Anzahl von Verhaltenstherapeuten dieses Verfahren eingesetzt haben, wobei höchst befriedigende Ergebnisse erzielt wurden. Diesbezüglich wurde eine Reihe von etwa hundert Fallbeispielen von Marquis (1991) zusammengestellt. Es ist von zentraler Bedeutung, die Mechanismen aufzudecken, durch die derartig bemerkenswerte Veränderungen erzielt werden können. Auf einem Symposium zu diesem Thema beim 1990er Jahrestreffen der *Association for the Advancement of Behavior Therapy* in San Francisco sind verschiedene Möglichkeiten vorgestellt worden, wobei jedoch für keines der Konzepte auch nur ein Minimum an Unterstützung geboten wurde. Es bleibt zu hoffen, daß die Akkumulation veröffentlichter Informationen zum Thema Hinweise für Studien geben, die unsere Wissenslücken schließen können.

Literatur

American Psychological Association (1987). *Diagnostic and statistical manual of mental disorders (3. überarb. Aufl.)*. Washington, DC.

Cooper, N.A. & Clum, G.A. (1989). Imaginal flooding as a supplemental treatment for PTSD in combat veterans: A controlled study. *Behavior Therapy, 20*, 381–391.

Fairbank, J.A.; Gross, R.T. & Keane, T.M. (1983). Treatment of post-traumatic stress disorder. *Journal of Behavior Modification, 7*, 557–568.

Keane, T.M. & Kaloupek, D.G. (1982). Imaginal flooding in the treatment of post-traumatic stress disorder. *Journal of Consulting and Clinical Psychology, 50*, 138–140.

Marquis, J.A. (1991). A report on seventy-eight cases treated by eye movement desensitization. *Journal of Behavior Therapy and Experimental Psychiatry, 22*, 187–192.

Scrignar, C.B. (1984). *Post-traumatic stress disorder*. New York: Praeger.

Shapiro, F. (1989). Eye movement desensitization: A new treatment for post-traumatic stress disorder. *Journal of Behavior Therapy and Experimental Psychiatry, 20*, 211–217.

Wolpe, J. (1990). *Practice of behavior therapy* (4. Aufl.). New York: Pergamon Press.

Wolpe, J. & Lang, P.J. (1969). *Fear Survey Schedule*. Educational and Industrial Testing Service, San Diego, CA.

Die Behandlung einer Posttraumatischen Belastungsstörung mit Augenbewegungs-Desensibilisierung[1]

Ronald A. Kleinknecht & Mark P. Morgan

Gegenwärtig werden laufend neue theoretische Strukturen entwickelt, um zu einem besseren Verständnis von Angstzuständen, wie z.B. Posttraumatischen Belastungsstörungen (PTBS) zu gelangen, und um adäquate Behandlungsansätze zu fördern (Chemtob, Roitblat, Hamada, Carlson & Twentyman, 1988; Foa & Kozak, 1988; Rachman, 1990). Trotz all dieser Bemühungen und den daraus resultierenden therapeutischen Fortschritten bleibt PTBS immer noch eine der relativ unzugänglichen Angststörungen. In derartigen Fällen scheint jedoch eine neue, bei Angststörungen anwendbare Behandlungsmethode, Augenbewegungs-Desensibilisierung und Verarbeitung (EMD) genannt, sehr vielversprechende Ergebnisse zu liefern, sofern sie einer gründlichen wissenschaftlichen Betrachtung auf experimenteller Basis standhält. Diese von Shapiro (1989a, 1989b, 1991a) entwickelte Vorgehensweise scheint ausgeprägte angstreduzierende Wirkungen bei traumatischen und anderen angstbezogenen Störungen hervorzurufen (Lipke & Botkin, 1992; Marquis, 1991; Puk, 1991; Shapiro, 1989a, 1991a; Wolpe & Abrams, 1991).

In diesem Beitrag wird ein Fall von PTBS beschrieben, der schon über acht Jahre lang bestanden hatte, bevor er erfolgreich mit EMD behandelt wurde. Dieser Fall soll hier vorgestellt werden, um das Potential zu illustrieren, das in einer solchen Vorgehensweise zu stecken scheint, um zuvor hartnäckigen Störungen wie PTBS abzuhelfen. Zudem scheint dieser Fall eine „reine" EMD-Behandlung darzustellen, bei dem diese Behandlung von Anfang an als Therapiemethode eingesetzt wurde. Die Wirksamkeit der Behandlung wird von Testergebnissen untermauert, die sowohl vor der Behandlung als auch vier und acht Monate nach der Behandlung gewonnen wurden sowie aus Selbstaussagen des Klienten über die von ihnen beobachteten Veränderungen auf der Verhaltensebene und bei seiner affektiven und kognitiven Funktionsfähigkeit.

Die Fallbeschreibung

Bei dem Klienten, Jim, handelte es sich um einen 40jährigen Weißen mit einem Diplom in Psychologie, der gegenwärtig als Jugend- und Familienberater tätig ist. Das traumatisierende Ereignis, das seinen PTBS-Symptomen vorausging, bestand zu Behandlungsbeginn schon seit acht Jahren. Wie jedoch im folgenden beschrieben wird,

---

1. Kleinknecht, R.A. & Morgan, M.P. (1992). „Treatment of posttraumatic stress disorder with eye movement desensitization." Ursprünglich veröffentlicht in *Journal of Behavior Therapy and Experimental Psychiatry, 23*, No.1, pp 43–49, 1992. Übersetzung: Cathrin Steppuhn

können bei dem Klienten auch weitere, bedeutsame frühere Traumata in seinem Leben dazu beigetragen haben, daß sich bei ihm zu diesem Zeitpunkt das vollständige PTBS-Syndrom ausbildete.

Jim beobachtete einen Einbruch in ein Haus und verfolgte daraufhin die Verdächtigen, wobei er schließlich einen von ihnen auf einer kleinen Anhöhe stellte. Er hatte den Mann jedoch für einen Moment nicht im Blickfeld, während er sich nach Hilfe umsah, und als er zurückblickte, hatte dieser eine Pistole in der Hand und schoß auf Jim. Er traf ihn dreimal, wobei eine Kugel die rechte Herzschlagader verletzte und zwei andere sein linkes Bein trafen. Nachdem das Magazin leergeschossen war, rannte der Angreifer weg und Jim blieb allein auf einem verlassenen Parkplatz zurück. Dort blieb er so lange bewegungsunfähig liegen, bis er von Passanten gefunden wurde.

Die Erfahrung von PTBS-Symptomen

Angeschossen und für tot liegengelassen werden ist sicherlich ein Ereignis, das sich außerhalb der normalen Reichweite der menschlichen Erfahrungen bewegt (APA, 1987). Dieses Trauma schlug sich daher in Träumen nieder, die sich acht Jahre lang etwa einmal monatlich wiederholten, wobei entweder Gewehrläufe oder das starrende Gesicht eines „eiskalten Menschen, ein Killertyp" eine Rolle spielten. Darüber hinaus wurde durch den Anblick und das Geräusch von Ambulanzfahrzeugen, durch laute Geräusche, Darstellung von gewalttätigen Angriffen in den Medien oder den Anblick von Handfeuerwaffen bei dem Klienten bedeutsamer psychologischer Schmerz ausgelöst. Bei kalter, feuchter Wetterlage, die dem herbstlichen Boden entsprach, auf dem er verletzt gelegen hatte, wurden ebenfalls PTBS-Symptome ausgelöst. Außerdem vermied der Klient es systematisch, sich Filme mit gewalttätigen Inhalten anzusehen. Jede erneute Stimulation des Schußtraumas hatte depressive Episoden zur Folge, die von einem Tag bis hin zu mehreren Wochen anhielten. Weitere PTBS-Symptome beinhalteten Schwierigkeiten, sich zu konzentrieren oder sich an etwas zu erinnern sowie übermäßige Wachsamkeit und das pausenlose Absuchen seiner Umgebung auf Gefahrenzeichen. Er reagierte äußerst reizbar auf unerwarteten Körperkontakt und reagierte stark auf knallende Geräusche und Stimuli, die mit dem Trauma in Zusammenhang standen.

Er begab sich zum beschriebenen Zeitpunkt in die Behandlung, weil er unter anhaltenden starken Angstzuständen litt, übermäßig wachsam war, sich emotional isoliert und weit weg von anderen fühlte, und immer wieder an den Angriff denken mußte. Er verspürte ein dringendes Bedürfnis, „die Geschichte zu erzählen", hatte Alpträume mit gewalttätigen Themen und litt zeitweilig unter depressiven Episoden.

Die Anamnese

Bei der Datenerhebung wurden die folgenden standardisierten Testverfahren angewandt: Brief Symptom Inventory (BSI; Derogatis & Spencer, 1982); State Trait Anxiety Inventory (STAI-Trait, Form Y; Spielberger, Gorsuch, Luschene, Vagg & Jacobs,

1983); Center for Epidemiological Studies – Depression Scale (CES-D; Weissman, Sholomkas, Pottenger, Prusoff & Locke, 1977). Die Tests wurden sowohl vor der Behandlung als auch jeweils vier und acht Monate nach der Behandlung durchgeführt.

Das Vorgehen bei der Behandlung

Die ersten beiden Sitzungen umfaßten die Datenerhebung und die Aufnahme der Geschichte des Klienten in Verbindung mit einigen Diskussionen über Entspannungsmethoden, Techniken der Tiefenatmung und der Angstbewältigung, mit denen der Klient aufgrund seiner Ausbildung und vorhergegangener Behandlungen bereits vertraut war. Darüber hinaus wurde in der zweiten Sitzung die Grundlage diskutiert, auf der die EMD-Behandlung angewandt werden sollte.

Bei der dritten Sitzung wurden EMD-Behandlungsmaßnahmen nach der Beschreibung von Shapiro (1989a; 1991a) angewandt. Die Behandlung umfaßte die Identifikation der zentralen traumatischen Szene, die mit ihr in Verbindung stehenden Überzeugungen sowie alternative, positive Überzeugungen, die der Klient diesbezüglich gerne haben würde. Der Klient wählte eine Szene aus, die für ihn den traumatischsten Aspekt der Erfahrung darstellte, wobei der Angreifer in etwa 10 Metern Entfernung auf einer Anhöhe über ihm stand und mehrfach schoß, während Jim ihn anflehte, aufzuhören.

Als Jim sich die Schußszene vorstellte, ging sein Atem schnell und flach und sein Gesicht rötete sich. Zu diesem Zeitpunkt wurde seine Einschätzung der Angst auf der SUD-Skala erhoben; der Wert lag bei 95 auf einer Skala von 0 bis 100. Während der Klient sich die Szene vorstellte, wurde er vom Therapeuten gebeten, dessen Finger mit den Augen zu folgen, um laterale Augenbewegungen einzuleiten (siehe Shapiro, 1989a, 1991a).

Durch die Behandlung ausgelöste Reaktionen

Das erste Trauma

Nach der ersten Serie von 30 Bewegungsbögen berichtete Jim, daß das zuvor lebhafte und angstauslösende Bild verblichen war und er es nicht länger hervorrufen konnte. Die meisten damit verbundenen Angstgefühle hatten sich ebenfalls verflüchtigt. In einer zweiten Serie von Augenbewegungen wurden die verbleibenden Gefühle fokussiert. Innerhalb weniger Sekunden hatte sich das Bild völlig aufgelöst und er konnte es sich nicht mehr vor Augen führen. Dagegen bestand seine Vorstellung zu diesem Zeitpunkt darin, daß der Therapeut seine (Jims) Erinnerung auslösche, als hätte er einen Radiergummi in der Hand oder würde ein Kreidebild von der Tafel löschen! Danach konnte er das Bild der Schußszene nicht länger hervorrufen. So sehr er es auch versuchte, er konnte keine zusammenhängende Vorstellung mehr davon entwickeln, und er konnte darüber hinaus auch keine Angstgefühle mehr aus den Fragmenten herleiten, die er sich noch vorstellen konnte.

Die Auslöschung dieses Bildes wurde von Jim mit einem Gefühl des Verlusts beschrieben. Bei der darauffolgenden dritten Serie von Augenbewegungen begannen wir, dieses Gefühl des Verlusts als Ausgangspunkt zu nehmen, was dann in einem tiefen Gefühl von Trauer resultierte. Dieses Trauergefühl leitete sich aus der Erinnerung an ein weiteres signifikantes frühes Trauma her, das daraufhin das nächste Ziel des EMD-Verfahrens bildete.

Das zweite Trauma

Die tiefe Traurigkeit, die am Ende der oben beschriebenen ursprünglichen Schußszene bei dem Klienten auftauchte, resultierte aus einem früheren Trauma aufgrund eines Autounfalls, bei dem Jims zweite Frau und ihr ungeborenes Kind starben. Dieser Unfall hatte sich vier Jahre vor der Schußszene zugetragen (12 Jahre vor der gegenwärtigen Behandlung). Die zweite EMD/R Sitzung befaßte sich daher mit dem Autounfall. Das EMD-Verfahren begann damit, daß Jim sich die Unfallsequenz vorstellte, während er mit einer Serie von Augenbewegungen fortfuhr. Die Szene begann mit einer winterlichen Fahrt aufs Land in Begleitung seiner Frau. Sie fuhren einen Hügel hinauf und kamen an ein schattiges Stück, während die Sonne auf den meisten anderen Teilen der freien Straße das Eis bereits geschmolzen hatte. Als sie in die Schattenzone kamen und das Auto auf das Eis traf, verlor der Klient die Kontrolle darüber und kollidierte seitlich mit einem anderen Fahrzeug, das gerade über den Kamm des Hügels kam. In der ersten Serie, bei der es um dieses Bild ging, also der vierten Serie insgesamt, betrafen die erwünschten Kognitionen, die der Klient damit gerne assoziieren wollte, seine persönliche Sicherheit und die Tatsache, daß er diesen Unfall tatsächlich überlebt hatte. Die Empfindungen, die dabei anfänglich mit diesem Bild assoziiert wurden, wurden von ihm als extremer „Adrenalinstoß" in Kombination mit erhöhter Aufmerksamkeit beschrieben. Die EMD-Sitzung begann mit der Wiederholung dieses Bildes, während er die Bewegungen des Fingers seines Therapeuten fokussierte. Zu Anfang der Szene berichtete Jim, daß er das Gefühl hätte, er würde aus der Helligkeit (Sonnenlicht) in eine dunkle Wand hineinfahren (Hügel im Schatten) und gegen seinen Willen gezogen, ohne daß er die Kontrolle darüber hätte (schlittern auf Eis). Mit der Fortsetzung der Augenbewegungen und der Wiederholung der Szene entwickelte sich das Bild dahingehend, daß beim Eintrittsmoment in die Dunkelheit ein Lichtstrahl oder Lichttunnel zu sehen war, der durch die Dunkelheit hindurchschien und ihn sicher aus dem Dunkel hinausgeleitete, so daß er den Unfall umgehen konnte. Eine nochmalige Wiederholung der Originalszene ergab verschwommene und unscharfe Bilder. Versuche, die Szene wiederherzustellen, waren mit dem Gefühl assoziiert, daß er sie nicht noch einmal wiederholen müsse, da sie ja vorbei seien und er sicher durchgekommen war. Er hatte das Gefühl, „den Tod umgangen" zu haben.

Nachdem diese anfängliche Unfallszene desensibilisiert und mit einer Kognition von mehr Sicherheit verbunden worden war, wurde die sofort nach dem Unfall hervorgerufene Verzweiflung und das damit verbundene Trauma behandelt. In der nächsten Szene war der Zusammenstoß gerade passiert, wobei Jim mit der Brust gegen das Steuerrad geschlagen war und einen Schnitt am Auge hatte. Sobald er realisierte, daß er überlebt hatte, kletterte er aus einem zerbrochenen Fenster und stand mit dem Gefühl großer Erleichterung, daß er überlebt hatte, neben dem Auto. Als er in das Fahrzeug zurückblickte, sah er, daß seine Frau auf dem Beifahrersitz sich nicht mehr bewegte. Zu diesem Zeitpunkt fühlte er tiefe Trauer, weil er sofort wußte, daß sie und das ungeborene Kind tot waren. Nach einer weiteren Serie von Augenbewegungen mit dieser Szene bekam Jim jedoch das Gefühl, daß diese Szene, wie auch der Unfall selbst, inzwischen vorbei war und nicht mehr in der Gegenwart passierte. Er mußte sie daher auch nicht mehr wiederholen.

Bei einer letzten Wiederholung der Szene nach dem Unfall mit Augenbewegungen, hatte Jim das Gefühl, diese in all ihren feinen Details wahrzunehmen. Dabei nahm er die Szene jedoch als an seiner rechten Seite passierend wahr, wobei er sich eher in einer beobachtenden anstatt einer teilnehmenden Rolle befand. Auch wenn sich dabei seine negativen Affekte, die mit dieser Tragödie assoziiert waren verringerten, verminderten sich seine Betroffenheit und seine Anteilnahme dabei nicht, sondern er hatte nun das Gefühl, die Ereignisse gehörten der Vergangenheit an und seien inzwischen vorbei.

Das dritte Trauma

In der Folge der Desensibilisierung der obengenannten beiden Traumata wurden bei Jim Gefühle der Furcht und der Einsamkeit ausgelöst. Eine Fortsetzung der Beschäftigung mit diesen Empfindungen, unter Einsatz von Augenbewegungen, förderte Bilder zutage, bei denen der Klient 18 Jahre alt war. Sein Vater war plötzlich gestorben und ließ ihn und die Familie allein und verzweifelt zurück. Gleichzeitig, in den späten 60er Jahren, hatte Jim das wehrdienstfähige Alter erreicht und sollte nach Vietnam eingezogen werden. Jim hatte jedoch beschlossen, den Kriegsdienst zu verweigern und konnte sich dem Militär nicht mit gutem Gewissen anschließen. Sein unpopulärer Standpunkt bezüglich des Krieges stieß weder bei seiner Familie und Freunden noch bei dem Pfarrer seiner Gemeinde auf Verständnis. Nachdem er die Einberufung formal verweigert hatte, wurde er vom FBI gefaßt und mit 18 Jahren als „Drückeberger" ins Gefängnis gebracht. Obwohl er als Kriegsdienstflüchtiger geführt wurde, kam er nach kurzer Zeit bis zur Festsetzung des Gerichtsurteils wieder auf freien Fuß. Er hatte jedoch eineinhalb Jahre lang immer das Gefühl, daß er bald wieder ins Gefängnis kommen würde. Während dieser Zeit führte seine Angst, erneut ins Gefängnis zu kommen, bei ihm zur Entwicklung einer Klaustrophobie. Schließlich beschloß der Richter, der seinen Fall anhörte, nach erneuter Betrachtung der Aktenlage, daß Jim tatsächlich ein Kriegsdienstverweigerer aus Gewissensgründen sei und verurteilte ihn dazu, zwei Jahre lang gemeinnützigen Ersatzdienst zu leisten. Er suchte sich für seinen Ersatzdienst eine Stelle in der Kinderbetreuung, die letztlich zu seiner gegenwärtigen Beschäftigung als Familienberater bei einem Arbeitgeber im sozialen Dienst führte.

Eine Wiederholung dieser Szenen in Begleitung von Augenbewegungen führte von einem ungelösten Gefühl des Abgelehntwerdens und der Einsamkeit zu einem Gefühl der Erlösung, weil er sich tatsächlich mit diesen frühen traumatischen Zeiten befaßt hatte und sich auch dafür eingesetzt und beschlossen hatte, das zu erreichen, was seinem Gefühl zufolge richtig war.

Zu diesem Zeitpunkt waren keine traumatischen, affektbeladenen Szenen mehr vorhanden, die eine Behandlung erfordert hätten. Daraufhin wurde noch die Anwendung dieser neuen Gefühle von Entschlossenheit, persönlicher Stärke und „Ich bin in Sicherheit und mir geht es gut" in bezug auf seine Gefühle zu Hause und bei der Arbeit diskutiert.

Aus Testergebnissen stammendes Beweismaterial für Veränderungen auf der kognitiven, affektiven und Verhaltensebene

Die Ergebnisse der standardisierten Einschätzungsmethoden reflektieren die subjektiven Veränderungen, die der Klient oben beschrieben hatte.

State-Trait Anxiety Inventory (STAI). Die anfängliche Messung des trait-Anteils mit Hilfe des STAI resultierte in einem Rohwert von 51; was einem Prozentrang von 64 bei Menschen in ambulanter psychiatrischer Behandlung und einem Prozentrang von 94 bei 40jährigen Männern entspricht (Spielberger et al., 1983). Der Test, der vier Monate nach der Behandlung durchgeführt wurde, ergab ein Resultat von 38 (ein Rückgang von 1.5 Standardabweichungen); es lag nur drei Punkte über dem Durchschnitt von 35 in seiner Altersgruppe und bei einem Prozentrang von 26 bei Psychiatriepatienten. Acht Monate nach dem Test hatte Jim ein Ergebnis von 42 (ein Prozentrang von 36 bei Patienten und 76 bei Erwachsenen der gleichen Altersgruppe).

Center for Epidemiologic Studies – Depression Scale. Die anfängliche Untersuchung mit dem CES-D ergab ein Testergebnis von 9, das allerdings noch unter dem maßgeblichen Wert von 16 lag, der auf eine klinische Depression hinweist (Weissman et al., 1977). Auch wenn Jim anfänglich aus klinischer Sicht nicht depressiv war, berichtete er doch von Symptomen einer Depression. Bei den beiden Nachuntersuchungen verringerten sich seine Ergebnisse beträchtlich auf jeweils 1 und 4.

Brief Symptom Inventory (BSI). Die BSI-Werte gingen in allen Dimensionen zurück, wobei die größten Veränderungen sich auf den Skalen ergaben, die für die PTSD-Symptome des Klienten besonders relevant waren. Wie aus Abbildung 1 ersichtlich, lagen die höchsten Ergebnisse vor der Untersuchung bei den Skalen zur Somatisierung (SOM), bei Ängsten (ANX), und phobischen Ängsten (PHOB). Diese Skalen sowie die Skala der Depression (DEP) wiesen nach der Behandlung Veränderungen von fast 2 Standardabweichungen auf. Geringere Veränderungen zeigten sich auch in weniger relevanten Bereichen der psychotischen (PSY) und paranoiden (PAR) Bereiche, die beide unter dem Durchschnitt bei Psychiatriepatienten lagen. Insgesamt ergaben seine Werte auf den neun klinischen Skalen ein durchschnittliches Ergebnis von 52.78 auf der Basis von Normwerten bei Männern in ambulanter psychiatrischer Behandlung (siehe Abb. 1). Demnach lagen seine Ergebnisse vor der EMD-Behandlung im Vergleich zu Männern in ambulanter psychiatrischer Behandlung leicht über dem Durchschnitt. Bei der ersten Untersuchung nach der Behandlung lag das durchschnittliche Testergebnis auf den klinischen Skalen bei 44.56. Zu diesem Zeitpunkt erreichte keine der klinischen oder summativen Skalen den Prozentrang 50, während vor der Behandlung das durchschnittliche Testergebnis von 50 bei Psychiatriepatienten in sechs Fällen überschritten worden war. Beim zweiten Test nach der Behandlung erreichte nur eine

Skala, SOM, ein Ergebnis von 51. Der Global Symptom Index (GSI), der als die sensibelste Skala für die Messung von Patientenbeschwerden gilt, nahm ebenfalls beständig ab.

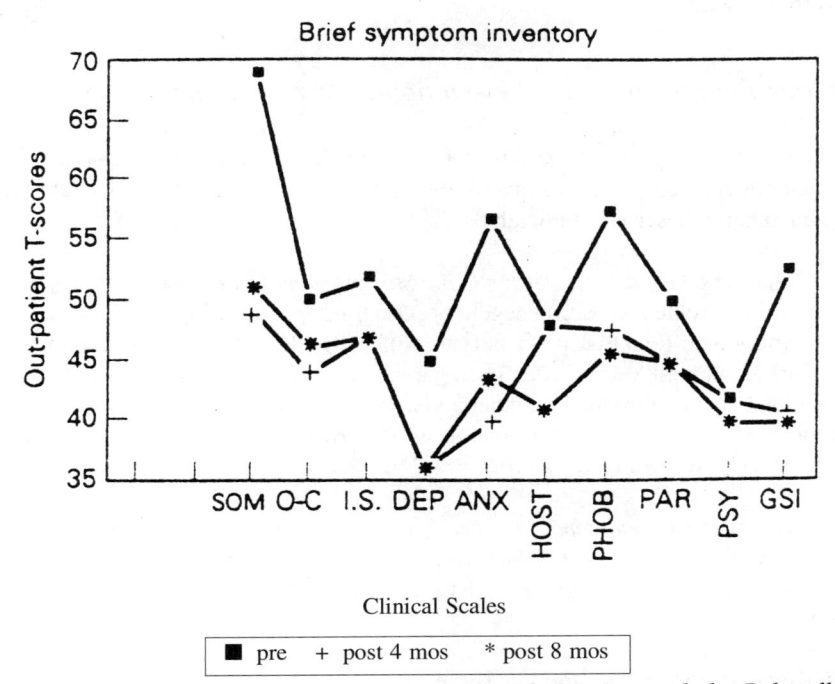

Abbildung 1: *Die BSI-Werte vor sowie vier bzw. acht Monate nach der Behandlung*

Klientenbericht über die Wirkung von EMD

Der folgende Abschnitt wurde vom Klienten geschrieben, um die Veränderungen zu beschreiben, die er in Folge der EMD/R-Behandlung erfuhr:

Die Alpträume voller Gewalt haben ganz aufgehört, und auch Träume mit Andeutungen von Gewalt kommen nur noch ganz selten vor. Auch meine übermäßige Wachsamkeit hat stark abgenommen, vor allem bei der Arbeit. ... Ich kann mich jetzt entspannen und die Arbeit mehr genießen. Ich habe mehr Kontakt zu anderen Menschen, und ich bin weniger auf der Hut und mit Selbstschutz beschäftigt. In den 8 Monaten seit dem Anfang der Behandlung habe ich keine depressiven Episoden mehr gehabt. Visuelle Bilder des Ereignisses sind verschwommen und haben nicht mehr ihre frühere emotionale Wirkung. Die Erinnerungen sind immer noch abrufbereit vorhanden, aber nun verspüre ich nicht mehr den Zwang, sie mir ständig zu vergegenwärtigen. Das Leben fühlt sich normaler an und es gibt kein unheildrohendes Szenario mehr, das über all meinen Aktivitäten schwebt. Ich habe das Gefühl, mehr persönliche Energie zu haben und das Vertrauen, auch mit widrigen Bedingungen fertigwerden zu können. Ich fühle mich nicht mehr länger als Opfer oder Zielscheibe, die nicht dazu fähig ist, sich zu wehren oder auf eine angemessene Art und Weise zu reagieren. Ich habe ein wundervolles Gefühl von Zufriedenheit und Erleichterung, wenn die (mit dem Trauma in Zusammenhang stehenden) Stimuli auftauchen und nicht mehr von den alten Reaktionen gefolgt werden.

Kriterien für eine erfolgreiche emotionale Verarbeitung

Rachman (1990) ging von vier Indizien aus, die auf eine zufriedenstellende emotionale Verarbeitung von Angststimuli hinweisen. Im folgenden haben wir den Fortschritt des Klienten anhand dieser vier Indizien beschrieben.

- *Bei Tests zur Überprüfung werden keine Störungen mehr ausgelöst.*
  Durch eine direkte Exposition gegenüber den traumatischen Orten wird keine negative emotionale Reaktion mehr hervorgerufen. Beide Orte (der Parkplatz und die Straße) wurden im Verlaufe der Therapie in vivo getestet. Filme mit Szenen, in denen eine Person kaltblütig von einer anderen erschossen wird und der Film „Terminator II" wurden vom Klienten angemessen toleriert und riefen keine unangemessenen Angstreaktionen mehr hervor.

- *Rückgang der emotionalen Störungen.*
  Das SUD-Ergebnis veränderte sich von 95 zu Beginn der Therapie auf 10 gegen Ende und weist damit auf einen klinisch relevanten Rückgang der emotionalen Störungen hin.

- *Rückgang der Störungen auf der Verhaltensebene.*
  In den acht Monaten seit der Behandlung der Schußszene traten keine Alpträume mehr auf. Auch der Zwang, die Geschichte immer wieder zu erzählen, ist verschwunden, und nach der Behandlung wurden keine depressiven Episoden mehr erlebt.

- *Rückkehr von gesunden Verhaltensweisen.*
  Jim hat wieder verstärkt körperliche Aktivitäten aufgenommen, die er vorher zurückgestellt hatte, weil sie bei ihm Angst- und Panikgefühle auslösten. Er vertraut mehr in seine persönlichen und fachlichen Fähigkeiten und kann sich bei der Arbeit besser konzentrieren.

All diese Indizien einer gelungenen emotionalen Verarbeitung weisen zusammen mit den positiven Testergebnissen darauf hin, daß diese Traumata desensibilisiert und verarbeitet wurden, und daß sich dies in signifikanten und sinnvollen Veränderungen auf der kognitiven, affektiven und Verhaltensebene niederschlug, die nunmehr schon seit acht Monaten aufrechterhalten worden sind.

Diskussion

Dieser Fall illustriert die schnellen und klinisch signifikanten Veränderungen, die mit EMD erzielt werden können. In diesem Entwicklungsstadium von EMD gibt es noch wenig empirisches Beweismaterial, das deren Wirksamkeit als ein Verfahren zur Förderung von Veränderungen auf der kognitiven und Verhaltensebene dokumentieren könnte. Zur Zeit der Fertigstellung dieses Artikels gab es relativ wenige veröffentlichte Fälle, in denen EMD-Verfahren benutzt wurden (Lipke & Botkin, 1992; Marquis, 1991; Puk, 1991; Shapiro, 1989a, 1989b, 1991a; Wolpe & Abrams, 1991). Eine wichtige Ergänzung stellt der Bericht von Marquis (1991) dar, in dem alle 16 Fälle von PTBS sich durchschnittlich um 2.9 auf einer Skala von 0 bis 3.0 verbessert hatten.

Auch wenn die hier vorgestellten standardisierten Testergebnisse zusammen mit bestimmten verbalen Angaben des Klienten, in denen er seine Wahrnehmung der Veränderungen beschreibt, ein äußerst positives Ergebnis nahelegen, können wie immer in derartigen Fallstudien unspezifische therapeutische Effekte als alternative Erklärungen für die beobachteten Veränderungen selbstverständlich nie ganz ausgeschlossen werden. Die Übereinstimmungen zwischen den hier beschriebenen und ähnlichen Prozessen, die unabhängig davon von anderen Experten beschrieben wurden, verleihen der Validität der Wirkungen in diesem Fall jedoch einiges an Glaubwürdigkeit. Hinsichtlich der ursprünglichen traumatischen Schußszene wurde innerhalb von 3 Minuten eine Desensibilisierung erreicht. Vom Zeitpunkt der ersten Serie von 30 Augenbewegungen an ist es Jim nicht mehr gelungen, diese Schußszene wieder hervorzurufen. Darüber hinaus kann er auch bis heute, acht Monate später, keine negativen affektiven Reaktionen mehr daraus herleiten. Für Jim scheinen seine Erlebnisse zum jetzigen Zeitpunkt nur noch historische Vorkommnisse zu sein. Zusätzlich sind inzwischen alle PTBS-Symptome, die eingangs beschrieben wurden, verschwunden. Die großen Veränderungen, wie sie nach der Behandlung anhand von BSI und STAI festgestellt wurden, sind mit diesem Verschwinden von Symptomen konsistent.

Ein weiteres bemerkenswertes Element stellt das Phänomen des schichtweisen Zum-Vorschein-Kommens einer Folge von Traumata dar, deren Erinnerungen bedeutsame negative Affekte hervorriefen. Die Desensibilisierung eines Traumas kann frühere, thematisch damit im Zusammenhang stehende Traumata reaktivieren. In diesem Fall waren bei dem Klienten einige Elemente bezüglich des Verlusts seiner Frau und seines ungeborenen Kindes immer noch sehr empfindliche Bereiche. Die Desensibilisierung dieses Traumas schien dann das dritte Trauma auszulösen, das mit dem Tod seines Vaters und dem drohenden Gefängnisaufenthalt für die Weigerung, dem militärischen Einberufungsbescheid nachzukommen, im Zusammenhang stand. Ähnliche Phänomene sind in anderen trauma-bezogenen Behandlungen beschrieben worden (Levis, 1991).

Es ist allerdings auch noch von Interesse, daß die PTBS-Symptome nur nach dem Schußtrauma auftraten, nicht jedoch nach dem Unfall mit Todesfolge. Möglicherweise hat das spätere Trauma PTBS herbeigeführt, weil dies durch die beiden früheren, thematisch ähnlichen Traumata prädisponiert war. Jedes für sich genommen hätten diese Traumata vielleicht nicht ausgereicht, um derartig intensive, lang anhaltende Symptome auszulösen. Die kontinuierlichen Bedrohungen für das Leben und die Sicherheit waren ausreichend, um das Syndrom auszulösen und es in eine chronische Störung zu verwandeln, die acht Jahre lang anhielt. Die Auslösung dieser drei Traumata in Folge legt es nahe, daß zwischen ihnen kognitive Verbindungen in einem Gedächtnis-Netzwerk bestehen, und daß das ganze Netzwerk bei PTBS eine Rolle spielt.

Auf der Grundlage des vorliegenden Fallbeispiels zusammen mit anderen aktuellen Berichten scheint die EMD-Behandlung ein weiteres vielversprechendes Behandlungsverfahren darzustellen, das für die Therapie von Störungen geeignet ist, die mit Angst und Traumata in Zusammenhang stehen (Lipke & Botkin, 1992; Puk, 1991; Marquis, 1991; Shapiro, 1989a, 1991a; Wolpe & Abrams, 1991). Weiterhin kann EMD durch ihr Potential, eine Serie von miteinander verbundenen Erinnerungen zu aktivieren, durchaus auch ein wichtiges Werkzeug darstellen, mit dem die Bedingungen, die für den Ursprung und die Aufrechterhaltung von derartigen Störungen verantwortlich sind, untersucht werden können. Aufgrund der positiven Berichte von der Effektivität der EMD, scheinen Bemühungen um eine umfassendere Ergebnisforschung unter Berücksichtigung von Placebo-Effekten durchaus gerechtfertigt zu sein, wie auch experimentelle Untersuchungen der Mechanismen, wie ein solcher schneller Desensibilisierungsprozeß funktioniert.

Literatur

American Psychiatric Association (1987). *Diagnostic and statistical manual of mental disorders* (3. überarb. Aufl.). Washington, D.C.
Chemtob, C.; Roitblat, H; Hamada, R.; Carlson, J. & Twentyman, C. (1988). A cognitive action theory of posttraumatic stress disorder. *Journal of Anxiety Disorders, 2,* 253–275.
Derogatis, L.R. & Spencer, P.M. (1982). *The Brief Symptom Inventory: administration, scoring & procedures manual – I.* Baltimore: Clinical Psychometric Research.
Foa, E. & Kozak, M. (1988). Emotional processing of fear: Exposure to corrective information. *Psychologial Bulletin, 99,* 20–35.
Levis, D.J. (1991). Memory reactivation in the treatment of trauma. In T.M. Keane (Chair) *Treating psychological trauma: comprehensive treatment of chronic PTSD.* Symposium conducted at the meetings of The Association for Advancement of Behavior Therapy, New York.
Lipke, H. & Botkin, A. (1992). Case studies of eye movement desensitization and reprocessing (EMDR) with chronic post-traumatic stress disorder. *Psychotherapy, 29,* 591–595.
Marquis, J.N. (1991). A report on seventy-eight cases treated by eye-movement desensitization. *Journal of Behavior Therapy and Experimental Psychiatry, 22,* 187–192.
Puk, G. (1991). Treating traumatic memories: A case report on the eye movement desensitization procedure. *Journal of Behavior Therapy and Expermimental Psychiatry, 22,* 149–151.
Rachman, S.J. (1990). *Fear and courage* (2. Aufl.). San Francisco: W. Freeman & Co.
Shapiro, F. (1989a). Eye movement desensitization: A new treatment for post-traumatic stress disorder. *Journal of Behavior Therapy and Experimental Psychiatry, 20,* 211–217.
Shapiro, F. (1989b). Efficacy of the eye movement desensitization procedure in the treatment of traumatic memories. *Journal of Traumatic Stress, 2,* 199–223.
Shapiro, F. (1991a). Eye movement desensitization & reprocessing procedure: From EMD to EMD/R – A new treatment model for anxiety and related traumata. *The Behavior Therapist, 14,* 133–135.

Shapiro, F. (1991b). Eye movement desensitization and reprocessing: A cautionary note. *The Behavior Therapist, 14,* 188.

Spielberger, C.; Gorsuch, R.L.; Luschene, R.; Vagg, P.R. & Jacobs, G.A. (1983). *Manual for the State-Trait-Anxiety Inventory (STAI (Form Y)).* Palo Alto, CA: Consulting Psychologist Press.

Weissman, M.; Sholomkas, D.; Pottenger, M.; Prusoff, B. & Locke, B. (1977). Assessing depressive symptoms in five psychiatric populations: A validation study. *American Journal of Epidemiology, 106,* 203–214.

Wolpe, J. & Abrams, J. (1991). Post-traumatic stress disorder overcome by eye-movement desensitization: A case report. *Journal of Behavior Therapy and Experimental Psychiatry, 22,* 39–43.

Die Überwindung einer Posttraumatischen Belastungsstörung nach schweren Verbrennungen in einer einzigen Sitzung mit Augenbewegungs-Desensibilisierung[1]

David L. McCann

Posttraumatische Belastungsstörungen (PTBS) treten oft auf nach „einem Ereignis, das außerhalb der Reichweite normaler menschlicher Erfahrungen liegt, und das bei fast allen Menschen deutlich störende Auswirkungen hätte." Einer derartigen Störung vorausgehende Ereignisse können beispielsweise die Bedrohung des eigenen Lebens oder der physischen Integrität sein; Verletzungen der eigenen Kinder, Ehepartner oder naher Verwandter; die plötzliche Zerstörung des eigenen Hauses bzw. der Gemeinde; und der Anblick eines schwerverletzten Menschens nach einem Unfall oder Gewalteinwirkung. In derartigen Fällen ist die Störung dadurch gekennzeichnet, daß das traumatische Ereignis immer wieder erlebt wird: durch wiederholte intrusive und belastende Erinnerungen, wiederkehrende Träume, plötzliches Auftreten von Gefühlen, als ob sich das traumatische Ereignis erneut abspielt, oder intensive psychologische Störungen bei der Konfrontation mit Ereignissen, die den traumatischen Vorfall symbolisieren oder ihm ähneln (DSM-III-R, 1987).

Von Shapiro wurde für posttraumatische Belastungsstörungen (PTBS) eine neue Behandlungsmethode entwickelt, die sogenannte Augenbewegungs-Desensibilisierung (Eye movement desensitization, EMD), bei der schnelle, rhythmische Augenbewegungen zum Einsatz kommen (Shapiro, 1989). Bei Shapiros Vorgehensweise wird der Patient gebeten, sich ein Bild des urspünglichen traumatischen Ereignisses (bzw. ein damit verbundenes, störendes Bild) vorzustellen, welches von einer verbalen Stellungnahme und Gefühlen begleitet sein kann, die diesen Vorfall charakterisieren. Während der Patient versucht, das Bild dieser Erfahrung weiterhin aktiv in seiner Vorstellung hervorzurufen, folgt er visuell dem Finger des Therapeuten, der in etwa 30–35 cm Abstand zum Gesicht des Patienten 20–30 laterale Hin- und Herbewegungen in dessen Gesichtsfeld vollführt. Nach jeder Serie von Augenbewegungen kann es vorkommen, daß der Patient weitere damit zusammenhängende Bilder mit entsprechenden assoziierten Gedanken und Gefühlen entwickelt. Bei jedem einzelnen dieser Bilder wird der Patient gebeten, es sich weiter vorzustellen, während die Augenbewegungs-Behandlung erneut durchgeführt wird. Dies wird solange mit den darauffolgenden Bildern wiederholt, bis die traumatischen Bilder sich nicht länger einstellen. Von Verfahren der Augenbewegungs-Desensibilisierung wurde berichtet, daß es

---

1. McCann, D. (1992). „Post-traumatic stress disorder due to devastating burns overcome by a single session of eye movement desensitization." Ursprünglich veröffentlicht in *Journal of Behavior Therapy and Experimental Psychiatry, 23,* No. 4, pp. 319–323, 1992. Übersetzung: Cathrin Steppuhn.

1. eine andauernde Verringerung der Angst bewirkt;
2. Flashbacks, intrusive Gedanken und Schlafstörungen abnehmen; und
3. es dem Klienten ermöglicht wird, sich das traumatische Ereignis ohne die assoziierten PTBS-Symptome vorzustellen (Shapiro, 1989).

Diese Methode wurde als äußerst effektiv bezeichnet; oft wirkt sie in einer einzigen Sitzung und sogar bei Fällen, in denen Symptome für längere Zeit, manchmal mehrere Jahre lang, auftraten (Shapiro, 1989; Puk, 1991; Wolpe & Abrams, 1991; Marquis, 1991). Diesen Berichten zufolge treten bei EMD keinerlei negative „Nebenwirkungen" auf, und eine Tendenz zu Rückfällen ist praktisch nicht vorhanden. Im folgenden Beitrag wird ein äußerst ungewöhnlicher Fall von starken Verbrennungen beschrieben, bei dem die PTBS-Symptome etwa acht Jahre vor der Behandlung mit Augenbewegungs-Desensibilisierung aufgetreten waren.

Der Fall von RT

RT war ein 41jähriger Überlebender von schweren Verbrennungen mit darauffolgenden beeinträchtigenden psychiatrischen Symptomen als einer Folge von Verletzungen, die er am 3. Mai 1983 erlitt. Der Patient war als Folge einer Antibiotikabehandlung vollkommen taub. Er hatte beide Arme oberhalb der Ellenbogen verloren und benötigte speziell angefertigte orthopädische Schuhprothesen, damit er auf seinen schwer beschädigten Gelenken und Füßen laufen konnte. Bei dem Patienten waren zahlreiche Hautverpflanzungen notwendig gewesen, und sowohl sein Gesicht als auch andere sichtbare Bereiche waren durch verpflanztes Hautgewebe gekennzeichnet. Aufgrund seiner Verletzungen war er als permanent 100 % schwerbehindert eingestuft worden. Daher bestanden bei ihm auch keine beruflichen Rehabilitationsziele, sondern diese bezogen sich auf eine Verbesserung seiner Lebensqualität. Es bestand zudem kein Risiko, daß eine erfolgreiche Rehabilitation einen Verlust von finanziellen Leistungen zur Folge haben könnte.

Der Patient hatte mit Hilfe von beidseitigen myoelektrischen Armen und hochentwickeltem Kommunikationszubehör eine beträchtliche Selbständigkeit sowie ein beachtliche Fähigkeit zum Lippenlesen entwickelt. Die Evaluation während der Rehabilitation hatte keinerlei Hinweise auf Gehirnverletzungen ergeben, und zahlreiche Therapeuten hielten ihn für intelligent, intellektuell kompetent und bescheinigten ihm einen ausgeprägten Sinn für Humor.

Bei einer psychiatrischen Evaluation am 3. Juni 1991 beschrieb der Patient seine ursprünglichen Verletzungen. Am 3. Mai 1983 war er bei seiner Arbeit in einer Mine in Utah an einem Seil etwa 10 Meter in einen Minenschacht hinabgelassen worden, der etwa einen Meter breit und ca. 250 m tief war. Die Ausführung seines Auftrags beinhaltete unter anderem auch den Einsatz von Schweißarbeiten, wobei sich plötzlich das Gas, das sich dort angesammelt hatte, entzündete. Daraufhin wurde der Patient als brennende Feuerkugel aus dem Schacht hochgezogen. An dieses sowie die unmittelbar auf die Explosion folgenden Ereignisse konnte er sich ganz klar erinnern, verlor jedoch kurze Zeit später das Bewußtsein. Danach konnte er sich an nichts weiter erinnern, bis er etwa neun Monate später in die Abteilung für Verbrennungen an der Universitätsklinik von Utah eingeliefert wurde (dabei konnte nicht geklärt werden, wieviel dieser Gedächtnislücke sich durch den Verlust des Bewußtseins herleitete und wieviel durch Gedächtnisverlust aufgrund von psychogenen Ursachen). Der Patient erinnerte sich mit Schrecken daran, bei der Wiedererlangung seines Bewußtseins ohne Arme, mit schmerzhaften Wunden, in einer embryonalen Position festliegend und komplett taub aufzuwachen.

Nach seinen Angaben lebte er immer noch täglich mit der traumatischen Erfahrung, verbrannt zu werden, wobei er unter anhaltenden Alpträumen und Flashbacks dieses Ereignisses litt. Er würde sich selbst sehen, wie er von den Flammen verzehrt wurde und habe das Gefühl, nach Luft zu schnappen. Oft wenn er abends einschlafe, habe er das Gefühl, daß seine Kopfhaut brennen würde, was mit einem überwältigenden Angstgefühl verbunden sei. Kurz vor der Evaluation hatte er die jährliche Steigerung seiner Symptomatik erlebt, die er mit dem Jahrestag seines Unglücks in Verbindung brachte. Normalerweise hielten dabei die verstärkten Symptome um den Jahrestag des Ereignisses mehrere Wochen lang an, bevor sie sich auf ein niedrigeres Niveau einpendelten, das dann für den Rest des Jahres so blieb, wobei es allerdings durch verschiedene Stimuli, die ihn an den Unglücksfall erinnerten, gelegentlich auch verstärkt wurde. Der Patient vermied es, fernzusehen, weil ihn Szenen, die Explosionen oder Menschen in Verbindung mit Feuer zeigten, zu sehr aufwühlten. Derartige Ereignisse lösten bei ihm intrusive Gedanken und Erinnerungen an den Unfall sowie Angst und andere dysphorische Emotionen aus. Er litt oft unter Schlaflosigkeit, Konzentrationsstörungen, starken Schreckreaktionen und dem wiederkehrenden Gefühl einer „sich überstürzenden" Empfindung, die er als „enormen Adrenalinstoß" bezeichnete.

Der Patient verneinte jegliches Auftreten psychiatrischer Störungen vor seiner Verletzung. Er beschrieb einen Zeitraum während seines Genesungsprozesses vor einigen Jahren, in dem er „völlig fertig" gewesen sei und ihm einfach alles egal war. Dieser mentale Zustand verbesserte sich jedoch auch ohne psychiatrische Behandlung schrittweise, wobei der Patient keine Psychopharmaka einnahm. Er berichtete, daß er vor seiner Verletzung ein sehr unabhängiger Mensch und stolz auf seine Fähigkeit gewesen sei, komplexe Probleme zu lösen.

Die Behandlung

Die ersten beiden Sitzungen wurden damit verbracht, die Geschichte des Patienten aufzunehmen, eine Arbeitsbeziehung herzustellen und zu bestätigen, daß die vorliegenden Symptome die DSM-III R Kriterien für eine PTBS erfüllen. (Da der Patient vollkommen taub war, erforderte dies Lippenlesen und den Austausch von Notizen). Der Patient nannte ein Bild, ein Gefühl und eine verbale Aussage, die mit der ursprünglichen traumatischen Erfahrung in Zusammenhang standen. Er erinnerte sich an eine extrem lebhafte Vorstellung, wie er selbst in einem Feuerball verbrannt wurde, wodurch nach seinen Angaben ein überwältigender „Adrenalinstoß" und ein Gefühl der Panik ausgelöst wurde. Gleichzeitig verband er damit die verbale Aussage: „Mein Gott, ich verbrenne!" Diese Erinnerungen bildeten den Ausgangspunkt für die folgende EMD-Behandlung.

Beim dritten Besuch wurde der Patient gebeten, sich das Bild des Unfalls vor Augen zu führen, wobei er das Gefühl erneut durchlebte und im Geiste die Worte wiederholte, während er mit seinen Augen dem Finger des Therapeuten 20 schnelle Augenbewegungen lang folgte. Danach wurde er gebeten, sich zu entspannen, während das Bild und die verbale Aussage im Abklingen begriffen waren, und das Gefühl loszulassen. Schließlich wurde er gebeten, zu erzählen, was ihm in den Sinn kam.

Der Patient beschrieb eine zweite lebhafte Erinnerung an das Geräusch eines Schraubenschlüssels, der sich aus seinem Werkzeuggürtel gelöst hatte und 250 Meter tief zum Boden des Minenschachts fiel, während er gegen die Felswände schlug. Er erinnerte sich in Verbindung damit auch an die verbale Aussage: „Ich bin so gut wie tot" und das Gefühl, nach Luft zu schnappen. Der Vorgang der Augenbewegungs-Desensibilisierung wurde auch mit dem zweiten Bild wiederholt. Danach wurde er wieder gebeten, die hervorgerufene Erfahrung loszulassen und sich zu entspannen. Das nächste, woran der Patient dachte, war eine sehr ähnliche Erinnerung an den Klang und den Anblick seines Helms, der dem Schraubenschlüssel nach die Seitenwände des Schachtes entlang nach unten fiel. Damit stand das Gefühle des Nach-Luft-schnappens und die verbale Aussage: „Ich muß hier raus" in Verbindung. Der Patient wurde gebeten, dieses Bild und das Gefühl zu fokussieren, während der Vorgang der Augenbewegungs-Desensibilisierung nochmals wiederholt wurde.

Der Patient wurde daraufhin nach dem nächsten Bild gefragt, das ihm bewußt wurde. Er beschrieb, wie er brennend auf der Erde lag, nachdem er aus dem Schacht gezogen worden war. Er erinnerte sich lebhaft an das Fluchen seines Vorarbeiters und die Ausrufe seiner Kollegen. Bei dem Bild handelte es sich um ein außerkörperliches Erlebnis, wobei er sich selbst aus einiger Distanz betrachtete, wie er brennend am Boden lag. Er erinnerte sich an das Gefühl, wie sein Schutzanzug brannte und auf seiner Haut schmolz. Seine verbales Statement hierzu war: „Mein Gott, tu etwas und hilf mir". Die Augenbewegungs-Desensibilisierung wurde nochmals wiederholt.

In der Folge richtete sich die Erinnerung des Patienten auf ein traumatisches Ereignis, das nicht mit den anderen in Zusammenhang stand und etwa zwei Jahre früher stattgefunden hatte, als der Patient an einem Bohrturm beschäftigt war. Er arbeitete draußen in der Kälte, als ein Vorarbeiter ihn anwies, der Kälte wegen eine zerfetzte Jacke anzuziehen. Kurz nachdem er die Jacke angezogen hatte, verfing diese sich in dem laufenden Bohrer, wobei der Patient an seinen Haaren in den Drehmechanismus gezogen wurde. Gerade als er das Gefühl hatte, jetzt müßte er gleich sterben, drehte sich ein Mitarbeiter am Bohrturm um und betätigte blitzschnell den Knopf für den Rückwärtsgang, wodurch der Patient vom laufenden Bohrer weg geschleudert wurde. Dieses Bild wurde von dem Gefühl übermächtiger Furcht und der Aussage: „Ich werde sterben" begleitet. Die Augenbewegungs-Desensibilisierung wurde wiederholt und der Patient wurde danach wieder dazu aufgefordert, sich zu entspannen und das Bild loszulassen.

Das nächste spontan entstehende Bild wurde vom Patienten als eine friedliche Szene beschrieben: ein Dahinschweben auf Wolken in Verbindung mit einem harmonischen Gefühl der Ruhe sowie der Aussage: „Ich bin lebendig". Nach dieser Veränderung von traumatischen und grauenerregenden Vorstellungen hin zu einem friedlichen Bild wurde dann keine weitere Augenbewegungs-Desensibilisierung mehr vorgenommen. Der Patient erzählte daraufhin aus eigenem Antrieb von seinem beeindruckenden Gefühl der Ruhe. Seine Augen wurden merklich feucht, als er sagte: „Ich glaube, jetzt habe ich es endlich verstanden."

Der Patient war von einer der Schwestern, die für ihn zuständig waren, zur Therapiesitzung begleitet worden, und diese hatte während der Augenbewegungs-Desensibilisierung im Wartezimmer auf ihn gewartet. Sie wurde angewiesen, den Patienten hinsichtlich eventuell auftretender Gegenreaktionen zu beobachten und bei jeglichem Anzeichen von Schwierigkeiten sofort einen Arzt zu verständigen. Der Patient wurde gebeten, eine Woche später wieder in die Praxis zu kommen.

Als der Patient wiederkam, gab er an, sich „wirklich gut" zu fühlen. Er erzählte, daß er nun viel gelassener und dazu in der Lage sei, über viele Dinge nachzudenken. Er berichtete darüber hinaus, daß bei ihm keine Flashbacks mehr aufgetreten seien und er zudem auch wieder viel besser schlafen konnte. Seine Konzentrationsfähigkeit hatte sich sehr verbessert; er las jetzt wieder mehr und arbeitete viel an seinem Computer; und zudem fiel es ihm leichter, sich mit produktiven Dingen zu beschäftigen. Er beschrieb, daß er sich in die Kategorie „ das schaffe ich" weiterbewegt hätte und berichtete auch, daß seine vorherigen zwanghaften und intrusiven Gedanken nicht mehr vorkamen. Außerdem verneinte er die Frage, ob ihm irgendwelche negativen Konsequenzen seiner Erfahrungen bei der Augenbewegungs-Desensibilisierung bewußt geworden seien. Er sagte auch: „Ich möchte jetzt einfach nur so unabhängig sein wie möglich." Die für den Patienten zuständige Schwester beschrieb ihn als „glücklicher" und aktiver bei der eigenen Versorgung. Er hatte angefangen, Zuhause die Verantwortung für die Bewässerung seines Gartens zu übernehmen und bemühte sich, sein Essen selbst zuzubereiten. Der Patient kümmerte sich auch stärker darum, mit seinem linken myoelektrischen Arm zu arbeiten, der zuvor vernachlässigt worden war. Die Schwester beobachtete zudem, daß er anscheinend seine Furcht verlor, Dinge selbst in die Hand zu nehmen. Der Patient gab an, daß er in der vergangenen Woche jeden Tag acht Stunden lang ohne Hilfe der Schwester zurechtgekommen war, wobei es nach den acht Jahren seit seinem Unfall das erste Mal war, daß er vollständig auf sich allein gestellt war.

Ungefähr einen Monat nach dem Ende der Behandlung berichtete der zuständige Berater in der Rehabilitationsmaßnahme des Patienten, daß es diesem viel besser ginge und er aufgrund seiner veränderten Einstellung und seiner neuen Errungenschaften „vor lauter Zufriedenheit strahlt". Der Patient bestand seine Führerscheinprüfung und hatte sich ein neues Auto gekauft. Er erzählte, daß er kreuz und quer durch die Stadt gefahren sei, und dabei das Gefühl gehabt hätte, er sei soeben aus dem Gefängnis entlassen worden. Er ergriff auch in bezug auf neue Richtungen in seinem Rehabilitationsprogramm die Initiative. Er erklärte seinem Berater, daß er genug davon hätte, immer nur zu hören: „Du wirst nie wieder dazu fähig sein, ein normales Leben zu führen" und sprach von seiner Vorstellung, daß dem, was er für sich selbst noch erreichen wollte, keine Grenzen gesetzt seien. Er erzählte auch, daß er sich vorgenommen habe, Kunstunterricht nehmen und Malen zu lernen. Zudem berichtete der Patient, er könne jetzt viel klarer denken und seine Gedanken besser ordnen, so daß er dazu in der Lage sei, ein Problem nach dem anderen zu lösen. Schließlich erzählte er, daß er zwar auf dem Weg zu seiner Krankengymnastik andere Patienten gesehen habe, die entmutigt und demoralisiert gewirkt hätten, er selbst sich jedoch nicht mehr so fühle. Als er gebeten wurde, den Vorgang der Augenbewegungs-Desensibilisierung zu kommentieren, sagte er: „Es war eine große Erleichterung für mich. So, als würde mir eine Last von den Schultern genommen." Er dachte auch daran, wieder Kontakt zu seiner Familie und seinen alten Freunden aufzunehmen, von denen er sich vorher entfremdet gefühlt hatte.

Sechs Wochen nach der Desensibilisierung erinnerte der Patient sich daran, daß er in der Vergangenheit säurereduzierende Mittel einnehmen mußte, weil er Probleme im Magen-Darmbereich hatte. Nach der Desensibilisierungs-Erfahrung war dies jedoch nicht mehr nötig. Bezüglich seiner Angst sagte er „Die spüre ich überhaupt nicht mehr.", und er berichtete auch, daß er sich nun auf die Zukunft konzentriere und daß seine Zuversicht ständig zunähme. Seine wiederentdeckte Privatsphäre während der Zeiten, in denen keine Schwestern kamen, wurde von ihm als „wunderbar" bezeichnet und er sprach davon, sich allein sehr wohl zu fühlen und zum ersten Mal seit acht Jahren eine Privatsphäre zu besitzen. Außerdem konnte er sich nun sogar Fernsehsendungen und Kinofilme mit Feuerszenen ansehen, ohne daß bei ihm Flashbacks auftraten.

Dreieinhalb Monate nach der Augenbewegungs-Desensibilisierung berichtete der Patient, daß er sein selbstgestecktes Ziel erreicht hätte, alleine in seine Heimatstadt zu fahren. Auf dem Rückweg ließ er sich Zeit und fuhr über Landstraßen, wobei er in der Nähe des Canyonland-Nationalparks die Gegend auskundschaftete. Die intrusiven Erinnerungen tauchten nicht mehr auf, und es waren immer noch keine negativen Konsequenzen der EMD-Behandlung aufgetreten. Er sagte, daß er mit jedem Tag neue Erfahrungen mit seiner Kontrollfähigkeit mache und dabei einfache Aufgaben wieder bewältigen konnte, die er vor seinem Unfall für selbstverständlich gehalten hatte.

Der Patient wurde danach in Intervallen von ein bis drei Monaten für kurze begleitende Sitzungen gesehen, bei denen seine Fortschritte beobachtet wurden. Er verbesserte sich immer mehr, ohne daß dabei seine Symptome zurückkehrten. Am 27. Januar 1992 berichtete sein Berater aus der Rehabilitation, daß der Patient zum ersten Mal seit seiner Entlassung zur Abteilung für Verbrennungen des Krankenhauses, in dem er damals gelegen hatte, zurückgekehrt war. Nach seiner Erzählung hatten einige seiner früheren Schwestern ungläubig zugesehen, wie er in sein neues Auto stieg und wegfuhr.

Bei der Follow-up-Untersuchung nach einem Jahr war der Patient immer noch symptomfrei; er fuhr fort, neue Fähigkeiten zu erwerben und neue Richtungen in seinem Leben einzuschlagen. Inzwischen hatte er sich einen Kreis von aktiven Freunden mit anderen Amputierten zusammen aufgebaut und war mit seinen behinderten Freunden zu einer Rennbahn nach Wyoming sowie der Spielerstadt Wendover in Nevada an der Grenze zu Utah gefahren. Zudem war er im Vorstand einer Kinderhilfsorganisation tätig, welche sich für Kinder einsetzt, die Prothesen benötigen.

Literatur

American Psychiatric Association (1987). *Diagnostic and statistical manual of mental disorders* (3rd ed., revised). Washington, DC.
Hedstrom, J. (1991). A note on eye movements and relaxation. *Journal of Behavior Therapy and Experimental Psychiatry, 22,* 337–38.
Marquis, J. (1991). A report on 78 cases treated by eye movement desensitization. *Journal of Behavior Therapy and Experimental Psychiatry, 22,* 187–192.
Puk, G. (1991). Treating traumatic memories: A case report on the eye movement desensitization procedure. *Journal of Behavior Therapy and Experimental Psychiatry, 22,* 149–151.
Shapiro, F. (1989). Eye movement desensitization: A new treatment for post-traumatic stress disorder. *Journal of Behavior Therapy and Experimental Psychiatry, 20,* 211–217.
Solomon, S.D., Gerrity, E.T. & Muff, A.M. (1992). Efficacy of treatments for post-traumatic stress disorder: An empirical review. *Journal of the American Medical Association, 268,* 633–638.
Wolpe, J. & Abrams, J. (1991). Post-traumatic stress disorder overcome by eye movement desensitization: A case report. *Journal of Behavior Therapy and Experimental Psychiatry, 22,* 39–43.

Die Behandlung von Traumata und Suchtproblemen mit EMDR[1,2]

Francine Shapiro, Silke Vogelmann-Sine & Larry F. Sine

Das inzwischen weit verbreitete Problem der chemischen Abhängigkeit wird heute zunehmend als multidimensionale Störung erkannt, der am besten mit einem integrierten Behandlungsansatz begegnet werden kann. Mittlerweile ist es zunehmend offensichtlich geworden, daß hier ein stark klientenzentriertes Modell, bei dem intrapsychische, behaviorale und interaktionale Dynamiken berücksichtigt werden, die umfassendsten und wirksamsten Behandlungseffekte ermöglicht.

Klinische Erfahrungen zeigen, daß die Methode der Augenbewegungs-Desensibilisierung und Reprozessierung (Eye Movement Desensitization and Reprocessing – EMDR) zuverlässig in jedem Stadium der Suchtbehandlung eingesetzt werden kann. Um optimale therapeutische Effekte zu erzielen, sollte der Klient, wie es meistens bei psychotherapeutischen Ansätzen der Fall ist, persönlich und systemisch stabil sein sowie über die Unterstützung durch ein 12-stufiges Gruppen-Begleitprogramm verfügen. Zudem sollte er über einen ausreichenden Zeitraum hin abstinent gewesen sein, so daß keine körperlichen Symptome des Entzugs mehr vorliegen. In der Folge wird jede EMDR-Sitzung in den Kontext eines umfassenden Behandlungsplans (Shapiro, 1990, 1995)[3] gestellt, wobei folgendes berücksichtigt wird:

1. die schmerzhaften Erinnerungen (sofern zugänglich), die das Suchtverhalten steuern,
2. die gegenwärtigen Umstände, durch die das Verlangen nach Drogenkonsum ausgelöst wird (zusammen mit den körperlichen Begleiterscheinungen dieses Verlangens selbst), und
3. ein Schema für angemessene zukünftige Entscheidungen, einschließlich der Übernahme geeigneter Bewältigungsstrategien.

Nach der Identifikation der relevanten Ansatzpunkte bei diesem dreiteiligen Konzept wird die EMDR-Behandlung eingesetzt, um den Schmerz, der mit den alten Erinnerungen einhergeht, zu lindern, die Wirkungen gegenwärtiger Stimuli, die inzwischen auf-

---

1. Shapiro, F., Vogelmann-Sine, S & Sine, L.F. (1994). „Eye Movement Desensitization and Reprocessing: Treating Trauma and Substance Abuse". Ursprünglich veröffentlicht in *Journal of Psychoactive Drugs, 26,* 379–391. Übersetzung: Cathrin Steppuhn.
2. Wir danken Herrn Dr. Arne Hofmann für die Durchsicht der Übersetzung im Auftrag von Dr. Francine Shapiro.
3. Hinweise auf noch nicht veröffentlichte Literatur in dem Originalartikel von 1994 wurden soweit wie möglich durch Angaben über die inzwischen erschienenen Artikel und Bücher ersetzt.

grund von sekundärer Konditionierung zu dysfunktionalen Auslösern geworden sein können, zu dekonditionieren, körperliches Verlangen nach Drogen abzubauen und die KlientInnen beim schnellen Lernen neuer Fähigkeiten und Verhaltensweisen für die Zukunft zu unterstützen. Der dritte Aspekt dieser Vorgehensweise (das Prozessieren eines positiven Schemas für angemessene zukünftige Handlungen) kann durch die EMDR-Methode sehr gefördert werden, weil während dieser fokussierten Behandlung die zur therapeutisches Durcharbeitung vorgesehenen negativen Vorstellungen, Affekte und Selbstzuschreibungen immer mehr verschwimmen und weniger verbindlich werden, während die positiven Vorstellungen, Affekte und Kognitionen an Lebhaftigkeit und Klarheit gewinnen. Zudem kann EMDR auch zur Durcharbeitung allgemeinerer Themen der Therapie, wie z.B. Verleugnung und Ambivalenz, eingesetzt werden, um die Behandlungsmotivation und Compliance der Klienten zu fördern. Während EMDR sicherlich eine wertvolle neue Komponente in der Suchttherapie bilden kann, sollte jedoch sichergestellt werden, daß die Methode in aller Sorgfalt von einem ausgebildeten Therapeuten angewandt wird, der geübt und erfahren im Umgang mit dieser klinischen Population sein sollte.

Zum Hintergrund der EMDR

1989 wurde die Fachwelt durch eine kleine kontrollierte Studie (Shapiro 1989a) mit EMDR als Behandlung für Posttraumatische Belastungsstörungen (PTBS) bekannt gemacht. Bereits nach einer EMDR-Sitzung berichteten die Teilnehmer dieser Studie von einer Abnahme ihrer Beschwerden und einem teilweisen oder vollständigen Rückgang der ausgeprägten Symptomatologie, wie Alpträume, Flashbacks und intrusive Gedanken.

Seitdem wurde EMDR erfolgreich eingesetzt, um die psychologischen Konsequenzen eines breiten Spektrums von traumatischen Ereignissen zu behandeln (Vaughan et al. 1994; Lipke 1992). Durch zahlreiche Fallberichte wurde bestätigt, daß meistens schon in weniger als vier Sitzungen schnelle Behandlungseffekte erzielt werden konnten, z.B. bei Opfern von sexuellen Übergriffen (Puk 1991; Wolpe & Abrams 1991), Kampfhandlungen (Carlson et al. 1994; Thomas & Gafner 1993; Daniels et al. 1992; Lipke & Botkin 1992), Unfällen (McCann 1992; Solomon & Kaufman 1992; Spector & Huthwaite 1993), Verbrechen (Shapiro & Solomon, in Druck; Cocco & Sharpe 1993, Page & Crino 1993, Kleinknecht & Morgan 1992) und bei Klienten, die aufgrund ihrer Anwesenheit bei traumatischen Todesfällen unter starker Trauer litten (Solomon & Shapiro, in Druck; Puk 1991). In weiteren Berichten wurde auf die Wirksamkeit von EMDR bei einem breiten Spektrum von Problemen hingewiesen (Marquis 1991), einschließlich Panikstörungen (Goldstein 1992; Goldstein & Feske 1994), sexuellen Störungen (Levin 1993; Wernik 1993), Phobien (Kleinknecht 1993) und dissoziativen Störungen (Paulsen et al. 1993).

Drei kontrollierte Studien wurden seit Shapiros ursprünglichem Experiment veröffentlicht (Jensen 1994; Boudewyns et al. 1993; Sanderson & Carpenter 1992). Auch wenn all diese Studien gewisse methodologische Schwächen aufweisen (Shapiro 1994a; Shapiro, Fulcher & Kleinknecht 1993), so wird doch durch die Übereinstimmung der Ergebnisse die Eignung von EMDR zur Reduktion subjektiver Störungen, die mit bestimmten zur therapeutischen Durcharbeitung anvisierten traumatischen Erinnerungen in Zusammenhang stehen, bestätigt. Neuere kontrollierte Studien (Boudewyns et al. 1994; Levin et al. 1994; Wilson, Tinker & Becker 1995; Wilson et al. 1996) wurden im Vergleich zu ihren Vorgängern durch den Einsatz von geeigneteren standardisierten Maßen, längeren Follow-up-Perioden und einer strengeren Kontrolle der Behandlungsintegrität verbessert. Die Ergebnisse dieser Studien liefern zwingende Beweise dafür, daß es sich bei EMDR um eine schnelle und wirksame Behandlung von traumatischen Erinnerungen handelt. Darüber hinaus wurde in einer rückblickenden Analyse eines stationären Programms für Kriegsveteranen mit posttraumatischen Belastungsstörungen (PTBS) festgestellt, daß EMDR gegenüber Biofeedback und Entspannungstraining bei sieben von acht Maßen besser abgeschnitten hatte (Silver, Brooks & Obenchain, 1995).

Auch wenn EMDR ursprünglich als äußerst einfache Technik betrachtet wurde (Shapiro 1989a; 1989b), wurde es im Laufe der Jahre weiterentwickelt und schließt nun eine Anzahl verschiedener Vorgehensweisen und Behandlungsverfahren ein, wobei ein breiteres Spektrum an klinischen Beschwerden bearbeitet werden kann (Shapiro 1994b, 1995). Während EMDR nach den Augenbewegungen benannt wurde, die in der ursprünglichen Form das hervorstechendste Merkmal darstellten, werden inzwischen sämtliche Komponenten dieser komplexen Methode als obligatorisch angesehen, um umfassende therapeutische Erfolge zu erzielen (Shapiro 1993, 1994a, 1994b). Zusätzlich zu den Augenbewegungen sind auch noch weitere Stimuli (z.B. Klopfen mit der Hand und akustische Reize) erfolgreich eingesetzt worden.

In dieser neuen Methodologie finden sich Schlüsselaspekte vieler traditioneller psychologischer Disziplinen wieder. Diese umfassen den Einsatz von frühkindlichem Material und Traummaterial (psychodynamisch), die Arbeit mit gegenwärtigen Stimuli (verhaltenstherapeutisch), die Berücksichtigung von negativen und positiven Selbstzuschreibungen (kognitiv), die Einbeziehung körperlicher Empfindungen (körperbezogen), und eine systemische Orientierung für die letztendliche Integration der Behandlungseffekte (interaktional). Hauptsächlich bietet EMDR eine strukturierte Methodologie, die von einer einheitlichen Theorie der Informationsverarbeitung hergeleitet wird. Nach diesem Modell werden alle Pathologien und Störungen der Klienten, die keine chemischen oder organischen Ursachen haben, durch im Gehirn gespeicherte Informationen verursacht. Die klinischen Phänomene, die mit vielen psychotherapeutischen Modalitäten assoziiert werden (z.B. freie Assoziation, Desensibilisierung, kognitive Restrukturierung) lassen sich während der schnellen Umwandlung von Informationen beobachten, die in der Therapie durchgearbeitet werden, sie werden durch einen integrierten Ansatz erklärt.

Ein Modell der beschleunigten Informationsverarbeitung

KlinikerInnen, die EMDR einsetzen, werden im Kontext eines Modells der beschleunigten Informationsverarbeitung (*Accelerated Information Processing* – AIP) ausgebildet, das ursprünglich dafür entwickelt worden war, die Schnelligkeit, mit der die Behandlungseffekte einsetzten, erklären zu können (Shapiro 1991, 1994b, 1995). Die darauffolgende Anwendung dieser Grundprinzipien führte schließlich zum erfolgreichen Einsatz von EMDR bei verschiedenartigen Beschwerden. Daher könnte es nützlich sein, einen Überblick über diese Prinzipien zu geben und eine kurze Beschreibung des Modells zu liefern, um den Grundstein für ein Verständnis der EMDR-Behandlung bei Sucht zu legen.

Die Terminologie von Informationsverarbeitung und assoziativen Netzwerken, die von Lang (1977) und Bower (1981) in Umlauf gebracht wurde, wird auch im AIP-Modell verwendet, das ebenfalls den klinischen Einsatz von EMDR bestimmt. Auf der Basis von mehreren tausend Therapiesitzungen wurde geschlossen, daß ein physiologisches System existieren muß, in dem Informationen in adaptive Lösungen umgewandelt werden (d.h., in dem Erfahrungen in angemessener Weise verarbeitet und für einen zukünftigen Einsatz im Gedächtnis gespeichert werden). Dieses System „metabolisiert" diejenigen Informationen, die mit geringeren Störungen im Zusammenhang stehen (ohne Hilfe von außen) durch normale tägliche Aktivitäten, wie über das Ereignis reden und nachdenken, oder vielleicht davon zu träumen. Wenn jedoch ein schweres Trauma vorhanden ist, dann funktioniert das System unter Umständen nicht mehr, wobei die Informationen in einer störenden und unverarbeiteten Form zurückbleiben. Durch den Einsatz von EMDR läßt sich das Informationsverarbeitungssystem katalysieren und in einem dynamischen Zustand erhalten, wobei diejenigen Informationen bewältigt werden, die mit diesem Ereignis in Zusammenhang stehen. Dieses verzögerte Lernen findet durch die Assoziation der anvisierten traumatischen Erinnerung mit neurophysiologischen Netzwerken statt, die angemessenere Informationen enthalten. Nebenprodukte dieser adaptiven Reprozessierung sind die Desensibilisierung und kognitive Restrukturierung des traumatischen Ereignisses. Am Ende einer erfolgreichen Therapie wird das Opfer einer Vergewaltigung sich beispielsweise nicht mehr wertlos fühlen und durch die Erinnerungen an das traumatische Ereignis werden keine Störungen mehr ausgelöst. Statt dessen wird die Information umgewandelt, wie es ein Vergewaltigungsopfer ausdrückte: „Ich habe mich gut gehalten. Er hatte ein Messer an meiner Kehle, und ich habe es trotzdem geschafft zu überleben".

Indem das traumatische Ereignis anvisiert wird, und die Art, wie es gespeichert ist, kann in einer erfolgreichen Reprozessierungs-Sitzung eine störende Erinnerung in eine Erinnerung umgewandelt werden, die emotional nicht mehr schmerzt und nun vom Klienten als abgeschlossen und verarbeitet angesehen wird. Der schnelle Abbau störender Emotionen und körperlicher Empfindungen, der nach einer erfolgreichen EMDR-Behandlung beobachtet werden konnte, stimmt mit neueren Vermutungen über die unterschiedlichen Manifestationen von nichtsprachlichem und sprachlichen Gedächtnis (Lipke 1991; van der Kolk 1994) überein. Das heißt, daß vor dem Einsatz von EMDR mit der traumatischen Erinnerung ein Bild, eine Kognition, ein Affekt und körperliche Wahrnehmungen assoziiert waren, die sich, seit das Ereignis stattfand, kaum

– wenn überhaupt – verändert haben (d.h., anscheinend in zustandsabhängiger Form im nichtsprachlichen Gedächtnis erhalten wurden). Nach der EMDR-Behandlung wird die Erinnerung mit einem weniger störenden Bild, einer positiven Kognition, einem angemessenen Affekt und ohne störende körperliche Wahrnehmungen gespeichert, was allem Anschein nach darauf hinweist, daß die Information sich auf das sprachliche Gedächtnis verlagert hat und nun dort erhalten wird. Kurzum, die Information ist nun angemessen gespeichert und erzeugt keine Pathologie mehr.

Das Konzept, daß ein Trauma in irgendeiner Form ein Ungleichgewicht auslöst, das eine angemessene Verarbeitung verhindert, beschränkt sich durchaus nicht auf das AIP-Modell. Es wurde schon vor über hundert Jahren beschrieben (Janet 1889) und ist seitdem immer wieder in Diskussionen aufgetaucht, die sich von den Wirkungen der Konditionierung (Pavlov 1927) bis zu neueren Vermutungen über die Wirkungen von Neurotransmittern (Zager & Black 1985) erstrecken. Die Annahme, daß sich bei der EMDR-Behandlung die traumatische Information immer auf eine positivere Ebene bewegt, basiert jedoch auf übereinstimmenden klinischen Berichten, daß Opfer von Traumata, die inzwischen ihren Frieden mit dem Ereignis geschlossen haben, später keine selbstverachtenden Tendenzen mehr entwickeln. Im Gegenteil, diejenigen Opfer, die voller Scham und Schuld aufgrund des Ereignisses in die Therapie gekommen waren, bewegten sich auf vorher absehbare Weise hin zu einem Stadium der Akzeptanz und des Friedens mit sich selbst. Die schnellen Behandlungseffekte, die tausenden klinischer Beobachtungen zufolge durch EMDR erzielt wurden, haben zu dieser Theorie der adaptiven Umwandlung von Informationen geführt. Diese beschriebene Bewegung hin zu einem positiven Stadium stimmt auch mit dem Modell von Maslow (1970) und den Annahmen des medizinischen Modells überein, bei dem Medikamente und Interventionen dazu eingesetzt werden, die natürlichen Selbstheilungskräfte des Körpers freizusetzen oder zu beschleunigen. Damit wird, ähnlich wie in der Chirurgie, wo ebenfalls davon ausgegangen wird, daß der Körper sich selbst heilen kann, sobald die Wunde genäht und Infektionen abgewehrt worden sind, in der EMDR davon ausgegangen, daß diese einen auf psychologischer Grundlage basierenden Selbstheilungsprozeß fördert.

Während die spezifischen Informationen der therapeutisch durchzuarbeitenden Erinnerung umgewandelt werden, findet als Begleiterscheinung ein Wandel in den kognitiven Strukturen, im Verhalten und in den Affekten statt. Anhand klinischer Erfahrungen läßt sich bestätigen, daß während der Reprozessierung der Erinnerungen von Klienten ihr Gefühl von Selbstwert und Selbsteffizienz automatisch ansteigt und zu neuen, selbstfördernden Verhaltensweisen führt. Daraus kann demnach geschlossen werden, daß die zugrundeliegenden dysfunktionalen Erinnerungen für die pathologischen Persönlichkeitsmerkmale verantwortlich sind, und daß diese auch strukturell verändert werden können. Dieser neuen Erkenntnis zufolge lassen sich sogar diagnostizierte Persönlichkeitsstörungen relativ schnell durch die Aktivierung und Reprozessierung von Schlüsselerinnerungen verändern – eine Annahme, die sich ebenfalls durch klinische Beobachtungen bestätigen läßt.

Ein wichtiger Aspekt der EMDR-Behandlung liegt in deren Fähigkeit, in wesentlich kürzerer Zeit als bei traditionellen Ansätzen grundsätzliche psychologische Verbesserungen erzielen zu können. Daher liegt die Betonung bei der EMDR auf der Förderung der selbstheilenden therapeutischen Wirkung des Gehirns durch die Verbindung von bisher getrennten und nicht miteinander kommunizierenden neurophysiologischen Netzwerken. Zudem kann, da die physikalische Distanz zwischen diesen Netzwerken relativ gering ist, die erfolgreiche Herstellung derartiger Verbindungen in relativ kurzer Zeit erzielt werden, wobei die Behandlungsergebnisse nicht mehr so streng an bestimmte Zeiträume gebunden sind. Klinische Beobachtungen bestätigten die Erwartung, daß die Zeit, gemessen an der Anzahl von Jahren, die seit der Entstehung des Traumas vergangen sind, oder die Dauer der Therapie nicht notwendigerweise signifikante Faktoren sind, die den therapeutischen Erfolg bestimmen. Dieser Schluß wurde wiederholt durch Berichte über signifikante Desensibilisierungseffekte in lediglich ein bis drei Sitzungen, wie in den oben erwähnten veröffentlichten Fallstudien, bestätigt.

Dem AIP-Modell zufolge entstehen Pathologien aus früheren Lebenserfahrungen und bilden ein bestimmtes Muster von Affekten, Verhaltensweisen, Kognitionen und sich daraus ergebenden Identitätsstrukturen, welches ein ganzes Leben lang anhalten kann, sofern es nicht erfolgreich behandelt wird (Shapiro, 1995). Das Muster der Pathologie eines Klienten ist demnach das Ergebnis eines statischen, unzureichend verarbeiteten Informationspaketes, das zur Zeit des Traumas gespeichert wurde. Sowohl bei einfachen PTBS und Phobien als auch bei komplexen Störungen – wie z.B. dissoziativen Identitätsstörungen, Panikstörungen, einigen Formen von Depressionen und Persönlichkeitsstörungen – geht man von der Annahme aus, daß die Pathologie auf dem Einfluß von frühen Erinnerungen basiert, die physiologisch in zustandsabhängiger Form vorliegen. Beispielsweise können Opfer von Traumata zu der Überzeugung gekommen sein: „Ich bin machtlos/minderwertig". Diese Erinnerungen werden als Information in Form von Bildern, Affekten, Gedanken, Empfindungen und Überzeugungen verstanden. In der EMDR wird eine Überzeugung (oder Selbstzuschreibung) als Verbalisierung eines Affekts betrachtet, die wiederum auf alle assoziierten Erinnerungen und Wahrnehmungen vorhandener Umstände verallgemeinert wird, nachdem die Sprache einmal gelernt ist.

Die Tatsache, daß diese frühen Erinnerungen immer noch pathologische Wirkungen haben, kann teilweise auf die gegenwärtigen Stimuli zurückgeführt werden, durch welche die Affekte und Überzeugungen hervorgerufen und die KlientInnen dazu veranlaßt werden, sich weiterhin auf eine Art zu verhalten, die ihren frühen Erinnerungen entspricht. Obwohl die Erinnerungen dabei von einem Ereignis herrühren mögen, das schon lange zurückliegt, bedeutet ihr Mangel an adäquater Anpassung an ein geeignetes Schema, daß der Klient auf der Gefühls- und Verhaltensebene immer noch auf eine Art reagiert, die mit dem früheren traumatischen Ereignis in Einklang steht. Die dysfunktionale Beschaffenheit dieser Erinnerung, einschließlich der Form, in der diese gespeichert wurde, bedeutet, daß der Klient die negativen Affekte und Überzeugungen immer wieder erlebt.

Die Verarbeitung dieser Erinnerungen durch EMDR bewirkt einen positiven und ermutigenden Affekt und Kognitionen, die auf assoziierte Erinnerungen generalisiert werden, welche dann zu spontanen angemessenen Verhaltensweisen führen. Dabei bildet die Verarbeitung der Ereignisse aus der Vergangenheit allein jedoch noch keine Garantie, daß die therapeutischen Ziele auch erreicht werden. Daher wird in der EMDR genausoviel Aufmerksamkeit darauf gelenkt, welche gegenwärtigen Störungen im Lebensraum der KlientInnen vorhanden sind. Sie erhalten die notwendigen Informationen, um angemessene Entscheidungen treffen zu können und sich auch in Zukunft entsprechend zu verhalten. Von vielen EMDR-Therapeuten wurde in diesem Zusammenhang festgestellt, daß derartige zusätzliche Faktoren leichter durchgearbeitet werden können, nachdem eine Reprozessierung der primären dysfunktionalen Störungen erfolgt ist. Leider sind jedoch viele KlientInnen mit Suchtproblemen anfänglich gegenüber dem therapeutischen Ziel der Durcharbeitung ihrer frühen Erinnerungen kaum zugänglich. Daher muß diesen KlientInnen mit großer Flexibilität und Einfallsreichtum seitens der TherapeutInnen begegnet werden, die selbstverständlich auch über Erfahrungen in der Behandlung dieser Population verfügen sollten.

Die Behandlung bei Sucht

Überlegungen zur Behandlung

Um den Einsatz von EMDR in die Behandlung von chemischen Abhängigkeiten angemessen integrieren zu können, ist die Beachtung verschiedener Punkte ganz entscheidend. Diese beinhalten

1. das Erstellen einer akkuraten Diagnose, die eine Überprüfung bezüglich des Vorhandenseins dissoziativer Störungen und traumabedingter Symptome einschließt,
2. Anamnese und direkte Durcharbeitung von eventuellen sekundären Gewinnen,
3. Aufklärung und Vorbereitung des Klienten hinsichtlich der EMDR-Behandlung,
4. die Bewertung der Fähigkeiten des Klienten, mit starken Emotionen umzugehen,
5. die Einschätzung der Bereitschaft des Klienten, zwanghafte und zerstörerische Verhaltensweisen aufzugeben, die schmerzhafte, mit zugrundeliegenden Traumata in Zusammenhang stehende Gefühle blockieren, und
6. die Bestimmung des geeigneten Zeitpunkts für einen Einsatz von EMDR.

Verleugnung und Ambivalenz

Die EMDR-Behandlung von chemischen Abhängigkeiten wird im Kontext eines umfassenden allgemeinen Therapieprogramms durchgeführt, welches darauf abzielt, es den Klienten zu ermöglichen, das Suchtverhalten aufzugeben und in ein Rehabilitationsprogramm einzutreten, in dem sie lernen können, wie man mit einem Leben ohne Drogenabhängigkeit umgehen kann (Vogelmann-Sine & Sine 1993, 1994). Die Bereitschaft zur Therapie und das Eingeständnis, daß das eigene Leben durch den Drogenkonsum außer Kontrolle geraten ist, sind eine unabdingbare Voraussetzung dafür, daß jemand wirklich ein effektives Therapieprogramm durchhalten kann. Lovern (1991) betonte dabei die Tatsache, daß Menschen mit chemischen Abhängigkeiten zu vielen Aspekten der Realität den Kontakt verloren haben und daß sie oft erst einmal ihre verleugnenden/irreführenden Verzerrungen durchbrechen müssen, bevor eine Rekonvaleszenz möglich wird. Zusätzlich dazu hat er darauf hingewiesen, daß Klienten, die sich schon öfter auf eine Therapie verpflichtet zu haben scheinen, tatsächlich nur eine äußerliche Compliance an den Tag legten, während sie, unter Umständen unbewußt, immer noch der Überzeugung waren, daß sie auch bei weiterem Drogenkonsum im Leben zurechtkommen könnten. Eine ehrliche Bereitschaft zur Therapie setzt voraus, daß die Person die wahren Konsequenzen der Abhängigkeit erkennt. Eine solche Bereitschaft ist jedoch keineswegs ein besonderes Kennzeichen bei der Behandlung von chemischen Abhängigkeiten, sondern eine Voraussetzung für jede effektive Therapie psychologischer Zustände.

Offensichtlich besteht eines der Hauptziele der EMDR-Behandlung bei Sucht darin, den Klienten beim Durchbrechen seiner Verleugnung oder Ambivalenz gegenüber der Rekonvaleszenz zu unterstützen. Daher ist es auch von entscheidender Bedeutung, daß der Therapeut eine umfassende Klientengeschichte aufnimmt, um Motive sekundärer Gewinne, die möglicherweise existieren (Shapiro, 1995), untersuchen zu können. Möglicherweise machen Klienten z.B. in der Therapie keine Fortschritte, weil sie dabei befürchten, verschiedene Dinge zu verlieren:

1. ihre einzige Identitätsgrundlage,
2. ihre Bezugsgruppe,
3. ihre Basis der Selbstbehandlung mit Medikamenten, die es ihnen erlaubt, mit wahrgenommenem überwältigendem Schmerz fertig zu werden, oder
4. ein vorübergehendes Gefühl der Sicherheit und Stärke.

Die Aufgabe des Therapeuten besteht in der Auswahl einer geeigneten Strategie, die für eine anfängliche kognitive Bestätigung benötigt wird, einschließlich z.B. eines Handlungsplans, Information des Klienten und Teilnahmemöglichkeiten an alternativen Unterstützungsgruppen. Danach kann eine EMDR-Behandlung eingesetzt werden, wobei das Gefühl von Ambivalenz oder Widerstand des Klienten therapeutisch durchgearbeitet wird, was zur Klärung der zugrundeliegenden Dynamik und der Lösung emotionaler Blockaden beitragen kann. Zudem bietet sich nach der Identifikation und dem Ansprechen von Themen sekundärer Gewinne eine Möglichkeit, die Abwehr des Klienten mit Hilfe von EMDR als einen abgespaltenen Zustand zu behandeln, der durch eine geeignete Form der Verarbeitung durchbrochen werden kann. Aus klinischer Sicht hat es sich dabei als nützlich erwiesen, ein spezifisches Ereignis als therapeutisches Ziel zu wählen, welches das selbstzerstörerische Verhalten des Klienten und die begleitenden systemischen Funktionsstörungen verkörpert. Die Reprozessierung erlaubt es dem Klienten, Zugang zu adaptiveren Perspektiven und angemesseneren emotionalen Zuständen zu finden, was sich wiederum positiv in der Motivation für den Heilungsprozeß niederschlagen kann.

Die Wirkungen von Traumata

Die EMDR-Behandlung erfordert seitens der Therapeuten unter anderem auch die Fähigkeit, die Rolle zu erkennen, welche unverarbeitete Traumata oft bei der Auslösung und Aufrechterhaltung von Suchtverhalten oder Abhängigkeit spielen (Carnes 1993;

Glantz & Pickens 1992; Kitchen 1991; Meek 1990; Briere 1989). Kitchen (1991) stellte fest, daß erste Ergebnisse auf der Basis der von Downing (1991) durchgeführten Forschungen darauf hinwiesen, daß unverarbeitete wahrgenommene lebensbedrohliche Erfahrungen, bei denen die Klienten dachten, sie müßten sterben und könnten nichts dagegen tun, zu Rückfällen beitragen. Klienten mit derartigen chronischen Rückfällen erlebten in gegenwärtigen streßbeladenen Situationen immer wieder überwältigende Gefühle der Machtlosigkeit, wobei sie nach Drogen griffen, um den emotionalen und psychologischen Schmerzen zu entgehen. Nach der Verarbeitung dieses wahrgenommenen lebensbedrohlichen Ereignisses mit Hilfe von EMDR hörte jedoch auch das Rückfallverhalten auf. Zusätzlich dazu wurden von Carnes (1993) Forschungsergebnisse zitiert, die darauf hinweisen, daß ein unverarbeitetes Trauma oft mit abhängigen Verhaltensweisen im Zusammenhang steht, einschließlich chemischer Abhängigkeit. Er schlug daher ein acht-dimensionales Modell vor, das die Ergebnisse aus den Gebieten der Abhängigkeit und Traumaforschung integriert und schlug den Therapeuten eine sorgfältige Evaluation des Ausmaßes vor, in dem ein Klient Verhaltensmuster zeigt, die in die Kategorien traumatische Reaktion, Wiederholung, Bindung, Scham, Vergnügen, Blockaden und Abspaltungen sowie Abstinenz passen.

In der EMDR-Behandlung bei Sucht wird aus klinischer Sicht von der Annahme ausgegangen, daß alle gegenwärtigen Störungen (sofern sie nicht organische Ursachen haben) sich aus frühen Lebenserfahrungen herleiten lassen (Shapiro 1991, 1993, 1994b, 1995). Dabei werden Klienten, die Drogen konsumieren, oft von früheren Lebenserfahrungen motiviert, die

1. zu einem Mangel an Selbstbewußtsein beigetragen haben,
2. unangemessenes Modelllernen beinhalteten oder
3. ein Bedürfnis nach Selbstbehandlung mit Drogen/Medikamenten weckten, sobald die anhaltenden Wirkungen von starken Traumata auftraten.

Die EMDR wird für die Verarbeitung von derartigen frühen Erinnerungen eingesetzt. Sie ermöglicht KlientInnen eine adaptivere Perspektive auf vergangene Ereignisse und dementsprechend angemessenere Einstellungen zur Gegenwart und Zukunft.

Ein Fallbeispiel

Das folgende Fallbeispiel demonstriert die Integration von EMDR in die Behandlung von chemischen Abhängigkeiten und gibt Hinweise darauf, wie in der klinischen Praxis mit jeder der oben genannten Überlegungen gearbeitet werden kann. Im allgemeinen wird EMDR periodisch während der Drogenbehandlung eingesetzt, um Ambivalenz, traumatische Themen, die gegenwärtigen Störungen zugrundeliegen, Auslösern von Rückfällen und Krisen zu begegnen und es den Klienten zu ermöglichen, angemessenere und besser funktionierende Verhaltensweisen, einschließlich der Abstinenz von Suchtmitteln, einzusetzen.

John (der Name wurde geändert) ist in einer Familie aufgewachsen, in der nie über persönliche Gefühle gesprochen wurde. Er war der Älteste von drei Geschwistern, der immer gesagt bekommen hatte, er sollte seine unangenehmen Gefühle verbergen und für seine Geschwister ein Vorbild der Gelassenheit sein. Wenn er Trauer oder Wut zeigte, dann wurde sein Vater sehr wütend und schlug ihn. Weil zudem beide Eltern einer Arbeit außerhalb des Hauses nachgingen, mußte er die Rolle des Aufpassers für seine jüngeren Geschwister übernehmen. Er lernte, daß er nie gelobt wurde, egal wie gut er eine Ausgabe auch ausführte. Da seine Eltern nicht an dem interessiert waren, was er zu sagen hatte, bekam er zunehmend das Gefühl, unsichtbar und unwichtig zu sein. Er erzählte beispielsweise, daß er abends oft vor dem Haus saß und niemand sein Fehlen zu bemerken schien. Außerdem lebte er in konstanter Angst, angeschrien und kritisiert zu werden, und er erinnnert sich daran, für die Übertritte seiner Geschwister beschuldigt und bestraft zu werden. Er gab darüber hinaus an, sich sehr einsam und isoliert zu fühlen.

Als John älter wurde, herrschte bei ihm das Gefühl vor, niemandem trauen zu können, weshalb er sich vollkommen von anderen Menschen zurückzog. Er ging nie mit Mädchen aus und war emotional äußerst verschlossen. Mit 20 Jahren zog er zuhause aus und machte eine Ausbildung als Krankenpfleger. Mit 28 fühlte er sich dann immer unzufriedener mit sich selbst und bekam zunehmende Schwierigkeiten mit seinen Gefühlen der Einsamkeit und der Isolation. Er hatte die Erfahrung gemacht, von intensiven und schmerzhaften Gefühlen überwältigt zu werden, die er nicht verstand. Da er niemandem traute und keine engen Freunde hatte, begann er, sich an Opiate zu halten, die ihm durch seine Arbeit im medizinischen Bereich zugänglich waren, und versuchte, seinen emotionalen Schmerz durch diese Selbst-Medikation zu bekämpfen. Anfänglich setzte er diese nur sporadisch ein, aber er merkte schon bald, wie sie für ihn zu einem verläßlichen Freund wurden. Im Alter von 29 Jahren litt er unter starken Depressionen und Suizidgedanken und wurde für die Dauer von zwei Wochen in ein Krankenhaus eingewiesen. Einige Sitzungen lang nahm er auch an einer ambulanten Therapie teil, aber er zog daraus keinerlei Nutzen. Im Laufe der nächsten beiden Jahre verließ er sich mehr und mehr auf Opiate, um sich besser zu fühlen und wurde durch seinen täglichen regelmäßigen Konsum schnell abhängig. Seinen Vorgesetzten fielen die Unregelmäßigkeiten bei den Medikamenten der Patienten auf und John wurde beschuldigt, diese gestohlen zu haben. Daraufhin wurde er von seiner Dienststelle suspendiert und nahm in der Folge drei Monate lang an einem ambulanten Programm teil, bei dem seine Medikamentenabhängigkeit thematisiert werden sollte. Unglücklicherweise schlug diese Behandlung fehl und er setzte den Medikamentenmißbrauch weiter fort. Danach begann er ein dreimonatiges stationäres Behandlungsprogramm, zeigte aber wieder nur minimale Compliance und wurde aufgefordert, das Programm zu verlassen. Nachdem er sich entschieden hatte, das Programm mit mehr Einsatz durchzuführen und versprochen hatte, sich an die Behandlungsrichtlinien zu halten, wurde er erneut in das Programm aufgenommen; nach dem Ende des Programms wurder er aus dem Krankenhaus entlassen. Daraufhin kam er aufgrund der Nachsorgeanforderungen des Programms in die ambulante Therapie, nachdem er fünfeinhalb Monate „clean" gewesen war.

John gab zu, daß er große Angst vor Rückfällen hätte, weil er sich zum Medikamentenmißbrauch angereizt sah, sobald ihm Medizinflaschen vor die Augen kamen oder er sich von negativen Gefühlen überwältigt fühlte. Seine Selbsteinsicht war jedoch äußerst begrenzt. Er gab an, in der Therapie ehrlich sein zu wollen, weil er wisse, daß sein anhaltender Medikamentenmißbrauch seine Zukunft gefährde.

Die Geschichte des Medikamentenmißbrauchs

Der erste Schritt beim Einsatz von EMDR bei Klienten mit chemischen Abhängigkeiten besteht darin, eine genaue Diagnose sowie einige Arbeitshypothesen darüber zu erstellen, wie Traumata, störende Verhaltensmuster, Symptomverhalten und Drogenkonsum miteinander im Zusammenhang stehen. Dabei ist es für die Therapeuten erforderlich, die genaue Geschichte des Drogenkonsums aufzunehmen; dazu gehören die Art der konsumierten Substanzen; Muster des Drogenkonsums; Rückfallmuster; Symptome, die mit Drogenkonsum und Rückzug zusammenhängen sowie Zeiten erfolgreicher Abstinenz. Die Therapeuten sollten in ihrer Anamnese weiterhin erheben, in welchem Ausmaß das Leben des Klienten durch den Drogenkonsum ernsthaft eingeschränkt wurde, beispielsweise im Hinblick auf Beziehungen und Beruf. Außerdem ist die Frage nach den Gründen des Klienten zu stellen, weshalb er zu diesem Zeitpunkt in die Therapie gekommen ist. Mögliche Bereiche sekundärer Gewinne sind dabei ebenfalls zu definieren.

Zusätzlich dazu ist eine gründliche Anamnese der Arten der erfahrenen Traumata sowie der Manifestation ihrer Wirkungen im Leben des Klienten erforderlich. Briere (1989) nimmt an, daß die Persönlichkeit eines sexuell traumatisierten Kindes eher durch die Anpassung an den Opferstatus geformt wird anstatt durch die normalen umweltbedingten Anforderungen. Beispiele für derartige langfristige Verhaltensanpassungen sind:

1. eine stärkere Fähigkeit, zu vermeiden, zu verleugnen und zu unterdrücken,
2. chronische Wahrnehmungen von Gefahr,
3. übermäßiger Bezug auf andere,
4. Selbsthaß und
5. negative Besonderheiten.

Dabei ist seitens der Therapeuten das Verständnis wichtig, wie durch die Verhaltensweisen des Klienten schmerzhafte und störende Erinnerungen blockiert werden und wann solche Verhaltensweisen unwirksam werden und die Klienten mit traumatischen Gefühlen/Erinnerungen überflutet werden.

Zudem sollten die Therapeuten der Tatsache Beachtung schenken, daß verschiedene Aspekte der traumatischen Erfahrung für den Klienten unter Umständen auch nicht zugänglich sein können. Braun (1988) meint, daß Erinnerungen sich aus Verhalten, Affekten, Empfindungen und Wissen zusammensetzen, und daß eine oder mehrere dieser Komponenten abgespalten worden sein können und dem Klienten daher nicht mehr zugänglich sind. Bei einer gründliche Anamnese eines Traumas werden auch solche dissoziativen Aspekte von Erfahrungen berücksichtigt. Dissoziative Störungen müssen dabei allerdings ausgeschlossen sein, weil sie die Behandlungseffizienz beeinflussen, es sei denn, sie werden mit einem besonders darauf abgestimmten EMDR-Programm behandelt. Klienten mit einer langfristigen Geschichte von fehlgeschlagenen Behandlungen leiden oft an einer zuvor unentdeckten dissoziativen Störung. Diesen Menschen geht es nur besser, wenn die Anwesenheit von „Alternativpersönlichkeiten" (*alters*) oder abgesonderten Ich-Zuständen festgestellt und Bemühungen gemacht wurden, die Kooperation dieser inneren Teile zu gewährleisten, um die Abstinenz aufrechtzuerhalten und die Kooperation bei der Behandlung sicherstellen zu können.

Die umfasssende Anamnese bei John ergab, daß zugrundeliegende ungelöste traumatische Erinnerungen für seine pathologische Persönlichkeitsanpassung verantwortlich waren. Im Optimalfall würden diese Erinnerungen für eine Reprozessierung anvisiert werden. Johns Mißtrauen gegenüber seinen Eltern aufgrund von ernsthaftem körperlichem und emotionalem Mißbrauch war von ihm auf alle Menschen ausgeweitet worden und veranlaßte ihn dazu, das Eingehen von persönlichen Beziehungen zu vermeiden. Er hatte auf der Basis seiner Erfahrungen, daß ihm ohnehin niemand zuhören würde, langfristig die Gewohnheit entwickelt, sich zu isolieren und zurückzuziehen. Diese vermeidenden Persönlichkeitszüge können als Anpassung verstanden werden, mit der er zukünftige Begegnungen mit Mißbrauch und Gleichgültigkeit zu vermeiden versucht. Er entwickelte Muster von schwerwiegender psychologischer Stumpfheit und Vermeidung sowie eine Gewohnheit, seine Gefühle zu verleugnen und zu unterdrücken. Bei der Aufnahme redete er in einer distanzierten Art über seine Kindheit, wobei seine Gefühle klar abgespalten waren, und berichtete, daß er sich überhaupt nicht an Ereignisse aus seinem Leben zwischen 14 und 20 erinnern könne. Sobald seine Abwehrmechanismen sich abschwächten, wurde er von überwältigenden Gefühlen der Einsamkeit überflutet, die er mit „sie kommen aus dem Nichts" beschrieb (abgespaltene Gefühle) und die ihn zur Selbstbehandlung mit Medikamenten veranlaßten. Daher wurde die Wahrscheinlichkeit des Auftretens von unerwarteten, unverarbeiteten Erinnerungen irgendwann im Verlauf der Behandlung als sehr hoch eingeschätzt.

Während der Therapie hatte der Klient große Schwierigkeiten, weil er durch die Behandlung mit sozialen Situationen konfrontiert wurde, die er zuvor vermieden hatte, weil sie ihm Unbehagen verursachten. Zusätzlich dazu hatte er große Probleme, sich gegenüber seinem AA-Betreuer oder einer Gruppe zu öffnen, und er erstarrte, sobald er kritisiert wurde. Sogar kleinste Konfrontationen mit anderen lösten bei ihm die Erfahrung geringen Selbstwertes und überwältigenden emotionalen Schmerz aus. Daher konnte seine mangelnde Compliance in der Behandlung als Flucht vor unerträglichen Störungen verstanden werden. Er gab offen zu, daß ihm die Therapie nicht gefiel und daß er nur daran teilnahm, weil er aus seinem Beruf entlassen worden war. Verschiedene Aspekte der gegenwärtigen AA-Therapie wurden für die therapeutische Durcharbeitung anvisiert, ebenso offensichtliche Auslöser wie beispielsweise Medizinflaschen. Johns formale Diagnose lautete auf Opiumabhängigkeit, Dysthymie mit einer Geschichte von schweren Depressionen und eine Persönlichkeitsstörung mit vermeidenden Mustern; eine dissoziative Störung wurde ausgeschlossen.

Vorbereitung und Compliance in der Behandlung

Um die Motivation des Klienten zu erhöhen und die Compliance in der Therapie sicherzustellen, kann die Bedeutung einer umfassenden Information des Klienten und dessen Vorbereitung auf die EMDR-Behandlung gar nicht genug betont werden. Während das auf alle klinischen Gruppen zutrifft, macht die Sensibilität und Reaktivität von Drogenabhängigen gegenüber emotionalem Unbehagen dies zu einem besonders wichtigen Stadium für diese Klientengruppe. Klienten werden aufgefordert, starke emotionale Störungen zuzulassen und während der Verarbeitung und möglicherweise auch zwischen den Sitzungen damit in Kontakt zu bleiben. Damit Klienten bereit sind, dies zu tun, müssen sie die Therapieziele mitbestimmen. Anschließend können dann Vermeidung und fehlende Mitarbeit als Teil der Pathologie betrachtet werden und die negativen Wirkungen können entscheidende Gründe für persönliche Veränderungen darstellen. Das Gefühl der Ablehnung oder des Widerstands kann dann ein Ziel der Reprozessierung werden.

Zunächst werden die Klienten über die Tatsache in Kenntnis gesetzt, daß EMDR bei der Überwindung vorhandener schmerzhafter emotionaler Zustände und beim Erwerb positiverer Einstellungen sich selbst und der Welt gegenüber hilfreich sein kann. Dazu werden sie umfassend über die Methode in Kenntnis gesetzt, wobei auch erläutert wird, daß es für eine erfolgreiche Behandlung unerläßlich ist, Zugang zu schmerzhaften Erfahrungen aus der Vergangenheit zu finden, die mit gegenwärtigen Themen im Zusammenhang stehen, und diese zu überwinden. Oft ist es auch hilfreich, ein anfängliches therapeutisches Ziel zu wählen, das zwar unangenehm, aber nicht stark belastend ist, so daß die Durchführung erprobt werden und der Klient den Gewinn von EMDR erfahren kann, ohne daß dabei starke emotionale Unruhe entstehen muß.

Da eine Reprozessierung von Erinnerungen die Fähigkeit des Klienten voraussetzt, die dabei hervorgerufenen Gefühle zu tolerieren, ist oft noch einige vorbereitende Arbeit notwendig, um die Bereitschaft des Klienten zu steigern, aus der EMDR Nutzen zu ziehen. Diese Vorbereitung schließt eine sorgfältige Anamnese dessen ein, was die Klienten bisher über den Umgang mit ihren Gefühlen gelernt haben. Wie in Johns Fall sind viele Drogenabhängige in Familien aufgewachsen, in denen Gefühle kaum akzeptiert wurden und haben daher gelernt, ihre Gefühle zu unterdrücken, um im Leben besser zurechtzukommen. Infolgedessen bereitet es ihnen oft Schwierigkeiten, die Kontrolle über ihre Gefühle aufzugeben; sie befürchten, von ihren Gefühlen überwältigt oder verrückt zu werden, oder haben Probleme, bestimmte Gefühle, wie z.B. Wut, Trauer oder Verletzlichkeit zu akzeptieren. Um die Klienten bei der Akzeptanz der eigenen Gedanken und Gefühle zu unterstützen, hat es sich in der EMDR oft als hilfreich erwiesen, Erinnerungen, die derartige Themen repräsentieren, für die therapeutische Durcharbeitung auszuwählen.

In dieser Hinsicht ist die Fähigkeit des Klienten, mit hohen Emotionsniveaus umzugehen, für die Anwendung von EMDR von erheblicher Bedeutung, weil beim Zugang zu diesen therapeutischen Zielen und deren Durcharbeitung die Stimulation der in zustandsabhängiger Form gespeicherten Information ein erneutes Durchleben dieser Ereignisse auf einem hohen Störungsniveau auslösen kann. Wichtige Fragen, die sich ein EMDR-Therapeut dabei stellen sollte, sind etwa die folgenden:

1. Besteht eine tragfähige therapeutische Beziehung, in der der Klient sich sicher fühlen kann, wenn bei ihm hohe Störungsniveaus von Verletzlichkeit, Kontrollverlust oder störende körperliche Wahrnehmungen auftreten, die in der anvisierten Erinnerung angelegt sein können?
2. Ist sichergestellt, daß keine körperlichen Krankheiten (z.B. des Herzens und der Atemorgane) vorliegen, die den Klienten eventuell zu einem ungeeigneten Kandidaten für das Auslösen eines potentiell hohen emotionalen Störungsniveaus machen könnten?
3. Sind der gegenwärtige emotionale Zustand des Klienten sowie seine äußeren Umstände hinreichend stabil?
4. Ist der Klient grundsätzlich lernfähig und kann in der Folge eine Reihe von Techniken zur Kontrolle und Beobachtung von Streß einsetzen, die ihm dabei helfen können, emotionale Störungen abzuschwächen, falls sie auftreten sollten?

Falls bei einem Klienten nicht alle vier dieser Fragen positiv beantwortet werden konnten, sollte bei ihm von einer EMDR-Behandlung abgesehen werden.

Außerdem sollte EMDR nicht eingesetzt werden, wenn bei einem Klienten noch keine ausreichende Bereitschaft dazu besteht, schmerzhafte traumatische Themen direkt durchzuarbeiten. Ein Großteil der therapeutischen Arbeit besteht darin, die Klienten über ihre mit dem Trauma im Zusammenhang stehenden Symptome in Kenntnis zu setzen und ihre Kooperation zur Aufgabe von zwanghaftem und destruktivem Verhalten zu gewinnen, damit zugrundeliegende Themenbereiche zugänglich gemacht werden können. Wenn die Klienten einen Großteil der Erfüllung ihrer Bedürfnisse daraus ableiten, daß sie zwanghafte Verhaltensweisen ausagieren, ist es im allgemeinen fast unmöglich, direkten Zugang zu den zugrundeliegenden schmerzhaften Gefühlen zu finden. Sobald die Klienten allerdings anfangen, die negativen Konsequenzen, die mit ihrem zwanghaften Verhalten in Zusammenhang stehen, zu erleben, eröffnet sich für die EMDR-Behandlung ein ganzes Spektrum von Möglichkeiten. Sobald dabei ein Zugang zu zuvor schmerzhaften Gefühlen geöffnet wird, scheint es so, als ob der Widerstand abnimmt und der Prozeß der Rekonvaleszenz und der Neutralisierung des zugrundeliegenden traumatischen Materials gefördert wird.

Das wohl kritischste Thema beim Einsatz der EMDR bei Drogenabhängigen ist die zeitliche Abstimmung der therapeutischen Interventionen. Die Therapeuten sollten dabei unterscheiden, wann konfrontative und direktive Interventionen einzusetzen sind und wann sorgfältiges Pacing und nondirektive Herangehensweisen angeraten sind, um Menschen bei der Arbeit an ihren traumatischen Themen zu unterstützen (Carnes, 1993). Seitens der Therapeuten ist dabei gutes klinisches Einfühlungsvermögen gefordert, um entscheiden zu können, zu welchem Zeitpunkt Affektbegrenzung und Sicherheit zu Behandlungsprioritäten werden. Zur Vermeidung von Rückfällen ist es für die Klienten entscheidend, Fähigkeiten zu erlernen, die ihnen den Umgang mit ihren Gefühlen erleichtern, bevor sie mit der Durcharbeitung traumatischer Erinnerungen beginnen. Zudem ist gutes klinisches Urteilsvermögen vonnöten, um entscheiden zu können, wann es für die Klienten wichtig ist, Toleranz und Akzeptanz negativer Gefühle zu lernen und wann EMDR eingesetzt werden sollte, um dysfunktionale Gefühle durch die Verarbeitung zugrundeliegender Erinnerungen zu neutralisieren. Für ein optimales

Zurechtkommen des Klienten ist es wichtig, eine gewisse Toleranz für das Erleben unangenehmer Gefühle zu entwickeln sowie die Fähigkeit, derartige Gefühle als Hinweise zu sehen, daß bei ihm Probleme bestehen, die besser bearbeitet werden sollten.

Bedingte Auslöser

Für Therapeuten ist die Berücksichtigung der Tatsache entscheidend, daß durch die EMDR-Behandlung selbst zeitweise ein verstärktes Verlangen nach Drogenkonsum ausgelöst werden kann (Shapiro, 1995). Daher sollte die Entscheidung über den Einsatz von EMDR von der Anfälligkeit des Klienten für Rückfälle sowie den körperlichen, persönlichen und systemischen Konsequenzen einer solchen Handlung geleitet sein. Die sorgfältige Vorbereitung des Klienten und dessen Unterstützung sowie die Verfügbarkeit des Therapeuten, um die Verarbeitung zu gewährleisten und das Verlangen selbst als therapeutisches Ziel anzuvisieren, kann dazu beitragen, potentielle Risiken zu mindern, setzt jedoch auch eine informierte Entscheidung seitens des Klienten voraus, wobei die Möglichkeit eines zeitweisen Ansteigen des Schmerzes mit eingeschlossen werden sollte.

Insbesondere sollte vor der Durchführung einer EMDR-Behandlung bei Drogenabhängigen sichergestellt werden, daß angemessene lebensunterstützende Maßnahmen, wie beispielsweise das Angebot eines 12-Punkte Programms für Suchtgefährdete, vorhanden sind. Berichten von Therapeuten zufolge fiel es manchen Klienten zwar ausgesprochen leicht, während der Therapie ihr Suchtverhalten einzustellen, andere jedoch fanden, daß die Stimulation des alten Materials bei ihnen einen Anstieg ihres Verlangens nach Drogenkonsum bewirkte. Eine derartige Verschlechterung kann durch den Versuch verursacht werden, bei Auftreten von streßbeladenem Material während der Therapie auf die Selbstbehandlung mit Medikamenten zurückzugreifen (d.h., der emotionale Schmerz löst den primären Copingmechanismus aus) oder sie kann auch nur darauf zurückzuführen sein, daß das alte Verlangen erneut stimuliert wurde. Bei Kriegsveteranen beispielsweise kann der Drogenkonsum sich wirklich aus der Tatsache herleiten, daß der Einsatz bestimmter Drogen zeitweise mit ihrem Trauma assoziiert war. Das heißt, weil der Veteran zur Beruhigung nach dem Kampf eine ganze Reihe von Drogen einsetzte, wird beim Auftreten posttraumatischer Belastungssymptome, wie z.B. intrusive Gedanken, das körperliche Verlangen nach Drogen als Teil der Erinnerung aktiviert.

Für Opfer von Kindesmißbrauch kann der körperliche Angriff ein Gefühl der Dissoziation ausgelöst haben. Als Erwachsene ist dieser Zustand am ehesten unter Drogeneinfluß zugänglich und daher löst die Erinnerung unter Umständen ein Verhalten aus, das zur Herbeiführung dieses emotionalen Zustands erforderlich ist. Wenn die traumatischen Erinnerungen mit Hilfe der EMDR durchgearbeitet werden, kann als Folge dann das Verlangen nach Drogenkonsum solange aktiviert werden, bis eine vollständige Verarbeitung erfolgt ist. Das kann ein ernstes Problem darstellen, sogar wenn der Klient schon viele Monate rekonvaleszent war, und das potentielle Auftreten eines solchen Verlangens sollte in die Entscheidung, eine EMDR-Behandlung durchzuführen, auf jeden Fall mit einbezogen werden. Andererseits kann nach der vollständigen

Verarbeitung der traumatischen Erinnerungen der Drogenkonsum des Klienten automatisch sinken.

Abweichungen vom Standardvorgehen in der EMDR

Wie schon zuvor angeführt, schließt das Standardvorgehen bei der EMDR die Verarbeitung von frühen problembelasteten Erinnerungen, vorhandenen Auslösern und körperlichen Wahrnehmungen sowie ein Schema für angemessene zukünftige Handlungen ein. Auch wenn EMDR wesentlich wirkungsvoller und erfolgreicher eingesetzt werden kann, sobald die Klienten dazu bereit sind, zuerst die zugrundeliegenden schmerzhaften frühen Erinnerungen durchzuarbeiten, setzen jedoch viele drogenabhängige Klienten diesem anfänglichen Stadium des Standardvorgehens, vor allem wenn sie sich noch in einem frühen Stadium der Rekonvaleszenz befinden, erheblichen Widerstand entgegen. Solche Widerstände können sich aus der Tatsache herleiten, daß die Klienten die Wirkungen früher Kindheitstraumata verleugnen, zu viel Angst haben, von schmerzhaften Gefühlen überwältigt zu werden, oder viele Bestandteile ihrer Kindheit größtenteils vergessen haben. Menschen mit antisozialen Persönlichkeitsmerkmalen, die ihre Ressentiments gegenüber Autoritätspersonen ausleben und ihre Verletzlichkeit verleugnen, scheinen die größten Schwierigkeiten zu haben, Zugang zu Material aus ihrer Herkunftsfamilie zu finden. Daher erfordert die EMDR-Behandlung bei Menschen, die unter chemischen Abhängigkeiten leiden, oft Abweichungen vom Standardvorgehen der EMDR (Vogelmann-Sine & Sine 1993, 1994).

Um dabei alle Gelegenheiten, die einen Zugang zu zugrundeliegenden traumatischen Erinnerungen ermöglichen, zu nutzen (z.B. Krisen), damit soviel Material wie möglich verarbeitet werden kann, sind klinische Fähigkeiten unerläßlich. Weil vergangene und gegenwärtige Ereignisse assoziativ im Netzwerk des Gedächtnisses gespeichert sind, wird die Durcharbeitung eines Aspekts mit Hilfe von EMDR den Klienten im allgemeinen dazu veranlassen, sich während der Durcharbeitung über die bestehenden relevanten Verbindungen bewußt zu werden. Während die mit dem Ereignis assoziierten frühen Erinnerungen bewußt gemacht und neu verarbeitet werden, findet gleichzeitig auch ein Lösungsprozeß statt, wobei die positiven Wirkungen der Behandlung auch auf andere Situationen generalisiert werden. Damit findet eine allmähliche Desensibilisierung der Klienten gegenüber den früheren Erinnerungen statt, und sie sind eher dazu in der Lage, sie direkt anzusprechen. Allerdings ist es wichtig zu beachten, daß bei einer signifikanten Anzahl von Klienten ungelöste traumatische Themen aus der Vergangenheit die Klärung einer anvisierten Situation verhindern oder bei den Klienten das Gefühl bewirken können, von negativen Gefühlen überwältigt zu werden. Eine umfassende Information und Vorbereitung der Klienten sind deshalb ganz entscheidend, um sie zum Umgang mit derartigen Situationen zu befähigen.

Aber nun zurück zu unserem Fallbeispiel. John beschloß zum ersten Mal, es mit einer EMDR-Behandlung zu versuchen, als er sich von Angst überwältigt fühlte und befürchtete, daß er erneut zu Medikamenten greifen könnte. Er erzählte, daß ein Ermittler ihn zu Hause angerufen und beschuldigt hatte, im Krankenhaus Medikamente gestohlen zu haben. Er begann, sich darüber Sorgen zu machen, daß er seine Zulassung verlieren und nicht länger dazu in der Lage sein würde, als Pfleger zu arbeiten. Das zur therapeutischen Durcharbeitung ausgewählte Thema lautete „Gegen mich wird vom Krankenhaus ermittelt". Negative Kognitionen, die mit in der Kindheit erlernten Selbstüberzeugungen in Verbindung standen, umfaßten: „Ich bin ein schlechter Mensch; ich bin ein Außenseiter; ich bin zu nichts nutze". Auf einer Skala von 0 bis 10 auf der subjektiven Angstskala (*Subjective Units of Disturbance* – SUD: Wolpe 1982) lag sein Angstwert bei 10. Positive erwünschte Überzeugungen lauteten: „Ich war krank; ich kann mit der Situation umgehen". Sein Ergebnis bei der Skala der Stimmigkeit von Kognitionen (*Validity of Cognition* – VoC: Shapiro 1989a) lag bei zwei (bezüglich der erwünschten Überzeugung), wobei 1 „völlig unzutreffend" und 7 „vollkommen zutreffend" waren. Während der Durcharbeitung gelang es ihm, seine suizidalen Gefühle und seinen Wunsch zuzugeben, am liebsten nach Hause rennen zu wollen, sich in seinem Zimmer zu verstecken und nichts mehr konfrontieren zu müssen. John erkannte darüber hinaus, daß diese Situation bei ihm die gleichen Gefühle, „schlecht und wertlos" zu sein auslöste, die er früher bei Kritik seiner Familie oder Beschuldigungen für vermeintliche Übertritte gefühlt hatte.

Nach dieser anfänglichen Durcharbeitung wurden in die Zukunft gerichtete positive Schemata entwickelt, die dazu gedacht waren, ihn bei der Bewältigung zu unterstützen. Dies umfaßte die Entscheidung für eine Vorgehensweise, die Vorstellung der Schritte, die er dazu einleiten mußte (wie z.B. einen Rechtsanwalt anrufen) sowie ein tägliches Gespräch mit seinem Betreuer. In dieser einen Therapiesitzung waren seine SUD-Werte auf 2 zurückgegangen, was er in seiner gegenwärtigen Situation, in der vom Krankenhaus gegen ihn ermittelt wurde, für angemessen hielt. Sein VoC-Wert für positive Überzeugungen hatte sich am Ende der Sitzung auf 5 erhöht. Er war zuversichtlich, daß es ihm gelingen würde, einen Rechtsanwalt zu finden, mit dem er seine Situation besprechen konnte. Er gab darüber hinaus an, daß es ihm nach der Sitzung gelungen sei, mit der Situation auf eine zufriedenstellende Weise umzugehen; suizidale Gefühle oder das Verlangen nach erneutem Medikamentenmißbrauch traten nicht wieder auf. Tatsächlich wurde die Situation innerhalb eines Monats vollständig geklärt. John entdeckte mit rechtlicher Hilfe, daß er seine Lizenz nicht verlieren würde, und daß es nicht genug Beweismaterial gab, um eine Anklage gegen ihn geltend zu machen. Daher war die EMDR-Behandlung bei der Verarbeitung der dysfunktionalen Kognitionen äußerst erfolgreich und führte zu effektiveren Bewältigungsstrategien und einer Verhinderung von Rückfällen.

Johns Einsicht in seine Situation verbesserte sich nach der ersten EMDR-Sitzung außerordentlich, weil ihm bewußt wurde, wie stark sein frühes Trauma mit der Gegenwart in Verbindung stand und ihn dazu brachte, unflexibel zu werden. Im folgenden Beispiel tauchte sogar noch mehr Material aus seiner Vergangenheit auf, was ihm zu der Erkenntnis verhalf, daß sein frühes, eingefleischtes Muster des geringen Selbstwertgefühls ihn dazu veranlaßt hatte, ineffektiv zu sein und sich auch in der Gegenwart als Opfer zu fühlen.

John war in extrem beunruhigtem Zustand in die Therapie gekommen. Er wurde von Gefühlen der Trauer und der Enttäuschung überwältigt und berichtete von seinem Verlangen, erneut nach Medikamenten zu greifen. Er erzählte, daß er für seine ausgerenkte Kniescheibe Schmerzmittel eingenommen hatte und daß sein Betreuer ihn deshalb beschuldigte, rückfällig geworden zu sein. Bei genauerer Untersuchung dieses Themas stellte sich heraus, daß er dem Arzt nichts von seiner Medikamentenabhängigkeit erzählt und daher ein opiathaltiges Schmerzmittel verschrieben bekommen hatte. John hatte das Medikament dann jedoch völlig vorschriftsmäßig eingenommen und gab auch zu, einen Fehler gemacht zu haben, indem er es unterlassen hatte, nach einem nicht abhängig machenden Medikament für seine Schmerzen zu fragen. Er meinte jedoch, das sei wirklich ein Versehen gewesen und sein Betreuer hätte ihm Glauben schenken müssen. John erklärte sich einverstanden, für die Verarbeitung seiner Gefühle EMDR zu nutzen. Das ausgewählte therapeutische Thema lautete diesmal: „Mein Betreuer hat mich enttäuscht". Damit verbundene negative Kognitionen lauteten: „Ich bin schlecht; ich bin minderwertig; ich bin nicht wichtig; ich bin nichts wert." Sein SUD-Angstwert lag bei 10. Positive Kognitionen umfaßten Aussagen wie: „Ich bin etwas wert; das ist nur die Ansicht meines Betreuers; ich kann mit der Situation umgehen." Sein VoC-Wert für diese positive Überzeugung lag anfänglich bei 2.

In der EMDR-Behandlung dieser Situation gab John an, daß ihn die Konfrontation mit seinem Betreuer an die Art erinnerte, auf die sein Vater ihm immer gegenübergetreten war und ihn abgelehnt hatte. Er schaffte es, eine Reihe von frühen Kindheitserfahrungen durchzuarbeiten, durch welche die gegenwärtige Situation verstärkt worden war. Er erzählte, daß sein erster Impuls darin bestanden hätte, wegzulaufen und sich in seinem Zimmer zu verstecken, wie er es schon als Kind getan hatte. Die Reprozessierung half ihm dabei, diese Situationen als vergangen und abgeschlossen zu betrachten, wodurch ihre Wirkung neutralisiert werden konnte. Als nächstes erkannte John, daß sein Betreuer eine starre Haltung an den Tag legte und daß er sich gegen ihn wehren und ihm auf den Kopf zusagen würde, wie er diese Situation sähe. Die Entwicklung eines zukunftsgerichteten Schemas schloß das Gefühl ein, daß er alles in seiner Macht stehende getan hatte, daß er mit der Aufrechterhaltung seines ursprünglichen Vorsatzes der Nüchternheit zufrieden sein und diese Situation als eine Lernerfahrung ansehen konnte – in dem Wissen, daß er in Zukunft seinen Arzt fragen würde, ob es auch Medikamente gebe, die keine Abhängigkeiten hervorriefen. John bereitete sich zudem auf die Tatsache vor, daß er wahrscheinlich mit schmerzhaften Gefühlen zu rechnen habe, falls sein Betreuer, der unter Umständen nicht gewillt sein würde, die Situation zu akzeptieren, die weitere Zusammenarbeit mit ihm verweigern sollte. Am Ende der EMDR-Sitzung waren Johns SUD-Werte auf 2,5 zurückgegangen, ein Ergebnis, das er für realistisch hielt. Sein VoC-Wert war auf 5 gestiegen, was er ebenfalls als akzeptabel ansah, weil er erst dann ein wirklich positives Selbstgefühl würde entwickeln können, wenn er mit seinem Betreuer geredet hätte. Die EMDR-Sitzung war daher für die Entwicklung von Johns Fähigkeit entscheidend, mit dieser schwierigen Situation umzugehen und das Problem wirksam zu lösen. Zusätzlich ermöglichte sie ihm, ein mäßiges Niveau von negativen Affekten zu tolerieren, die hochkamen, als sein Betreuer sich entschied, daß er nicht weiter mit ihm arbeiten könne. John konnte die Ansicht seines Betreuers akzeptieren und entschied sich, daß er dann eben jemand anderen finden müßte, der toleranter war.

Mögliche Auslöser für Rückfälle

Wie schon zuvor erwähnt, erfordert die EMDR-Behandlung von Drogenabhängigen die Reprozessierung von inneren oder äußeren Reizen, die sich durch sekundäre Konditionierung zu starken Auslösern für Rückfälle entwickelt haben. Für die Identifizierung derartiger Auslöser ist jeweils eine individuelle Anamnese erforderlich. Innere Auslöser für Rückfälle schließen für gewöhnlich Gefühle der Wut, der Angst, der Hilflosigkeit, der Wertlosigkeit und der Einsamkeit ein. Beispiele von äußeren Auslösern sind das Vorhandensein der vom Klienten bevorzugten Droge, damit verbundenem Zubehör oder andere damit in Zusammenhang stehende Stimuli, wie z.B. bestimmte Orte, Menschen und Tätigkeiten. Dabei umfassen die Ziele für therapeutische Maßnahmen die spezifischen Auslöser sowie die körperlichen Begleiterscheinungen des Verlangens des Klienten nach Drogen/Medikamentenkonsum.

John verspürte immer noch ein starkes Verlangen nach Medikamentenkonsum, das durch den Anblick von Medizinflaschen in seiner Umgebung ausgelöst wurde. Er erzählte, daß einer seiner Mitbewohner kürzlich Schmerzmittel verschrieben bekommen hatte und daß er versucht gewesen sei, ihm seine Medikamente wegzunehmen. John gab auch zu, daß es ihm beim Besuch seiner Eltern sehr schwer gefallen sei, nicht an den Medizinschrank zu gehen und Medikamente zu stehlen. Sein Verlangen nach Suchtmittelkonsum beim Kontakt mit Medikamenten stand in den folgenden vier Sitzungen im Mittelpunkt, um ihm zu größerer Sicherheit im Umgang mit seinen Abstinenzvorsätzen zu verhelfen. Als therapeutische Ziele wurden dabei der Anblick von Medizinflaschen und die Gefühle von körperlichen Empfindungen und Emotionen anvisiert, die mit der Versuchung des Medikamentenmißbrauchs in Verbindung standen. Negative Kognitionen lauteten: „Ich bin verletzlich; ich komme nicht ohne sie aus". Seine SUD-Angstwerte lagen bei 8,5. Die angestrebten positiven Kognitionen waren „Ich komme im Leben auch ohne Medikamente zurecht; ich kann mit meinen Gefühlen umgehen; ich kann mit Situationen angemessen umgehen". Sein VoC-Wert betrug anfänglich 3. Nach den 4 Sitzungen gingen seine SUD-Werte auf 2 zurück (was er für angemessen hielt, weil er diesem Thema weiterhin genügend Aufmerksamkeit schenken wollte), und sein VoC-Wert stieg auf 7 an.

Während der wiederholten Durcharbeitung dieser therapeutischen Ziele wurden viele Überzeugungen und Gefühle gegenüber dem Rekonvaleszenzprozeß zugänglich gemacht. Der Klient war dazu in der Lage zuzugeben, daß sein Bedürfnis nach Drogen sich daraus ableitete, daß er sich besser fühlen und sich dem Schmerz aus der Vergangenheit nicht stellen oder sich nicht mit Menschen bzw. schwierigen Situationen konfrontieren wollte. Er erkannte, daß er es nicht gewohnt war, Aufmerksamkeit und Zuwendung von anderen zu bekommen und daher „durchdrehen" und sich in derartigen Situationen am liebsten verstecken würde. Zusätzlich dazu gab er zum ersten Mal zu, daß er insgeheim gehofft hatte, auch unter Fortsetzung seines gelegentlichen Medikamentenmißbrauchs in seinem Leben zurechtzukommen und daß er es bedaure, nun ohne diese auskommen zu müssen. In späteren Sitzungen gelang es ihm jedoch zuzugeben, daß die Drogen sein Leben unkontrollierbar gemacht hatten und daß er sie nicht in begrenzter Weise würde einsetzen können. Er konnte auch zugeben, daß er schon bei der Einnahme einer einzigen Tablette wieder medikamentenabhängig werden würde. Er entwickelte auch positive Kognitionen, z.B. eine Sicht seiner selbst, wie er sich ehrlich durch ein 12-Schritte-Programm durcharbeitete und seine Lebensangst zu überwinden lernte.

Die Erarbeitung weiterer Schemata schloß eine Reihe von Bewältigungsstrategien ein, die darauf abzielten, sich von destruktivem Drogenkonsum abzuwenden. Da John noch nicht in einen Einsatz von EMDR für die vollständige Verarbeitung seiner frühen traumatischen Erinnerungen eingewilligt hatte, bestand die Entwicklung zukünftiger Schemata in seiner Vorbereitung auf zukünftige Auslöser von Rückfällen und der Verstärkung seiner Überzeugung, daß er damit umgehen könnte, ohne rückfällig zu werden. Dabei stellte er sich insbesondere Kontakte zu seinem Betreuer und anderen guten Freunden vor, und wenn er dabei überwältigendes Verlangen nach Medikamentenkonsum verspürte, stellte er sich vor, wie er die Situation sofort verließ.

Im Laufe der Therapie war John zu der Ansicht gekommen, daß die EMDR-Sitzungen für die Einschränkung seines Verlangens nach Medikamentenkonsum und die Erinnerung an das Vorhandensein positiver Bewältigungsstrategien äußerst hilfreich waren. Dabei wurde es offensichtlich, daß sein Verlangen nach Drogenkonsum immer dann auftauchte, wenn bei ihm wieder starke Gefühle der Verletzung, des Verlassenseins und des geringen Selbstwertgefühls ausgelöst worden waren, die er betäuben wollte. Infolge seiner neuen Einsichten und Erkenntnisse bezüglich seines Reaktionsmusters war er jedoch dazu in der Lage, seine Verletzlichkeit zuzugeben und sich auf derartige Situationen besser vorzubereiten. Schließlich gab er sein Einverständnis zu EMDR-Sitzungen, bei denen dieses Thema anvisiert werden sollte, sobald er sich verletzlich fühlte, da er (aufgrund von systemischem Druck) nicht dazu in der Lage war, die Themen aus seiner Herkunftsfamilie vollständig allein zu lösen und daher für Rückfälle empfänglich blieb.

Zuvor abgespaltenes Material

Da es sich bei der EMDR um eine klientenzentrierte Intervention handelt, überlassen die Therapeuten ihren Klienten die Entscheidung, wann und wie die EMDR als Teil ihrer gesamten Behandlung eingesetzt werden soll. Auch nach Ende der Therapie ist es entscheidend, daß mit den Klienten eine Politik der offenen Tür aufrechterhalten wird, in dem Wissen, daß zusätzliches Material auftauchen kann, das eine erneute Behandlung erforderlich macht. Im Grunde genommen kann die Notwendigkeit einer Reprozessierung der Erinnnerung jederzeit wieder auftreten. In Johns Fall ergab sich nach einem Jahr ambulanter Therapie eine weitere Gelegenheit, als er eine neue Krise durchlebte. Hier sollte noch einmal darauf hingewiesen werden, daß John anfänglich eine Gedächtnislücke bezüglich einer bestimmten Periode seiner Jugend aufwies. Während seiner fortschreitenden Rekonvaleszenz tauchte eine mutmaßliche Erinnerung an Mißbrauch auf, deren erfolgreiche Reprozessierung Johns Bereitschaft erhöhte, weitere frühe Erinnerungen als therapeutisches Ziel ins Auge zu fassen.

John berichtete, daß er eines Nachmittags einschlief und sich beim Erwachen plötzlich „erinnerte", daß er im Alter von ca. 14 Jahren von einem Onkel mißbraucht worden war. Er war daraufhin ausgesprochen verstört und gab zu, daß bei ihm daraufhin das Verlangen entstanden war, nach Medikamenten zu greifen, weil diese Gefühle für ihn so schmerzhaft und überwältigend waren. John gegenüber wurde ausdrücklich betont, daß Therapeuten keine Mutmaßungen über den Wahrheitsgehalt solcher zuvor abgespaltenen Eindrücke anstellen, es sei denn, dafür stünde eine äußere Bestätigung zur Verfügung. Unabhängig von ihrem Wahrheitsgehalt jedoch ist es aus klinischer Sicht wichtig, diese gefühlsbeladenen Bilder zu verarbeiten, um die Störung und ihren potentiellen Einfluß auf die gegenwärtige Funktionsfähigkeit des Klienten zu mildern.

Daher wurde eine EMDR-Behandlung eingesetzt, bei der Johns Vorstellung, sexuell belästigt worden zu sein, im Vordergrund stand. Sein Wert auf der SUD-Angstskala lag bei 10. Seine negativen Kognitionen lauteten: „Ich bin verletzlich; ich bin ein Opfer". Seine positiven Kognitionen waren: „Es ist vorbei; das ist Vergangenheit". Um diesen Themenbereich vollständig lösen zu können, waren zwei Sitzungen notwendig, wobei er bei einem von ihm für angemessen gehaltenen Angstniveau von 2 ankam sowie einem VoC-Wert von 6, was er ebenfalls für angemessen hielt, weil er den vermeintlichen Täter nicht konfrontiert hatte. Während der EMDR-Behandlung wurde dieses Bild sowie seine Gefühle der Wut, des Opferstatus und der Angst vor dem Verlassenwerden aufgrund seiner Unfähigkeit, mit irgend jemandem darüber zu reden, verarbeitet. Maßnahmen, die auf die zukünftige Bewältigung gerichtet waren, schlossen ein Gespräch mit seinem Betreuer, seiner Wohngruppe und anderen Freunden ein, womit ihm Unterstützung geboten werden sollte. Zusätzlich dazu bereitete er sich auf ein zukünftiges Treffen mit dem vermeintlichen Täter vor. Er beschloß, daß er ihn nicht mit der Vergangenheit konfrontieren würde, sondern oberflächlich mit ihm umgehen würde. Er fühlte sich nach der Durcharbeitung sehr zufrieden und war dazu fähig, dem vermeintlichen Täter bei einem Familientreffen zu begegnen, ohne dabei übermäßige Angst zu verspüren. Die EMDR hat somit in Johns Fall dazu beigetragen, die Rekonvaleszenz zu beschleunigen und Rückfällen vorzubeugen.

Die Flexibilität des Ansatzes

Johns Therapieprogramm ist typisch für Menschen, die sich in der Rekonvaleszenz von einer chemischen Abhängigkeit befinden. Die EMDR wurde jeweils vorübergehend eingesetzt, sobald er sich von seinen Gefühlen überwältigt fühlte und diese Methode bot ihm die Gelegenheit, die zugrundeliegenden störenden Erinnerungen zu neutralisieren. Durch EMDR wurde seine Selbsteinsicht gestärkt und das Erlernen von neuen Verhaltensweisen beschleunigt. Das zugrundeliegende traumatische Material wurde schrittweise verarbeitet, während er fähiger wurde, diese frühen Erfahrungen besser zu integrieren. John hat es geschafft, abstinent zu bleiben und war in den 18 Monaten seit dem Beginn seiner ambulanten Behandlung durchgehend erwerbstätig. EMDR war bei der Stärkung seines Rekonvaleszenzprogramms und bei der Reduktion der Wahrscheinlichkeit für Rückfälle besonders hilfreich, indem die gegenwärtigen Auslöser und die zugrundeliegenden traumatischen Erinnerungen neutralisiert und ein Schema für angemessene zukunftsgerichtete Handlungen erarbeitet wurde.

In der klinischen Praxis kann EMDR bei einer ganzen Reihe von therapeutischen Zielen eingesetzt werden, um mit dem Rekonvaleszenzprozeß in Zusammenhang stehende allgemeine Themen durchzuarbeiten. Eine derartige Behandlung hat sich für die Auflösung bestehender Blockaden bezüglich der Teilnahme an einem erfolgreichen Drogenbehandlungsprogramm (z.B. die Furcht, einem Betreuer zu trauen; Wutgefühle gegenüber der Befolgung von Anweisungen; und Ablehnung übergeordneter Autoritäten) als nützlich erwiesen. Die EMDR hat Klienten auch geholfen, schmerzhafte emotionale Zustände, die mit zwanghaften Verhaltensweisen in Zusammenhang stehen, zu neutralisieren, wie beispielsweise zwanghafte Fürsorge und Kontrolle anderer Menschen. Beispiele für therapeutische Ansatzpunkte bei Klienten mit derartigen Störungen sind u.a. das Gefühl, von einer wichtigen Bezugsperson ausgenutzt zu werden; Wut auf den Vorgesetzten, weil dieser überhöhte Anforderungen stellt; Verletzungs- und Wutgefühle wegen gebrochener Versprechungen; sowie das Gefühl, vollständig überwältigt und unfähig zu sein, mit vorhandenem Druck fertigzuwerden. Wenn zur Durcharbeitung derartiger Ziele eine EMDR-Behandlung eingesetzt wird, sind die Klienten im allgemeinen dazu in der Lage, damit im Zusammenhang stehende Erinnerungen aus der Herkunftfamilie neu durchzuarbeiten, einschließlich Zurückweisungen, Verletzungen, Gefühlen der Unzulänglichkeit und Scham. Da die Affekte bei Drogenabhängigen oft von früheren Traumata abgespalten sind, ermöglicht eine Durcharbeitung neuerer Erfahrungen, die negative Affekte und Selbstwahrnehmungen beinhalten, einen Zugang zu früherem Erinnerungsmaterial. Klienten erkennen dabei oft, daß die zwanghaften Verhaltensweisen darauf abzielen, ihre schmerzhaften Gefühle zu blockieren.

EMDR hat sich für direkte Interventionen mit Drogenabhängigen, die eine ernsthafte Krise durchleben, die andernfalls einen Rückfall oder suizidale Ideen auslösen könnte, als sehr hilfreich herausgestellt (Kitchen 1991). Eine Frau, deren Geschichte Drogenmißbrauch mit verschiedenen Substanzen beinhaltete, hatte zuletzt vor einem Monat Kokain genommen. Beim Besuch einer Institution, die ein Flugblatt über Erwachsene mit einem frühen Hintergrund von sexuellem Mißbrauch entwickelt hatte, durchlebte sie plötzlich Flashbacks bezüglich verschiedener Verwandter, die sie im Alter von zehn Jahren geschlagen hatten. Sie wurde von diesen Gefühlen derartig überwältigt, daß sie aus der Institution herausrannte und sich für den Abend einen Vorrat an Kokain besorgte. Mit dem Gefühl, sterben zu wollen, und voller Hilflosigkeit, Verletzung und Angst vor Ablehnung wurde sie am nächsten Morgen von ihrem Freund in die Praxis gebracht. Der Mißbrauch wurde schätzungsweise 45 Minuten lang therapeutisch durchgearbeitet. Am Ende der Sitzung ließ sie einen Seufzer erklingen und lächelte schwach. In diesem Fall war eine Hospitalisierung abgewendet worden. Bei der nächsten Sitzung mit der Klientin wurde deutlich, daß bei ihr keinerlei Alpträume oder Flashbacks mehr aufgetreten waren und sie keine weiteren Drogen genommen hatte.

Hierbei ist allerdings zu betonen, daß Krisenintervention unter Einsatz von EMDR nur mit Klienten durchgeführt werden sollte, die dazu in der Lage sind, eine tragfähige Beziehung zum Therapeuten zu entwickeln und darüber hinaus im Vorfeld gezeigt haben, daß sie von einer EMDR-Behandlung profitieren können. Wenn solche Vorkehrungen getroffen wurden und die Krise therapeutisch durchgearbeitet wird (z.B. plötzlich ausgelöste Flashbacks von körperlichem oder psychischem Mißbrauch in der Kindheit, der plötzliche Verlust eines Freundes, oder der Verlust der Freiheit aufgrund eines Gefängnisaufenthalts), dann kann eine erfolgreiche Reprozessierung der Stressoren stattfinden und in verschiedenen Fällen eine Hospitalisierung vermieden werden. Die Klienten kommen dabei in der Regel zu einer gesünderen und ausgeglicheneren Sichtweise ihrer Situation. Natürlich ist eine derartige Arbeit nicht in einer einzigen Sitzung abgeschlossen und eine weitergehende Verarbeitung wird notwendig, um das Erinnerungsmaterial vollständig durcharbeiten zu können.

Bei alledem ist es entscheidend, zwischen zwei Arten von Drogenabhängigen zu differenzieren: Klienten mit und ohne zugrundeliegender Geschichte einer Traumatisierung. Wenn bei Klienten eine ausgedehnte Traumatisierungsgeschichte besteht, dann hat sich der Einsatz von EMDR als nützlich erwiesen, um eine Reprozessierung von schmerzhaftem Material zu bewirken, das mit den jeweiligen Bezugspersonen in der Vergangenheit des Klienten in Verbindung steht (z.B. Mutter, Vater, Geschwister). Wenn eine solche therapeutische Arbeit systematisch durchgeführt wird, dann konnten bei einer ganzen Bandbreite von langfristigen, schweren kognitiven, emotionalen, interpersonalen und Verhaltensstörungen erhebliche Verbesserungen erzielt werden. Zudem wurde festgestellt, daß einige Menschen, die als Kinder sexuell belästigt wurden, dazu in der Lage waren, Traumata innerhalb von wenigen Sitzungen zu überwinden. Sie fühlten sich so wohl, daß sie nicht mehr die Notwendigkeit einer zusätzlichen Teilnahme an Selbsthilfegruppen, wie beispielsweise Adults Molested As Children (AMAC) verspürten. Dabei sollte jedoch betont werden, daß bei Klienten mit einer ausgeprägten traumatischen Vorgeschichte eine EMDR-Behandlung eher auf einer langfristigen Basis angewandt wird. Weiterhin wird EMDR nicht in jeder Sitzung eingesetzt, sondern eher sporadisch.

Menschen, die keine signifikante Traumageschichte haben und deren Leben dadurch nicht stark eingeschränkt ist, setzen oft Drogen als Belohnung für das Gelingen schwieriger Aufgaben oder als Möglichkeit ein, dem Streß zu entfliehen (Vogelmann-Sine & Sine 1994). Diese Menschen haben jedoch trotzdem die Tendenz, Konfrontationen mit problematischen Gefühlen zu vermeiden und ihnen aus dem Weg zu gehen. Auch in diesen Fällen hat sich die EMDR als hilfreich erwiesen, weil die Klienten anfänglich dabei unterstützt werden, unangenehme emotionale Zustände zu tolerieren. Ein berufstätiger Mann beispielsweise, der in seinem Beruf zwar sehr erfolgreich, gleichzeitig aber auch zehn Jahre lang kokainabhängig gewesen war, kam in die Therapie, weil sein Drogenmißbrauch im Begriff war, seinen Ruf sowohl im privaten als auch im beruflichen Bereich zu zerstören. Die Anamnese zeigte, daß er gelernt hatte, immer ruhig zu bleiben und die Kontrolle über seine Gefühle zu behalten. Als Folge dessen war er unfähig, sich seinen Gefühlen der Verletzlichkeit und dem sich daraus ergebenden schmerzhaften geringen Selbstwertgefühl zu stellen. Da der Klient nicht dazu in der Lage war, irgendeine zugrundeliegende schmerzhafte Erinnerung genau zu beschreiben, wurde bei ihm sporadisch eine EMDR-Behandlung eingesetzt, hauptsächlich, um gegenwärtige schmerzhafte Themen anvisieren zu können und seine Rekonvaleszenz zu fördern. Einige der für die EMDR ausgewählten therapeutischen Ansatzpunkte umfaßten seine Furcht vor Rückfällen, die Angst, seine Ehe könnte in die Brüche gehen, und die Wut gegenüber seiner Frau. Auch wenn dabei keine signifikanten Traumata zutage traten, war die EMDR äußerst hilfreich und lehrte ihn, seine Gefühle zu tolerieren und zu einem tieferen Selbstverständnis zu kommen. Dabei verbesserte sich seine Selbsteinsicht erheblich. Er war auch in der Lage, sich Ziele zu setzen, z.B. weniger wettbewerbsorientiert und anderen Menschen gegenüber verständnisvoller zu werden. Dadurch machte er Fortschritte, die andernfalls schwierig zu erreichen gewesen wären.

Im allgemeinen wird in der Therapie bei Suchtmittelabhängigkeit empfohlen, daß die Klienten abstinent sein sollten, bevor zur Überwindung ihrer Traumata eine EMDR-Behandlung eingesetzt wird. Einige Klienten mit einer Primärdiagnose von PTBS und einer Sekundärdiagnose von Suchtmittelabhängigkeit konnten jedoch auch ohne vollständige Abstinenz von einer EMDR-Behandlung profitieren. EMDR kann für Menschen effektiv sein, die genügend Motivation besitzen, das spezifische Trauma zu überwinden und die dazu in der Lage sind, zumindest für einen gewissen Zeitraum, manchmal weniger als einen Tag, abstinent zu bleiben, ohne daß dann bei ihnen ernsthafte Entzugserscheinungen auftreten. Dabei ist die jeweils erforderliche Länge der notwendigen Abstinenz (damit der PTBS-Klient von der EMDR-Behandlung profitieren kann) vom Therapeuten zu bestimmen und richtet sich nach der Stärke der traumatischen Symptome, dem Muster des Drogenkonsums, dem Potential für Entzugserscheinungen, der Ichstärke und der zur Verfügung stehenden sozialen Unterstützung. Natürlich sind dabei auch Umsicht und erhebliches klinisches Urteilsvermögen notwendig. Bei entsprechendem Einsatz war es jedoch möglich, belastende Traumata, beispielsweise aufgrund von Industrieunfällen, zu neutralisieren und es den Personen zu ermöglichen, zu ihrer Arbeit zurückzukehren, obwohl sie weiterhin Alkoholmißbrauch betreiben.

Schlußfolgerungen

Bei der EMDR handelt es sich um eine strukturierte, klientenzentrierte Methodologie, die zusätzlich zu einem umfassenden Behandlungsplan für drogenabhängige Klienten sehr hilfreich sein kann. Klinische Beobachtungen weisen darauf hin, daß damit vergleichsweise schnelle, jedoch stabile Behandlungserfolge erzielt werden und über einen längeren Zeitraum hin aufrechterhalten werden können. Dabei ist es jedoch wichtig, in Erinnerung zu behalten, daß EMDR weder einen Ersatz für klinische Fähigkeiten darstellt, noch für den sorgfältigen Aufbau einer tragfähigen therapeutischen Beziehung. Geeignete Unterstützungsmaßnahmen und ein angemessenes Motivations- und Verantwortungsniveau seitens des Klienten sind weitere notwendige Faktoren, um ein erfolgreiches Behandlungsergebnis erzielen zu können.

Literaturverzeichnis

Boudewyns, P.A.; Hyer, L.A.; Peralme, L.; Touze, J. & Kiel, A. (1994). Eye movement desensitization and reprocessing for combat-related PTSD: An early look. Paper presented at the Annual Convention of the American Psychological Association, Los Angeles, August.

Boudewyns, P.A.; Stwertka, S.A.; Hyer, L.A.; Albrecht, J.W. & Sperr, E.V. (1993). Eye movement desensitization for PTSD of combat: A treatment outcome pilot study. *The Behavior Therapist, 16,* 29–33.

Bower, G. (1981). Mood and memory. *American Psychologist, 36,* 129–148.

Braun, B.G. (1988). The BASK (behavior, affect, sensation, knowledge) model of dissociation. *Dissociation, 1,* 4–23.

Briere, J. (1989). *Therapy for Adults Molested as Children: Beyond Survival.* New York: Springer.

Carlson, J.G.; Chemtob, C.M.; Rusmak, K. & Hedlund, N.L. (1994). Eye movement desensitization/reprocessing as an exposure intervention in combat-related PTSD. Unpublished manuscript.

Carnes, P.J. (1993). Addiction and post-traumatic stress: The convergence of victim's realities. *Treating Abuse Today, 3,* 5–11.

Cocco, N. & Sharpe, L. (1993). An auditory variant of eye movement desensitization in a case of childhood post-traumtic stress disorder. *Journal of Behavior Therapy and Experimental Psychiatry, 24,* 373–377.

Daniels, N.; Lipke, H.; Richardson, R. & Silver, S. (1992). Vietnam veterans' treatment programs using eye movement desensitization and reprocessing. Symposium presented at the International Society for Traumatic Stess Studies Annual Convention, Los Angeles, October.

Downing, C. (1991). Surrender to powerlessness and its relationship to relapse in recovering alcoholics. PhD dissertation, Saybrook Institute, San Francisco.

Glantz, M. & Pickens, R. (eds.) (1992). *Vulnerability to Drug Abuse.* Washington, DC: American Psychological Association.

Goldstein, A.J. (1992). Treatment of panic and agoraphobia with EMDR: Preliminary Data of the Agoraphobia and Anxiety Treatment Center, Temple University. Paper presented at the Fourth World Congress on Behavior Therapy, Queensland, Australia, August.

Goldstein, A.J. & Feske, U. (1994). Eye movement desensitization and reprocessing for panic disorder: A case series. *Journal of Anxiety Disorders, 8,* 351–362.

Grainger, R.K.; Levin, C.; Allen-Byrd, L. & Fulcher, G. (1994). Treatment project to evaluate the efficacy of eye movement desensitization and reprocessing (EMDR) for survivors of a recent natural disaster. Paper presented at the American Psychological Association Annual Convention, Los Angeles, August.

Janet, P. (1889) [1937]. *L'Automatisme Psychologique.* Paris: Societé Pierre Janet.

Jensen, J.A. (1994). An investigation of eye movement desensitization and reprocessing (EMDR) als a treatment for posttraumatic stress disorder (PTSD) symptoms of Vietnam combat veterans. *Behavior Therapy, 25,* 311–325.

Kitchen, R.H. (1991). Relapse therapy. *EMDR Network Newsletter, 1,* 4–6.

Kleinknecht, R.A. (1993). Rapid treatment of blood and injection phobias with eye movement desensitization. *Journal of Behavior Therapy and Experimental Psychiatry, 24,* 11–17.

Kleinknecht, R.A. & Morgan, M.P. (1992). Treatment of posttraumatic stress disorder with eye movement desensitization. *Journal of Behavior Therapy and Experimental Psychiatry, 23,* 43–50.

Lang, P.J. (1977). Imagery in therapy: An information processing analysis of fear. *Behavior Therapy, 8,* 862–886.

Levin, C. (1993). The enigma of EMDR. *Family Therapy Networker, 17,* 75–83.

Levin, C.; Grainger, R.K; Allen-Byrd, L. & Fulcher, G. (1994). Efficacy of eye movement desensitization and reprocessing (EMDR) for survivors of Hurricane Andrew: A comparative study. Paper presented at the American Psychological Association Annual Convention, Los Angeles, August.

Lipke, H. (1991). *EMDR Treatment Manual for Combat Veterans*. Pacific Grove, CA: EMDR Network.

Lipke, H. (1992). A survey of EMDR-trained practitioners. Paper presented at the International Society for Traumatic Stress Studies Annual Conference, Los Angeles, October.

Lipke, H. & Botkin, A. (1992). Case studies of eye movement desensitization and reprocessing with chronic post-traumatic stress disorder. *Psychotherapy, 29,* 591–595.

Lovern, J.D. (1991). *Pathways to Reality: Erickson-Inspired Treatment Approaches to Chemical Dependency*. New York: Brunner/Mazel.

Marquis, J. (1991). A report on seventy-eight cases treated by eye-movement desensitization. *Journal of Behavior Therapy and Experimental Psychiatry, 22,* 187–192.

Maslow, A.H. (1970). *Motivation and Personality*. New York: Harper & Row.

McCann, D.L. (1992). Post-traumatic stress disorder due to devastating burns overcome by a single session of eye movement desensitization. *Journal of Behavior Therapy and Experimental Psychiatry, 23,* 319–323.

Meek, C.C. (ed.) (1990). *Post-traumatic Stess Disorder: Assessment, Differential Diagnosis and Forensic Evaluation*. Sarasota, Florida: Professional Resource Exchange.

Page, A.C. & Crino, R.D. (1993). Eye-movement desensitization: A simple treatment for post-traumatic stress disorder? *Australian and New Zealand Journal of Psychiatry, 27,* 288–293.

Paulsen, S.; Vogelmann-Sine, S.; Lazrove, S. & Young, W. (1993). Eye movement desensitization and reprocessing: Its role in the treatment of dissociative disorders. Paper presented at the Tenth Annual Conference of the International Society for the Study of Multiple Personality and Dissociation, Chicago, October.

Pavlov, I.P. (1927). *Conditioned Reflexes*. G.V. (Trans.). New York: Liveright.

Pellicer, X. (1993). Eye movement desensitization treatment of a child's nightmares: A case report. *Journal of Behavior Therapy and Experimental Psychiatry, 24,* 73–75.

Puk, G. (1991). Treating traumatic memories: A case report on the eye movement desensitization procedure. *Journal of Behavior Therapy and Experimental Psychiatry, 22,* 149–151.

Sanderson, A. & Carpenter, R. (1992). Eye movement desensitization versus image confrontation: A single session crossover study of 58 phobic subjects. *Journal of Behavior Therapy and Experimental Psychiatry, 23,* 269–275.

Shapiro, F. (1989a). Efficacy of the eye movement desensitization procedure in the treatment of traumatic memories. *Journal of Traumatic Stress, 2,* 199–223.

Shapiro, F. (1989b). Eye movement desensitization: A new treatment for post-traumatic stress disorder. *Journal of Behavior Therapy and Experimental Psychiatry, 20,* 211–217.

Shapiro, F. (1990). *Eye Movement Desensitization and Reprocessing: Workshop Manual*. Pacific Grove, CA: EMDR Institute.

Shapiro, F. (1991). Eye movement desensitization & reprocessing procedure: From EMD to EMD/R – a new treatment model for anxiety and related traumata. *Behavior Therapist, 14,* 133–135.

Shapiro, F. (1993). The status of EMDR in 1992. *Journal of Traumatic Stress, 6,* 413–421.

Shapiro, F. (1994a). Alternative stimuli in the use of EMD(R). *Journal of Behavior Therapy and Experimental Psychiatry, 25,* 89.

Shapiro, F. (1994b). EMDR: In the eye of a paradigm shift. *Behavior Therapist, 17,* 153–158.

Shapiro, F. (1995). *Eye Movement Desensitization and Reprocessing: Basic Priples, Protocols, and Prodedures*. New York: Guilford.

Shapiro, F.; Fulcher, G. & Kleinknecht, R. (1993). Research issues in EMDR. Paper presented at the annual conference of the Association for the Advancement of Behavior Therapy, Atlanta, November.

Shapiro, F. & Solomon, R. (1995). Eye movement desensitization and reprocessing: Neurocognitive information processing. In: G. Everley & J. Mitchell (eds.) *Innovations in Disaster and Trauma Psychology*. Elliot City, Maryland: Chevron Publishing.

Silver, S.M.; Brooks, A. & Obenchain, J. (1995). Treatment of Vietnam war veterans with PTSD: A comparison of eye movement desensitization and reprocessing, biofeedback, and relaxation training. *Journal of Traumatic Stress, 8,* 337–342.

Sobell, M.B. & Sobell, L.C. (1973). Individualized behavior therapy for alcoholics. *Behavior Therapy, 4,* 49–72.

Solomon, R. & Kaufman, T. (1992). Eye movement desensitization and reprocessing: An effective addition to critital incident treatment protocols. Paper presented at the International Society for Traumatic Stess Studies Annual Convention, Los Angeles, October.

Solomon, R. & Shapiro, F. (1997). Eye movement desensitization and reprocessing: An effective therapeutic tool for trauma and grief. In: C. Figley (ed.) *Death and Trauma*. New York: Brunner/Mazel.

Spector, J. & Huthwaite, M. (1993). Eye movement desensitisation to overcome post-traumatic stress disorder. *British Journal of Psychiatry, 163,* 106–108.

Thomas, R. & Gafner, G. (1993). PTSD in an elderly male: Treatment with eye movement desensitization and reprocessing (EMDR). *Clinical Gerontologist, 14,* 57–59.

van der Kolk, B.A. (1994). The body keeps the score. *Harvard Review of Psychiatry, 1,* 253–265.

Vaughan, K.; Weise, M.; Gold, R. & Tarrier, N. (1994). Eye movement desensitisation. Symptom change in post-traumatic stress disorder. *British Journal of Psychiatry, 164,* 533–541.

Vogelmann-Sine, S. & Sine, L. (1994). EMDR in the treatment of chemical dependency. Paper presented at the annual EMDR International Conference, Sunnyvale CA, March.

Vogelmann-Sine, S. & Sine, L. (1993). Treating substance abuse with EMDR. Paper presented at the annual EMDR International Conference, Sunnyvale CA, March.

Watkins, J.G. (1992). *Hypnoanalytic Techniques: The Practice of Clinical Hypnosis, Vol.II.* New York: Irvington.

Wernik, U. (1993). The role of the traumatic component in the etiology of sexual dysfunctions and its treatment with eye movement desensitization procedure. *Journal of Sex Education and Therapy, 19,* 212–222.

Wilson, D.; Silver, S.M.; Covi, W. & Foster, S. (1996). Eye movement desensitization and reprocessing: Effectiveness and autonomic correlates. *Journal of Behavior Therapy and Experimental Psychiatry, 27,* 219–229.

Wilson, S.A.; Becker, L.A. & Tinker, R.H. (1995). Eye movement desensitization and reprocessing (EMDR) treatment for psychologically traumatized individuals. *Journal of Consulting and Clinical Psychology, 63,* 928–937.

Wolpe, J. (1982). *The Practice of Behavior Therapy*. New York: Pergamon.

Wolpe, J. & Abrams, J. (1991). Post-traumatic stress disorder overcome by eye movement desensitization: A case report. *Journal of Behavior Therapy and Experimental Psychiatry, 22,* 39–43.

Zager, E.L. & Black, P.M. (1985). Neuropeptides in human memory and learning processes. *Neurosurgery, 17,* 355–369.

Die Bedeutung der kognitiven Faktoren im Rahmen des ‚Eye Movement Desensitization and Reprocessing' (EMDR): Ein Fallbeispiel einer Klientin mit Angst vor Erbrechen[1]

Ad de Jongh, Erik ten Broeke & Karlheinz van der Meer

Einleitung

‚Eye Movement Desensitization and Reprocessing' (EMDR) ist ein psychotherapeutisches Verfahren, das insbesondere für die Therapie von Angstsymptomen nach traumatischen Erlebnissen geeignet ist (Shapiro, 1989b; 1995). Der Anwendungsbereich des EMDR hat sich jedoch im Laufe der Entwicklung ausgeweitet. Neben Traumata mit den Schwerpunkten sexueller Mißbrauch und Gewalt (Shapiro, 1989b; Wolpe & Abrams, 1991) konnten anhand der zunehmenden Erfahrungen Protokolle für die Behandlung von Phobien (De Jongh & Ten Broeke, 1996; Muris & Merckelbach, 1995; Young, 1994), sexuellen Dysfunktionen (Wernik, 1993), Persönlichkeitsstörungen und anderen Störungen der zweiten Achse des DSM-III-R (DSM-IV) erarbeitet werden (Marquis, 1991).

EMDR weicht in vielen Gesichtspunkten von anderen therapeutischen Techniken ab. Ausgehend von der ursprünglichen Form als innovative Desensibilisierungstechnik (EMD; Shapiro, 1989b) geriet mit zunehmender Praxis der Aspekt der kognitiven Umstrukturierung in den Vordergrund. Dies führte zu der Ergänzung des Namens in die heutige Form (EMDR; Shapiro, 1995). Dieser Artikel beschäftigt sich vor allem mit der Ausarbeitung der negativen und positiven Kognition zu Beginn des EMDR-Protokolls. Am Beispiel der Behandlung einer Klientin mit Angst vor Erbrechen werden die kognitiven Veränderungen während der Anwendung von EMDR dargestellt. Anschließend werden mögliche Erklärungsmodelle für die Funktionsweise des EMDR beschrieben.

Ausarbeiten der negativen und positiven Kognition

Wenn Klienten ein klares Ereignis als Auslöser für ihre Ängste nennen können, wird bei der Anwendung des EMDR von der Erinnerung an dieses Ereignis ausgegangen. Der Klient wird gebeten, sich auf eine visuelle Erinnerung an diese Situation zu kon-

---

1. Dieser Artikel ist eine aktuelle Bearbeitung des niederländischen Artikels „Opmerkelijke veranderingen na één zitting met Eye Movement Desensitization and Reprocessing: een geval van angst voor misselijkheid en braken" von A. de Jongh und E. ten Broeke, der 1994 in der niederländischen Zeitschrift „Directieve Therapie„ erschien.

zentrieren. Sollte dies nicht möglich sein, kann auch von einem Bild des letzten oder stärksten Auftretens der damit verbundenen Symptome ausgegangen werden. Aufbauend auf dieser visuellen Vorstellung wird eine negative Kognition erarbeitet. Ziel ist es, eine aktuell gültige Kognition zu ermitteln, die auf der Repräsentation dieses Ereignisses beruht und die der Klient auf sich selbst bezieht. Wichtig ist, daß es sich dabei nicht um Gefühle („Ich bin traurig") oder Beschreibungen des Ereignisses („Ich wurde zusammengeschlagen") handelt, sondern um eine aktuelle Selbstdefinition, die der Klient seit der traumatischen Situation als zutreffend empfindet. Ein Zugang dazu kann die Frage: „Wenn Sie dieses Bild vor sich sehen, welche Worte passen am besten dazu?" sein, Beispiele dafür sind: „Ich mache immer alles falsch", „Ich bin ein Versager" oder „Ich bin es nicht wert".

Als Gegenstück wird anschließend nach einer positiven Kognition gesucht, die die negative Kognition ersetzen kann. Auch hierfür gelten die beschriebenen Kriterien. Zugang zu der positiven Kognition kann die Frage: „Was würden Sie lieber über sich selbst in dieser Situation denken?" sein, Beispiele dafür sind: „Ich habe mich unter Kontrolle", „Ich habe mein Bestes getan" oder „Ich bin es mir wert". Die negative Kognition kann dabei als Gegenpol hilfreich sein. Negative Formulierungen sollten dabei vermieden werden, da sie die Aufmerksamkeit auf das lenken, was überwunden werden soll, anstatt das angestrebte Ziel auszudrücken. Nach dem Erarbeiten der Inhalte der Kognitionen wird der Klient nach der Glaubwürdigkeit der positiven Kognition für die eigene Person gefragt. Dies geschieht mit Hilfe einer 7-stufigen Skala, auf der der Klient angibt, inwieweit die Kognition als „wahr" erlebt wird („Validity of Cognitions", VOC; 1 = absolut unwahr; 7 = vollkommen richtig, Shapiro, 1989b). Anschließend wird der Klient gebeten, den aktuellen Grad der Belastung durch die Erinnerung an die traumatische Situation und die damit verbundenen Gefühle einzuschätzen. Hierfür wird eine 11-stufige Skala verwendet („Subjective Units of Disturbance", SUD; 0 = keine Belastung; 10 = maximal mögliche Belastung, Wolpe, 1990).

Vor der Durchführung der Augenbewegungen wird der Klient aufgefordert, sich nochmals auf das Bild der Situation und die dabei entstehenden Gefühle zu konzentrieren und den Händen des Therapeuten zu folgen. Für eine Beschreibung der weiteren Schritte des EMDR verweisen wir auf die entsprechenden Kapitel dieses Buches von Eschenröder bzw. die Literatur (De Jongh & Ten Broeke, 1996; Eschenröder, 1995; Shapiro, 1995).

Bedeutung der Kognitionen für die Anwendung des EMDR

Für den Effekt des EMDR haben die ausgearbeiteten Kognitionen große Bedeutung. Durch die Kognitionen findet eine Problemumschreibung und eine Zieldefinition statt, die als Basis für den Veränderungsprozeß dient, der durch EMDR angestrebt wird. Der Ablauf des EMDR ist darauf ausgerichtet, die negative Kognition zu desensibilisieren und durch die positive Kognition zu ersetzen. Die Kognitionen bilden dadurch den Rahmen, in dem der Prozeß des EMDR angewandt wird.

Wie schon beschrieben, ist es bei dem Herausarbeiten der Kognitionen wichtig, daß die Aspekte der aktuellen Gültigkeit, des Auf-sich-selbst-Beziehens und der Generalisierung über die traumatische Situation hinaus im Vordergrund stehen. Die negative Kognition entspricht dabei in erster Linie einer Interpretation der traumatischen Situation und deren Folgen durch den Klienten. Sie repräsentiert eine Selbsteinschätzung, die durch das traumatische Erlebnis definiert wird und die die Konsequenzen deutlich werden läßt. Durch die verallgemeinerte Form einer „Ich bin ..."- Aussage, gibt sie dem Klienten die Gelegenheit, die Irrationalität der negativen Kognition zum jetzigen Zeitpunkt wahrzunehmen, auch wenn sie zum Zeitpunkt des Traumas angemessen gewesen ist. Die positive Kognition kann hier die Möglichkeit einer Alternative aufzeigen, die unter Umständen bisher noch nicht wahrgenommen wurde. Für den therapeutischen Prozeß spielen die Kognitionen nicht nur als sachlicher Rahmen eine Rolle, sondern zeigen auch eine Perspektive als Ziel der Anwendung des EMDR auf (Shapiro, 1995, S. 56 ff.). Der hohe Aufwand, der vielfach notwendig ist, um eine negative und positive Kognition für den Klienten spürbar zutreffend zu formulieren, ist deshalb in jedem Fall gerechtfertigt.

Falldarstellung

Marja Brink[1] ist eine dreißigjährige Frau, die seit ihrer Jugend unter Angst vor Übelkeit und Erbrechen leidet. Sie wurde von einem Psychologen mit dem Ziel einer EMDR-Behandlung überwiesen. Wegen ihrer Angstbeschwerden war sie bisher noch nicht behandelt worden. Eine erste Inventarisierung des Problems ergibt, daß ihre Angst vor Übelkeit stark an das Gefühl von Machtlosigkeit gekoppelt ist. Angst vor Übelkeit tritt in Situationen auf, in denen sie feststellt, daß es ihr schwerfallen würde, sich zurückzuziehen oder „etwas anders zu machen". Als Beispiele nennt sie eine Bootstour, das „Ja-Wort" beim Standesamt, die Tatsache, schwanger zu sein, mit jemandem zu tanzen oder mit jemandem Essen zu gehen. Sie beschreibt ihre Beschwerden als Angst davor, „sich zu übergeben". Das Auftreten von Unwohlsein ruft bei ihr das Gefühl von Machtlosigkeit hervor, das wiederum ihre Übelkeit verstärkt. Sie sagt dazu: „Wenn mir übel ist, hab' ich auch das Gefühl, daß es 'raus muß, da kann ich nichts dran machen". Diese Angst hat ihr Leben mehr und mehr beherrscht. Darüber hinaus macht sich Marja oft Sorgen über sehr verschiedene Dinge: „daß etwas Schlimmes passiert", „daß es Krieg gibt" oder „daß es bergab geht mit der Welt".

Es zeigt sich, daß Marja Brink in den Situationen, in denen sie befürchtet, die Kontrolle zu verlieren, oft an ein Ereignis denken muß, das sie im Alter von vier bis fünf Jahren erlebt hatte. Sie war mitten in der Nacht wach geworden, hatte sich sehr unwohl gefühlt und einige Stunden in ihrem Kinderstuhl vor der WC-Schüssel gesessen, bevor sie sich übergeben konnte. Sie sagt dazu: „Wenn mir schlecht ist, dann sehe ich dieses Bild wieder vor mir, dann spüre ich so ein übles Gefühl, dann schmecke ich mein Erbrochenes in meinem Mund und höre es in die Toilettenschüssel platschen". Das Zurückdenken an diese Situation gibt ihr ein extrem einsames Gefühl. Sie beschreibt eine zweite Erinnerung an Übelkeit während eines Urlaubes im Ausland. Auch bei diesem Ereignis erinnert sie sich daran, wie ihr nachts übel war und sie lange darauf warten

---

1. Name wurde geändert.

mußte, sich übergeben zu können. Eine dritte Erinnerung bezieht sich auf eine Situation in der sie als Sechzehnjährige an einem „Miss"-Wettbewerb eines Mannequin-Kurses teilnehmen sollte. Sie war sehr nervös gewesen und hatte ihre Teilnahme aufgrund ihrer Angst vor Übelkeit und Erbrechen abgesagt.

Zum jetzigen Zeitpunkt ist Marja Brink mehrmals pro Woche unwohl. Dies ist ungefähr seit ihrem zwanzigsten Lebensjahr unverändert geblieben. Sie hatte damals während einer sogenannten Regressionstherapie erneut große Angst und Übelkeit, zusammen mit dem Gefühl sterben zu wollen, empfunden.

Um den Effekt des EMDR feststellen zu können, werden der Klientin vorab die Symptom-Check-Liste SCL-90 vorgelegt (Arrindell & Ettema, 1986). Auf den Skalen Angst, Agoraphobie und Depression lagen die Ergebnisse in der Eingruppierung „hoch", auf der Skala Psychoneurotizismus in der Einstufung „überdurchschnittlich" (Gesamtsumme 144; Normgruppe II: normale Population) (siehe Grafik 1).

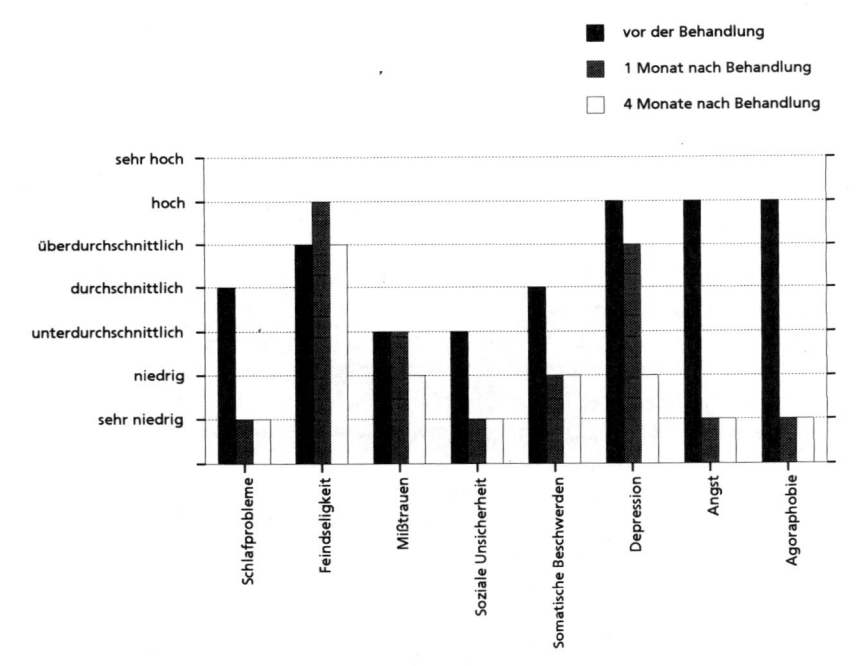

Graphik 1: *Ergebnisse des SCL-90 vor- und nach einer Therapiesitzung mit Durchführung des EMDR (Normgruppe 2)*

Anwendung des EMDR

Als negative Kognition, die am besten zu dem intensivsten Bild der Klientin (im Alter von vier bis fünf Jahren vor einer WC-Schüssel) paßt, nennt Marja Brink: „Ich bin jemand, die sich nicht traut, sich zu übergeben". Sie fügt hinzu: „und das darf niemand wissen". Als erwünschte, positive Kognition kommt sie zu der Aussage: „Ich bin jemand, die sich traut, Angst davor zu haben, sich zu übergeben". Der Punktwert auf der VOC-Skala für die Glaubwürdigkeit dieser Kognition beträgt 4. Sie sagt dazu: „Ich kann mir zwar vorstellen, jemand zu sein, die sich traut, Angst zu haben, ich traue mich nur noch nicht, so jemand zu sein". Als Einschätzung der Belastung, die sie bei dem Bild und den damit verbundenen Gefühle empfindet, gibt sie auf der SUD-Skala den höchsten Wert 10 an. Um einen Eindruck des weiteren Ablaufes der Therapiesitzung zu geben, folgt hier der Wortlaut der ersten neun Minuten, beginnend mit der Erklärung des Verfahrens.

Therapeut: Ich erkläre Ihnen noch einmal den Ablauf. Ich bitte Sie, Ihre ganze Aufmerksamkeit auf das unangenehme Ereignis zu richten und sich gleichzeitig den Satz „Ich bin jemand, die sich nicht traut, sich zu übergeben" vor Augen zu halten. Gehen sie bitte wieder so weit wie möglich in das Bild zurück, das Sie von der Situation haben und vergegenwärtigen Sie sich die negative Kognition, die wir gerade besprochen haben. Ich werde dabei meine Hand vor Ihren Augen hin- und herbewegen, und möchte Sie bitten, mit Ihren Augen den Bewegungen meiner Hand zu folgen. Während der Pausen schließen Sie bitte Ihre Augen, atmen einmal tief durch und lassen das Bild los.
Klientin: Wie lange wird das ungefähr dauern?
Th.: Anfangs werde ich meine Hände 24mal hin- und herbewegen. Achten Sie darauf, was sich verändert. Sehr oft kann dabei ein Gefühl in Ihrem Kopf oder in Ihren Beinen entstehen, oder ein anderes Bild, oder auch dasselbe, das ist egal. Achten Sie vor allem darauf, ob sich etwas verändert und wenn ja, was sich dabei verändert.
Kl.: Wenn das zwischendurch passiert, soll ich das dann gleich sagen, oder soll ich damit warten?
Th.: Nein, warten Sie einfach bis ich meine Handbewegungen beendet habe.
Kl.: Soll ich versuchen, das Bild vor meinen Augen zu haben?
Th.: Ja, versetzen Sie sich noch einmal zurück in das Bild zu dem damaligen Zeitpunkt und an den entsprechenden Ort, während Sie den Satz zu sich selber sagen. O.K.?
Kl.: O.K.

SET I

Kl.: (Lacht) Oh, das ist schwer.
Th.: Was ist jetzt?
Kl.: Es wird mir schrecklich warm. Und ich muß fürchterlich lachen und weiß nicht warum. Und ich kriege so'ne Stimme in meinen Kopf: „Ich hab' gar keine Angst, wie kommst Du darauf?" Und ich seh' allerlei Bilder von Geburtstagen und Nikolaus.
Th.: Bleiben Sie dabei.

SET II

Kl.: (Lacht) Ich fühl' so was wie: „Das klappt nicht, das funktioniert nicht". Ich kann meine Gedanken nicht darauf konzentrieren.
Th.: Das macht nichts. Worauf können Sie Ihre Gedanken konzentrieren?

Kl.: Mir bricht der Schweiß aus!
Th.: Konzentrieren Sie sich auf dieses schweißtreibende Gefühl.

SET III

Kl.: Ja, ich weiß nicht. Vielleicht das Gefühl, das darunter ist. Das Gefühl – ääh – eigentlich hab' ich einfach Angst, da zu sein. Das Leben ist einfach unheimlich.
Th.: Bleiben Sie dabei.

SET IV

Kl.: (Zieht die Schultern hoch) Nichts.
Th.: Leer?
Kl.: Ja.
Th.: Keine Bilder, kein Gefühl?
Kl.: Das einzige, was bei mir dabei hochkommt, ist: „Du kannst selber wählen, immer".
Th.: Bleiben Sie dabei.

SET V

Kl.: Ja, ich denke an früher, wie ich mich immer fühlte als ich ganz klein war. Ich denke gerade, eigentlich bin ich keine, die Angst hat. Ich sehe mich immer als jemand, die schnell Angst hat, aber ich war immer ganz sorglos. Eigentlich bin ich das: sorglos! Und dann denk' ich: „Ich werd' schon sehen, was passiert".
Th.: Bleiben Sie dabei.

SET VI

Kl.: Ja, dasselbe.
Th.: Gut, bitte gehen Sie noch mal zurück, zu dem allerersten Bild, das Sie eben hatten. Sehen Sie es vor sich?
Kl.: (Lacht) Ja, ich muß eigentlich darüber lachen. Ich hab so 'n Eindruck, ja, man könnte es auch als eine Art „Lachfilm" sehen, so'n armes, kleines, Männchen. Ja, man kann auch darüber lachen.
Th.: Wenn Sie sich jetzt wieder eine Skala von 0–10 vorstellen, wieviel Angst ruft es dann bei Ihnen hervor?
Kl.: Na 1 oder so, noch nicht mal, ein bißchen neutral. Mehr so ein Gefühl wie: „Ach Gott, ich setz mich mal kurz zu Dir und tröste Dich". So in die Richtung.
Th.: Das ist eine große Veränderung.
Kl.: Ja, ich denk' jetzt gerade wieder, wenn ich das Bild seh': „Oh ja, das ist der blaue Stuhl, auf dem hatte ich immer meinen Lippenstift liegen". Ich komme nicht mehr an das Gefühl 'ran. Nee, das klappt nicht. Aber das hatte ich schon das erste Mal, nachdem Sie das (macht eine Armbewegung) machten.
Th.: Wenn Sie jetzt noch mal zurückgehen zu dem Ausdruck: „Ich bin jemand, die sich traut, Angst davor zu haben, sich zu übergeben", wie glaubwürdig wäre das auf einer Skala von 1 bis 7?
Kl.: Ich kann schlecht 7 sagen, weil so einfach kann das nicht sein, aber ich denk' doch, daß es 7 ist. Mir kommen so allerlei Dinge in den Kopf wie: „Da hab' ich

mich eigentlich schon getraut und da traue ich mich eigentlich schon, glaub' ich das schon". Ja, doch 7.

Insgesamt werden noch zehn weitere ‚Sets of Eye-Movements' durchgeführt. Danach wird die Sitzung mit den weiteren Schritten des EMDR-Verfahrens zu Ende geführt. Die Klientin ist sehr zufrieden. Sie hält eine weitere Sitzung nicht für erforderlich. Es wird vereinbart, daß die Klientin erneut Kontakt aufnimmt, sobald es wieder einen Anlaß dafür gibt. Dies könnte zum Beispiel das erneute Auftreten von stark belastenden Bildern oder ein erneutes Gefühl von Übelkeit sein. Weiterhin wird vereinbart, daß die Klientin nach einiger Zeit noch ein zweites Mal eine Reihe von Fragebögen ausfüllt.

Beim Ausfüllen des SCL-90 einen Monat nach der Behandlung zeigt sich, daß die Punktwerte auf den Skalen Angst und Agoraphobie auf Werte der niedrigsten Einstufung (‚sehr niedrig') gesunken sind (siehe Grafik 1). Der Gesamtwert für Psychoneurotizismus ist ebenfalls in die Eingruppierung ‚niedrig' gesunken (Gesamtsumme 106). Die Klientin schreibt einen Monat nach der Behandlung in einem Brief, daß sie in der Nacht nach der Therapie sehr unruhig geschlafen hatte. Es seien viele Bilder durch ihren Kopf gegangen. Sie schreibt, nach der Therapie keine Übelkeit mehr verspürt zu haben und ergänzt: „Ich habe jetzt ein nüchternes Gefühl im Hinblick auf Erbrechen. Wenn es nötig ist – o.k., dann habe ich keine Schwierigkeiten damit". Eine Follow-up-Untersuchung nach vier Monaten ergibt vergleichbare Werte (SCL-90: Psychoneurotizismus = 103). Bei einem telefonischen Kontakt nach Ablauf mehrerer Jahre berichtet Marja Brink, auch weiterhin keine Probleme mehr mit Angst vor Übelkeit oder Erbrechen gehabt zu haben.

Erklärungsmodelle für die Wirkung des EMDR

Dies ist eine Falldarstellung in der, wie auch in einer Reihe weiterer publizierter Fallbeschreibungen, eine einzige Anwendung von EMDR ausreichte, um die Angstbeschwerden der Klientin deutlich zu verringern (Shapiro, 1989a; Wernik, 1993; Hassard, 1993; Ten Broeke & De Jongh, 1995). Obwohl die Funktionsweise noch nicht geklärt ist, wird die schnelle desensibilisierende und umstrukturierende Wirkung des EMDR deutlich. Der angstauslösende Charakter der negativen Bilder war bereits nach sechs ‚Sets of Eye-Movements' auf ein sehr niedriges Niveau gesunken, die positive, erwünschte Kognition wurde als „wahr" eingestuft. Das ursprüngliche Bild wurde deutlicher, so daß auch andere Aspekte derselben Situation erinnert wurden (blauer Stuhl, Lippenstift). Dies sind Resultate, die vielfach bereits zu Beginn der Anwendung des EMDR auftreten.

Als Erklärung für diese bemerkenswerten Ergebnisse des EMDR sind verschiedene Hypothesen möglich. Zum einen kann der Aspekt der visuellen Konfrontation mit den Bildern der traumatischen Erinnerung eine entscheidende Rolle spielen, auf der anderen Seite sind auch neurophysiologische Prozesse als entscheidender Faktor denkbar.

Merckelbach, Hogervorst & Kampman (1993) gehen davon aus, daß die angstreduzierende Wirkung des EMDR auf der Auslöschung des visuellen Gedächtnisses an die traumatische Situation durch den ablenkenden Auftrag der Augenbewegungen beruht.

Das dargestellte Fallbeispiel unterstützt diese Hypothese jedoch nicht, da die Erinnerung an das traumatische Erlebnis durch das EMDR intensiviert wurde (blauer Stuhl, Lippenstift). Ein weiterer Aspekt ist die Tatsache, daß es durch die erneute Konfrontation mit der traumatischen Situation in einem neutralen Rahmen zu einer Abschwächung der Angstreaktion kommt. Für eine vollständige Habituation geht man jedoch davon aus, daß eine längere Konfrontation mit dem Reiz erforderlich ist (siehe Chaplin & Levine, 1980). Die relativ kurze Zeit, die ein Klient gebeten wird, sich die ursprüngliche, angstauslösende Situation vorzustellen, macht diese Hypothese, auch wenn die Exposition mit ablenkenden Reizen kombiniert wird (siehe Merckelbach, 1993), wenig wahrscheinlich.

In einer vorangehenden Publikation (Ten Broeke & De Jongh, 1993) wurde der Versuch unternommen, die Effekte des EMDR in der Terminologie einer kognitiven Interpretation der klassischen Konditionierung, entsprechend der UCS-Evaluationstheorie von Davey (1992) zu sehen. Nach dieser Theorie kommt es bei einer Konditionierung nicht allein zu einer Verbindung zwischen dem konditionierten Stimulus (CS) und der konditionierten Reaktion (CR), sondern auch zu einer Verbindung zwischen dem konditionierten Stimulus (CS) und dem unkonditionierten Stimulus (UCS). Die Stärke der CR ist dabei nicht allein von der assoziativen Stärke der CS-UCS Verbindung (im Sinne einer „reflexartigen" CR) abhängig, sondern auch von der kognitiven Evaluation des UCS. Durch die Konfrontation mit dem CS kommt es zu einer kognitiven Repräsentation des UCS. Dies führt zu einer kognitiven Evaluation des UCS hinsichtlich dessen Bedrohlichkeit. Das Ergebnis dieser Evaluation bestimmt daraufhin die Stärke der CR. Dieser Prozeß wird mit dem Begriff Signallernen beschrieben. Obwohl diese Erklärung in einer Anzahl Punkten auch auf das EMDR zutreffend erscheint, bleibt noch unklar, wie die Evaluation des UCS durch EMDR beeinflußt wird.

Im Gegensatz zu Davey's UCS-Evaluationshypothese bietet das durch Foa und Kozak propagierte Informationsverarbeitungsmodell für Posttraumatische Belastungsstörungen mehr Ansatzpunkte (Foa & Kozak, 1986; Foa, Steketee & Rothbaum, 1989). Nach dieser Theorie müssen zwei Bedingungen erfüllt sein, bevor eine Angst verringert werden kann:

1. Die Angst muß aktiviert sein und
2. neue Informationen müssen verfügbar sein, um Elemente, die nicht mit dem Konzept der Angst vereinbar sind, mit Elementen aus der Struktur der Angst zu verbinden. Dadurch wird der Aufbau neuer Erinnerungen ermöglicht.[1]

Foa und Kozak gehen davon aus, daß sich durch die systematische Konfrontation mit der traumatischen Erinnerung in einer sicheren Umgebung die Bedeutung dieser Erinnerung verändert. Auch wenn dieses Modell verschiedene Dinge im Zusammenhang mit den kognitiven Veränderungen plausibel erklärt, bleibt doch offen, warum diese Veränderungen bei EMDR so schnell stattfinden. In dem Fallbeispiel veränderte sich

---

1. „New information must be provided to include elements that are incompatible with some of those that exist in the fear structure, so that a new memory can be formed." (Foa, Steketee & Rothbaum, 1989, S. 167).

die negative Kognition („Ich habe Angst, mich zu übergeben") bereits nach einem Set Augenbewegungen in eine positive Selbstaussage („Ich hab' gar keine Angst, wie kommst Du darauf?").

Kognitive Therapeuten, wie z.B. Meichenbaum, gehen davon aus, daß die Angst der Klienten durch negative oder katastrophale Selbstaussagen (‚self-statements') verursacht wird. Techniken wie die Selbstinstruktion sind daher darauf ausgerichtet, negative Selbstaussagen durch positive zu ersetzen, um so die Angst zu vermindern (Meichenbaum, 1975). Die Veränderungen, die durch EMDR erzielt werden, sind mit den Veränderungen nach erfolgreicher kognitiver Therapie zu vergleichen. Die positiven Selbstaussagen prägen sich während des EMDR jedoch eher spontan in das Bewußtsein der Klienten ein, während dies im Rahmen der kognitiven Therapie kontrollierter geschieht.

Shapiro geht in erster Linie von einem neurophysiologischen Erklärungsmodell des EMDR aus (Shapiro, 1995). Aufbauend auf den klinischen Erfahrungen sieht sie die Funktionsweise des EMDR im Rahmen eines ‚Accelerated Information Processing' Modells (AIP). Dieses Modell geht von einer intensivierten Informationsverarbeitung aus, die durch EMDR stimuliert wird und auf der Terminologie der neurophysiologischen Informationsverarbeitung nach Bower (1981) und Lang (1979) basiert. Shapiro beschreibt dieses Modell als einen physiologischen Mechanismus, der, ähnlich einem Selbstheilungsprozeß, die Bearbeitung von traumatischen Erfahrungen ermöglicht, die zuvor nicht zugänglich waren (Shapiro, 1995). Die schnellen Augenbewegungen könnten dabei aufgrund der damit verbundenen saccadischen Stimulation beider Gehirnhälften als Auslöser in Frage kommen. Taktile Reize (wechselseitiges Berühren der beiden Hände des Klienten) oder auditive Reize (wechselseitiges Schnipsen neben dem rechten und linken Ohr des Klienten) sind dabei als Auslöser ebenso wirksam wie Augenbewegungen.

Als entscheidenden Faktor in diesem Modell sieht Shapiro den räumlich-physiologischen Weitertransport von Informationen zwischen den beiden Gehirnhälften. Bisher isolierte Informationen werden so in Kontakt mit den aktuell verfügbaren adaptiven Informationen gebracht. Die verschiedenen Wahrnehmungen, die Klienten zwischen den einzelnen „Set's of Eye-Movement" nennen, können als Indiz für diesen Weitertransport aufgefaßt werden. Sie signalisieren dadurch die schrittweise Aufarbeitung der negativen Informationen. Als Ergebnis dieses Prozesses geht Shapiro von dem Aufbau eines neuen Gleichgewichts aus, das zuvor durch die traumatische Erfahrung zerstört worden ist. Shapiro betont jedoch ausdrücklich, daß es sich bei dieser Erklärung des EMDR um eine Arbeitshypothese handelt, die durch weitergehende Untersuchungsergebnisse und Erfahrungen modifiziert und erweitert werden kann (Shapiro, 1995, S. 28 ff.).

Auch wenn die Funktionsweise des EMDR noch nicht zufriedenstellend geklärt ist, sind die Ergebnisse beeindruckend. Wie auch in anderen Fallbeschreibungen (Kleinknecht & Morgan, 1992; De Jongh, Ten Broeke & van der Meer, 1995; Hofmann, 1996), ging es auch in dem hier dargestellten Fall um ein seit Jahren bestehendes Problem. Die Resultate des EMDR sind um so bemerkenswerter, wenn man bedenkt, daß die in der Literatur genannten Voraussetzungen für eine effektive Therapie, eine deutliche und transparente Beziehung, klare Strukturen, Arbeitsaufträge (Hausaufgaben) und das Trainieren von Coping-Fähigkeiten (siehe z.B. Zeiss, Lewinsohn & Munoz, 1979; Emmelkamp, 1986) nur in eingeschränktem Maße vorausgesetzt werden.

Im Verlauf der letzten Jahre wurden immer mehr wissenschaftliche Untersuchungen und kontrollierte Studien zu einer Klärung der Grundlagen des EMDR durchgeführt (Shapiro, 1996). Die genauere wissenschaftliche Erforschung der Wirkungsweise ist eine für die Anwendung notwendige Unterstützung; dies um so mehr, da sich die Effizienz dieser Technik im Laufe der Entwicklung stets deutlicher zeigt.

Literatur

Arrindell, W.A. & Ettema, J.H.M. (1986). SCL-90, *Handleiding bij een multidimensionale psychopathologie indicator.* Lisse: Swets & Zeitlinger.

Boudewijns, P.A., Swertka, S.A., Hyer, S.A., Albrecht, J.W. & Sperr, E.V. (1993). Eye movement desensitization for PTSD of combat: A treatment outcome pilot study. *The Behavior Therapist, 16,* 2–7.

Bower, G.H. (1981). Mood and memory. *American Psychologist, 36,* 129–148.

Chaplin, E.W. & Levine, B.A. (1980). The effects of total exposure duration and interrupted versus continuous exposure of flooding. *Behavior Therapy, 12,* 360–368.

Davey, G.C.L. (1992). Classical conditioning and the acquisition of human fears and phobias: A review and synthesis of the literature. *Advances in Behavior Research and Therapy, 14,* 29–66.

De Jongh, A. & Ten Broeke, E. (1993). Een nieuw behandelingsmethode voor angst en trauma's: ‚Eye movement desensitization and reprocessing'. *Directieve Therapie, 13,* 161–170.

De Jongh, A. & Ten Broeke, E. (1996). Eye movement desensitization and reprocessing (EMDR): Een procedure voor de behandeling van aan trauma gerelateerde angst. *Tijdschrift voor Psychotherapie, 22,* 93–114.

De Jongh, A., Ten Broeke, E. & van der Meer, K. (1995). Eine neue Entwicklung in der Behandlung von Angst und Traumata: „Eye Movement Desensitization and Reprocessing (EMDR)". *Zeitschrift für Klinische Psychologie, Psychopathologie und Psychotherapie, 43,* 226–233.

Emmelkamp, P.M.G. (1986). Cognitieve en gedragstherapeutische interventies bij depressie: een overzicht. *Directieve Therapie, 6,* 116–133.

Eschenröder, C.T. (1995). Augenbewegungsdesensibilisierung und Verarbeitung traumatischer Erinnerungen – eine neue Behandlungsmethode. *Verhaltenstherapie und psychosoziale Praxis, 27,* 341–373.

Foa, E.B. & Kozak, M.J. (1986). Emotional processing of fear: Exposure to corrective information. *Psychological Bulletin, 99,* 20–35.

Foa, E.B., Steketee, G. & Rothbaum, B.O. (1989). Behavioral/cognitive conceptualizations of post-traumatic stress disorder. *Behavior Therapy, 20,* 155–176.

Goldstein, A.J. & Feske, U. (1994). Eye movement desensitization and reprocessing for panic disorder: A case series. *Journal of Anxiety Disorders, 8,* 351–362.

Hassard, A. (1993). Eye movement desensitization of body image. *Behavioural Psychotherapy, 21,* 157–160.

Hofmann, A. (1996). EMDR – eine neue Methode zur Behandlung posttraumatischer Belastungsstörungen. *Psychotherapeut, 41,* 368–372.

Kleinknecht, R.A. (1993). Rapid treatment of blood and injection phobias with eye movement desensitization. *Journal of Behavior Therapy and Experimental Psychiatry, 24,* 211–217.

Kleinknecht, R.A. & Morgan, M.P. (1992). Treatment of posttraumatic stress disorder with eye movement desensitization. *Journal of Behavior Therapy and Experimental Psychiatry, 23*, 43–49.

Lang, P.J. (1979). A bioinformational theory of emotional imagery. *Psychophysiology, 16*, 495–512.

Leeds, A. (1992). Selection criteria for negative and positive cognitions in EMDR. *EMDR Network Newsletter, 2*, 12–15.

Marquis, J.N. (1991). A report on seventy-eight cases treated by eye movement desensitization. *Journal of Behavior Therapy and Experimental Psychiatry, 22*, 187–192.

Meichenbaum, D.H. (1975). Self-instructional methods, In: F.H. Kanfer & A.P. Goldstein (ed.). *Helping people change.* New York: Pergamon.

Merckelbach, H. (1993). ‚Eye movement desensitization and reprocessing': kanttekeningen bij De Jongh en Ten Broeke. *Directieve Therapie, 13*, 172–176.

Merckelbach, H., Hogervorst, E. & Kampman, M. (1993). Geen ondermijnend effect van ‚Eye Movement Desensitization' op het visueel geheugen. *Directieve Therapie, 13*, 313–321.

Merckelbach, H., Hogervorst, E., Kampman, M. & De Jongh, A. (1994). Effects of „eye movement desensitization" on emotional processing in normal subjects. *Behavioural and Cognitive Psychotherapy, 22*, 331–335.

Muris, P. & Merckelbach, H. (1995). Treating spider phobia with eye-movement desensitization and reprocessing: Two case reports. *Journal of Anxiety Disorders, 9*, 439–449.

Shapiro, F. (1989a). Efficacy of the eye movement desensitization procedure in the treatment of traumatic memories. *Journal of Traumatic Stress, 2*, 199–223.

Shapiro, F. (1989b). Eye movement desensitization: A new treatment for post-traumatic stress disorder. *Journal of Behavior Therapy and Experimental Psychiatry, 20*, 211–217.

Shapiro, F. (1995). *Eye movement desensitization and reprocessing: Basic principles, protocols, and procedures.* New York: The Guilford Press.

Shapiro, F. (1996). Eye movement desensitization and reprocessing (EMDR): Evaluation of controlled ptsd research. *Journal of Behavior Therapy and Experimental Psychiatry, 27*, 209–218.

Silver, S.M., Brooks, A. & Obenchain, J. (1995). Treatment of Vietnam war veterans with PTSD: A comparison of eye movement desensitization and reprocessing, biofeedback, and relaxation training. *Journal of Traumatic Stress, 8*, 337–342.

Ten Broeke, E. & De Jongh, A. (1993). ‚Eye-movement-desensitization and reprocessing' (EMDR): praktische toepassing en theoretische overwegingen. *Gedragstherapie, 26*, 233–254.

Ten Broeke, E. & De Jongh, A. (1995). Eye movement desensitization and reprocessing ‚gewoon' imaginaire exposure? *De psycholoog, 30*, 459–464.

Wernik, U. (1993). The role of the traumatic component in the etiology of sexual dysfunctions and its treatment with eye movement desensitization procedure. *Journal of Sex Education and Therapy, 19*, 212–222.

Wolpe, J. (1990). *Practice of behavior therapy (4th ed.).* New York: Pergamon Press.

Wolpe, J. & Abrams, J. (1991). Post-traumatic stress disorder overcome by eye-movement desensitization: A case report. *Journal of Behavior Therapy and Experimental Psychiatry, 22*, 39–43.

Young, W. (1994). EMDR treatment of phobic symptoms im multiple personality. *Dissociation, 7*, 129–133.

Zeiss, A.M., Lewinsohn, P.M. & Munoz, R.F. (1979). Non-specific improvement effects in depression using interpersonal skills training, pleasant activity schedules, or cognitive training. *Journal of Consulting and Clinical Psychology, 47*, 427–439.

EMDR in der Therapie
psychisch traumatisierter Kinder

Oliver Schubbe

1. Einführung

Die Kindheit, vor allem die ersten Jahre, gelten als die Zeit, in welcher die menschliche Psyche im Tiegel der Lebenserfahrung grundlegend geformt und geprägt wird. Extremerfahrungen können auch die relativ stabile Psyche eines Erwachsenen in pathologischem Maße beeinträchtigen. Im Kindesalter wirken sie sich besonders stark auf die Entwicklung der Gesamtpersönlichkeit aus (Pynoos et al., 1995). Ausgehend von einer entwicklungspsychologischen Perspektive werden in diesem Beitrag allgemeine Prinzipien der Traumatherapie bei Kindern und Möglichkeiten beschrieben, EMDR mit Kindern zu praktizieren.

Mehrere Fallstudien haben gezeigt, daß EMDR für Kinder mindestens ebenso hilfreich ist wie für Erwachsene (Chemtob, 1996; Cocco & Sharpe, 1993; Greenwald, 1993, 1994; Pellicer, 1993; Puffer et al., 1996; Scheck et al., 1996; Shapiro, 1991; 1995, S. 276–281).

2. Psychische Traumatisierung und ihre Folgen für die kindliche Entwicklung

Psychische Traumatisierung im Kindesalter kann als eine das Kind in seiner psychischen Entwicklung überfordernde Lebenserfahrung verstanden werden, der es wehrlos, hilflos und unentrinnbar ausgeliefert ist, wie bei körperlicher Mißhandlung, sexuellem Mißbrauch, bestimmten Formen der Vernachlässigung, beim Verlust der Eltern, bei Unfällen und Katastrophen. In einer solchen Situation überfluten starke innere und äußere Eindrücke die kindliche Wahrnehmung. Kinder haben weniger Möglichkeiten als Erwachsene, belastende Erfahrungen psychisch abzuwehren und zu bewältigen. Situationen, die für Erwachsene noch angemessen und vielleicht sogar besonders erregend sind, können möglicherweise die Psyche eines Kindes bereits überfordern und überfluten.

Traumatische Sinneserfahrungen und damit verbundene Gedanken, Gefühle, Körperempfindungen und Verhaltensmuster können aufgrund der Überlastung der Sinnessysteme nicht mehr auf gewohnte Weise ins Gedächtnis eingeordnet werden. Es fehlt dann die Verarbeitungskapazität, um die neuen Erfahrungen bereits bestehenden Kategorien und Schemata richtig zuzuordnen oder gegebenenfalls neue zu bilden. Psychische Symptome treten auf, wenn derart unvollständig zugeordnete Erinnerungen gezielt oder unwillkürlich aus dem Gedächtnis abgerufen werden. Bewältigungsstrategien solcher Symptome können selbst eine Störung bilden, wenn sie sich im Alltag als dysfunktional erweisen.

Sinneserfahrungen aus traumatischen Situationen kehren als Flashbacks (unkontrollierbar auftauchende Erinnerungsbilder) wieder; aus der traumatischen Situation stammende Gedanken werden zu negativen Überzeugungen über die eigene Person; zum Zeitpunkt des Traumas angemessene Gefühle und Körperempfindungen verunsichern, indem sie sich plötzlich in allen möglichen Gegenwartssituationen wiederholen; und unverarbeitete Verhaltensmuster aus der traumatischen Erfahrung können zu sogenannten Reinszenierungen führen: zu Wiederholungen von Verhaltensmustern aus der traumatisierenden Situation in Opfer-, Täter- oder Helferrolle.

Kinder bilden im Verlauf ihrer Entwicklung nach und nach kognitive Schemata, in welche sie neue Erfahrungen aufnehmen und einordnen (Assimilation), die sie aber auch erweitern und ergänzen können (Akkomodation). Traumatische Erinnerungen überfordern die altersgemäße Fähigkeit des Kindes, neue Eindrücke in symbolische und sprachliche Schemata einzuordnen, z.B. in das Realitätsschema (Zu wissen: „Es ist wirklich passiert"), ins Selbstbild („Ich war es, dem es passiert ist") oder ins Zeitschema („Es ist vorbei"). Besonders schwer können Kinder die Verantwortung für die Traumatisierung richtig zuordnen. Bei Traumatisierungen durch Familienmitglieder führen Gefühle wie Scham, Schuld, Wut und Rachegefühle zum Konflikt mit der Loyalität gegenüber der Familie und dem Grundgefühl der Zugehörigkeit.

Erfahrungen und Umgebungsreize zum Zeitpunkt des Traumas können aufgrund der starken sinnlichen Überreizung nicht differenziert im Gedächtnis verarbeitet und gespeichert werden. Somit werden auch nebensächliche Details wie z.B. Tapetenmuster, Farben oder bestimmte Gerüche an die Angsterfahrung gekoppelt mit der Folge, daß nun jeder solche Reiz schon alleine die gesamte Angstreaktion auslösen kann. Eine solche Gefahrreaktion äußert sich in Impulsen zu aggressivem Verhalten (Verteidigungsreaktion), vermeidendem Verhalten (Fluchtaktion) oder reflexhaft gelähmtem Verhalten (Todstellreflex) und ist fast immer von physiologischen Streßerscheinungen begleitet. Häufige Streßreaktionen des Körpers ohne reale Gefahr stören das Vertrauen des Kindes in seine Körperwahrnehmung und seine Gefühle.

Die Entwicklung der Fähigkeit, tiefe Gefühle differenziert auszudrücken, ist bei traumatisierten Kindern oft behindert: Schwierigkeiten, Gefühle in Worte zu übersetzen, behindern die Flexibilität des Handels und Reagierens und fördern Impulshandlungen. Und erst die Fähigkeit zur symbolischen Repräsentation traumatischer Erfahrungen reduziert überflutende Angstgefühle und körperliche Streßkorrelate (Van der Kolk & Fisler, 1994).

Der Verlust der Fähigkeit, die Intensität von Gefühlen und Handlungsimpulsen zu kontrollieren, ist für Kinder die weitreichendste Folge traumatischer Belastungen. Die innere Selbstregulation wird besonders leicht gestört, wenn eine sichere Bindung zu den Eltern fehlt. Wenn die innere Selbstregulation nicht ausreicht, den emotionalen Zustand erträglich zu machen, versuchen Kinder, diesen mit Hilfe von äußerem Verhalten zu regulieren. Hierzu zählen aggressive und selbstschädigende Handlungen, Eßstörungen und Sucht. Die Fähigkeit zur Steuerung innerer Zustände beeinflußt wiederum das Selbstbild wie auch das Bild von anderen und der Welt.

Schon eine einmalige Traumatisierung gefährdet frisch bewältigte und nachfolgende Entwicklungsschritte, und zwar nicht nur direkt, sondern in Interaktion mit der sozialen Umgebung und den Lebensverhältnissen, z.B. mit familiären und sozialen Erwartungen, die auf die innerpsychische Entwicklung zurückwirken (Pynoos et al., 1995).

Einige Kinder erwerben aufgrund früher traumatischer Erfahrungen eine Bindungsstörung, d.h. sie entwickeln dysfunktionale Verhaltensmuster gegenüber Bezugspersonen, auf die sie existentiell angewiesen sind. Es handelt sich meist um unauffällige Verhaltensmuster, die weder andere noch das Kind zu schädigen scheinen, die es jedoch Bezugspersonen extrem schwer machen, die Beziehung zum Kind zu vertiefen. Oft sind ihnen die Gründe für die emotionale Ablehnung nicht klar. Eltern beklagen, daß die Kinder emotional nichts zurückgeben würden (James, 1989). Dies führt über Ablehnung, Aggression und Ausgrenzung oft zu mehrfach wechselnder Fremdunterbringung, die schon für sich genommen für Kinder eine traumatisierende Erfahrung darstellt (Doyle & Bauer, 1989) und dem Kind zu bestätigen scheint, daß es von niemandem gewollt ist und die Welt kalt und gefühllos ist. Therapeuten und Sozialarbeiter sollten diese Dynamik verstehen, um traumatisierte Kinder nicht unnötig durch Beziehungsabbrüche oder Beziehungswechsel zu belasten (James, 1989).

3. Unterstützung der Traumaverarbeitung

Die Verarbeitung traumatischer Erinnerungen führt von noch sehr sinnesnahen Erinnerungen in Form von Flashbacks zur Bildung einer narrativen Struktur aus erzählbarer realer Erinnerung und Bewältigungsphantasien. Wesentlich für die Bewältigung ist die innere Vorstellung, in der das Kind probehandeln und eine Auflösung finden kann. Diese Vorstellungen lassen sich in fünf Kategorien einteilen:

1. Phantasien zur Variation der traumatisierenden Ereignisse,
2. Ideen und Handlungspläne zur Unterbrechung der traumatisierenden Ereignisse,
3. Handlungspläne über alternative Ausgänge statt Tötung oder Verletzung,
4. Rachephantasien ohne Selbstgefährdung,
5. Handlungspläne zur Vermeidung zukünftiger Traumatisierung (Pynoos et al., 1995).

Kinder entwickeln die narrative Struktur für traumatische Erinnerungen am besten zusammen mit Menschen, an denen sie sich dabei orientieren können. Hat ein Kind die kognitiven Schemata und sprachlichen Kategorien zur Beschreibung der traumatischen Erfahrung noch nicht gebildet oder zugeordnet, braucht es Unterstützung von außen. Das Kind braucht Erwachsene, die mit gestalterischen oder sprachlichen Mitteln seine noch nicht versprachlichten Erinnerungen ansprechen und ihm dazu altersgemäße Sprachkategorien anbieten. Dies kann beispielsweise im Gespräch über Alpträume oder über Zeichnungen gelingen, über eigens für das Kind über die traumatische Erfahrung verfaßte Märchen oder im Dialog eines Rollenspiels. Nur über das Trauma zu reden genügt bei Kindern nicht, um traumatische Erinnerungen zu verarbeiten, weil dies eine narrative Struktur der Erinnerung voraussetzt, die erst durch die

Verarbeitung im Verlauf der Therapie erreicht werden kann. Symbolische Mittel in der Therapie erlauben dem Kind, was ihm die Sprache verweigert: altersgerecht unaussprechliche, abgespaltene und unbewußte Inhalte zu integrieren (Schubbe, 1994). Schon Erwachsenen fehlen nach traumatischen Erfahrungen oft die Worte und sprachlichen Kategorien, um ihre Erfahrung zu beschreiben. Um so mehr gilt dies für Kinder, deren Sprache und Begrifflichkeit für innerpsychische Vorgänge erst in der Entwicklung begriffen ist.

Nach den von Shapiro (1995) beschriebenen Wirkmechanismen regt wechselseitiges Händetippen oder jede andere bilaterale Stimulation das Sprachgenerationszentrum im Gehirn an. Shapiro (1995, S.276–281) beschreibt verschiedene Formen des Vorgehens mit EMDR bei Kindern. Die bilaterale Stimulation kann sowohl mit der Vorstellung der traumatischen Situation, mit dem Malen eines Bildes, einer anderen Form der kreativen Gestaltung oder mit therapeutischem Märchenerzählen verbunden werden. In diesem Beitrag wird das Beispiel des Märchenerzählens näher erläutert.

4. Rahmenbedingungen für die Traumatherapie

Viele Kinder verarbeiten traumatische Erfahrungen im Verlauf weniger Monate ohne bleibende Schäden für ihre Entwicklung. Andere bewältigen ihre psychische Traumatisierung, indem sie sie verdrängen oder aktiv alles meiden, was sie daran erinnern könnte. Diese Bewältigungsstrategie kann lange funktional sein. Therapie benötigen nach einer traumatischen Erfahrung diejenigen Kinder, denen die Bewältigung und Verarbeitung nicht gelingt. Die Therapie traumatisierter Kinder erfordert folgende Rahmenbedingungen:

1. Wirksame Psychotherapie erfordert für Kinder zuallererst, vor erneuten Traumatisierungen geschützt zu sein. Ist ein Kind akut gefährdet, so verstärkt mangelnde Reaktionsbereitschaft von Eltern, Familie, Schule, Jugendamt, Polizei oder Gerichten nicht nur die Angst des Kindes, sondern fördert auch primitive Formen der Angstbewältigung. Über die objektive Sicherheit hinaus benötigt ein traumatisiertes Kind einen auch subjektive Sicherheit vermittelnden therapeutischen Rahmen, der dem Kind im Gegensatz zur traumatisierenden Situation die Möglichkeit bietet, sich gegen das Vorgehen zu wehren, Verbündete mitzubringen, sich Hilfe zu holen und – je nach Alter – jederzeit in Betreuung den Therapieraum zu verlassen. Shapiro (1995) empfiehlt Kindern, ihr Lieblingstier in die Therapie mitzubringen.
Selbstverständlich sollte es sein, daß das Kind den Namen des Therapeuten kennt, daß es den Ausgang zur Straße kennt und weiß, wie es die Elternperson erreicht, mit der es die Therapie jederzeit verlassen kann. Die Verarbeitung traumatischer Erfahrungen kann in der Therapie erst beginnen, wenn sich das Kind nach eigenem Ermessen sicher fühlt.
Von außen betrachtet kann beispielsweise eine stationäre Einrichtung ein Kind sehr weitgehend vor erneuter Traumatisierung schützen, während die Fremdunterbringung das Kind vielleicht tief beunruhigt. Die Rolle, das Kind vor weiteren traumatischen Erfahrungen zu schützen, sollten nach Möglichkeit die Eltern ausfüllen, er-

satzweise der zuständige Sozialarbeiter, das Gericht oder die Polizei; keinesfalls jedoch darf diese Rolle unbesetzt bleiben.
2. Die Geschwindigkeit des Kindes bei der Auseinandersetzung mit traumatischen Inhalten soll immer respektiert werden, denn Kinder haben eine schwächere psychische Abwehr und weniger Bewältigungsmöglichkeiten als Erwachsene. Der Therapeut hat in der Therapie die Aufgabe, das Kind sehr genau zu beobachten, um die Konfrontation des Kindes mit seinen traumatischen Erinnerungen richtig zu dosieren. Wird die Behandlung mit Hilfe eines therapeutischen Märchens durchgeführt, sollte das Kind immer Augenkontakt zum Erzähler des Märchens haben; und umgekehrt sollte der Therapeut das Märchen unterbrechen, sobald der Augenkontakt für längere Zeit abreißt.
3. Um eine traumatische Erfahrung in der Therapie zu verarbeiten, benötigt ein Kind mindestens einen Menschen, zu dem es eine stabile und von Vertrauen getragene Beziehung hat. Denn Kinder verarbeiten ihre traumatische Erfahrung am besten im Kontakt und im Dialog. Viel mehr als Erwachsene sind sie auf die gemeinsame, auf die „Co"-Konstruktion ihres Bildes von sich selbst und der Welt angewiesen. Dafür sind die meisten Eltern ideale Partner, sofern sie ihr Kind nicht selbst traumatisiert oder dies wissentlich zugelassen haben.
4. Um Erinnerungen zu verarbeiten, die das Kind zunächst geheimhalten mußte oder über die im Kreis der Familie nicht gesprochen wurde, benötigt es die Erlaubnis mindestens einer Elternperson, nun über alles zu sprechen. Diese Erlaubnis sollte dem Kind entweder von den Eltern direkt gegeben werden, oder indirekt, indem die Eltern als erste beginnen, über das Geheimnis zu sprechen.

Es ist nicht sinnvoll und einem Kind nicht zuzumuten, in der Therapie über ein Geheimnis zu sprechen, das die Eltern noch aufrechterhalten. Dies bringt ein Kind in einen Loyalitätskonflikt, in dem es sich entweder gegen seine eigenen Interessen oder gegen seine Eltern entscheiden muß. Die meisten Kinder entscheiden sich in einem solchen Konflikt grundsätzlich für die Eltern, beachten elterliche Redeverbote und wahren Familiengeheimnisse. Eine Ausnahme bilden Kinder, die von sich aus ein Geheimnis oder Redeverbot in der Therapie brechen: dann ist es auch richtig, darauf einzugehen, dabei jedoch den Loyalitätskonflikt im Auge zu behalten.

Wenn Kinder Therapeuten belastende Geheimnisse anvertrauen, die sie keinem anderen mitgeteilt haben, ist es Aufgabe des Therapeuten, eine dritte Person (z.B. Fachberater, Supervisor) ins Vertrauen zu ziehen. Können die Eltern eine Wiederholung der Traumatisierung nicht verhindern, muß das Jugendamt eingeschaltet werden. Je älter das Kind ist, desto wichtiger ist es, es aktiv zu beteiligen, anstatt es zu übergehen. Einerseits sind belastende Geheimnisse Therapeuten ebensowenig zuzumuten wie Kindern, andererseits braucht das Kind Vorbild und Anleitung dafür, wie es sich von belastenden Geheimnissen befreien kann.

5. Durchführung der Therapie bei der Kombination von therapeutischem Märchen und EMDR

Die hier beschriebene Kombination von EMDR und familienorientiertem Märchenerzählen wurde zuerst von Dr. Joan Lovett aus Berkeley berichtet, die ihre Arbeit 1996 auf dem EMDR-Kongreß in Denver vorstellte (Lovett, 1996).

Bei Kindern vor dem Grundschulalter eignen sich zur wechselseitigen Stimulation besonders gut leichte Berührungen der Hände, die vom Therapeuten, von einer Elternperson oder auch vom Kind selbst ausgeführt werden können. Augenbewegungen eignen sich eher für ältere Kinder und Jugendliche. Legasthenische Kinder kommen mit kleinen elliptischen Augenbewegungen oft besser zurecht, hyperaktive Kinder mit Augenbewegungen zwischen zwei an der Wand markierten Punkten (Shapiro, 1995).

Den Grad der emotionalen Belastung können Kinder leicht mit der Hand zu erkennen geben, indem sie die Hand so hoch über dem Boden halten, daß der höchste mit der Hand erreichbare Punkt der höchsten Belastung entspricht. Dies ersetzt die bei EMDR mit Erwachsenen übliche Einschätzung des Belastungsgrades auf einer Rating-Skala. Die bei EMDR übliche Frage nach einem negativen Gedanken über die eigene Person kann bei ganz jungen Kindern weggelassen werden. Sobald die Kinder dazu in der Lage sind, reichen als positive Selbstkognition relativ weit gefaßte Selbstaussagen, z.B. „Es geht mir gut", „Ich bin sicher", „Ich darf jetzt alles sagen." Die positiven Selbstaussagen sollten bei Kindern unter sechs Jahren vorgegeben werden, danach sollten die positiven Gedanken mit ihnen gemeinsam entwickelt werden (Shapiro, 1995).

Zu Beginn der bilateralen Stimulation soll nach Shapiro die positive Vorstellung des Kindes von einem Ort, an dem es sich richtig sicher fühlt, angesprochen und verstärkt werden. Nachfolgend wird die äußere Struktur einer typisch verlaufenden Kindertherapie geschildert.

Der Ablauf kann folgendermaßen gegliedert werden:
1. Anamnese
    – nur mit den Eltern/der Elternperson
    – Dauer: ein bis zwei Stunden
a) Problemgeschichte von Eltern und Kind
b) Evaluation der Bindung
c) Entwicklungsstand
d) Emotionale Stabilität, Fremd- und Selbstgefährdung (Eltern und Kind)
e) Familiäres und soziales Netz (Genogramm, Soziogramm)
f) Funktionalität der Bewältigungsmechanismen
g) Aktuelle äußere Anforderungen an Eltern und Kind (Krankheit, Prüfung)
h) Einschätzen von Intrusion und Vermeidungstendenz mit der Impact of Event Skala nach Horowitz (Ferring & Filipp, 1994)
i) Einschätzen der dissoziativen Symptomatik (Elternfragebogen)
k) Ist EMDR die geeignete Behandlungsmethode?
    Gegenindikationen bei Kindern sind:
    1. keine unterstützende Elternbeziehung;

2. schwache Ich-Grenzen;
   3. Belastungssituationen wie anstehende wichtige Prüfungen

2. Behandlungsplanung
   – nur mit den Eltern/der Elternperson
   – Dauer: 50 Minuten bis drei Stunden
a) Vorschlag des therapeutischen Vorgehens und Erklärung
b) Mündliche Vereinbarung über den Behandlungsverlauf
c) Erhebung des Sicheren Ortes des Kindes
d) Anleitung zum Schreiben der therapeutischen Geschichte

3. Sitzung mit Kind und therapeutischer Geschichte
   – Eltern und Kind sind anwesend
   – Dauer: 100 Minuten
a) Begrüßung und Vorstellung
b) Erklärung der Regeln und des Ablaufs
   Regel 1: Es ist alles erlaubt, das niemanden stört.
   Regel 2: Es ist erlaubt, alles zu sagen.
   Regel 3: Es ist erlaubt zu sagen, was einen stört.
c) Die Eltern zeigen dem Kind den Therapieraum
d) Das erste Spiel wird vom Kind gewählt
e) Die Eltern wählen das Vorlesen der therapeutischen Geschichte
f) Der Therapeut wählt als Schlußaktivität die Sicherer-Ort-Übung

4. Nachgespräch mit den Eltern
   – nur mit den Eltern/der Elternperson
   – Dauer: 50 Minuten
a) Symptomverlauf seit der Sitzung mit dem Kind (für Eltern und Kind)
b) Besprechung des weiteren Vorgehens

5. Weitere Behandlungen nach Bedarf

6. Schlußevaluation und Abschied

6. Das Beispiel Lydia

Die Methode des mit EMDR kombinierten familienorientierten therapeutischen Geschichtenerzählens soll nun am Beispiel eines dreijährigen Mädchens namens Lydia dargestellt werden. Lydia war in einer Evangelischen Kindertagesstätte von ihrem dortigen Erzieher zusammen mit anderen Kindern durch sexuellen Mißbrauch psychisch traumatisiert worden. Sie litt seither an Alpträumen und entsprechenden Schlafstörungen, wusch sich zwanghaft häufig, reagierte phobisch auf kleine Tiere und ängstlich übererregt auf Männer, die nicht zur Familie gehörten. Neben ihrem gewohnt heiteren, intelligenten und klaren Wesen zeigte sie nun immer wieder ganz unvermittelt eine sehr aggressive oder auch eine geistesabwesende Verfassung. Die Eltern hatten die beschriebene Therapie für Lydia von der Kriminalpolizei empfohlen bekommen und waren motiviert, Lydia innerhalb der Therapie zu unterstützen. Zunächst lud ich nur die Eltern ein, um mit ihnen die individuellen Symptome und Ressourcen der Tochter wie auch die der Familie insgesamt einzuschätzen, ohne die Tochter unnötig mit belastenden Themen zu konfrontieren. Es lagen bereits ausführliche Protokolle über die Aussagen der Tochter vor. Auf dieser Grundlage bat ich die Eltern, eine altersgerechte Geschichte für und über Lydia zu schreiben, welche mit einer schönen Alltagssituation beginnen, dann die traumatisierende Situation zusammenfassen und abschließend den sichersten Ort in der Vorstellung Lydias beschreiben sollte. Ich prüfte, daß die Geschichte keine Mißbrauchshandlungen beschrieb, die Lydia nicht selbst schon genannt hatte, um sie nicht mit vermiedenem oder verdrängtem Wissen zu konfrontieren und ihr keine Mißbrauchshandlungen zu suggerieren.

Die erste Sitzung für Lydia begann mit der Vorstellung, einem Begrüßungsspiel und der Erwähnung von drei Regeln:

1. Es ist alles erlaubt, das niemanden stört.
2. Es ist erlaubt, alles zu sagen.
3. Es ist erlaubt zu sagen, was einen stört.

Anschließend führte der Vater Lydia durch den Therapieraum und ging ihr nach, um ihr alles zu zeigen. Lydia bekam auch gezeigt, wie sie jederzeit den Raum verlassen konnte. Ich besprach den Ablauf der Sitzung mit den Eltern und Lydia. Die Aktivität, die Lydia gewählt hatte, kam zuerst an die Reihe.

Danach las die Mutter die vorbereitete Geschichte vor. Lydia blickte sie dabei unverwandt und sehr aufmerksam an. Der Vater, der sie auf seinem Schoß hielt, drückte abwechselnd ganz liebevoll ihre linke und ihre rechte Hand. Als die Geschichte zu Ende war, schwitzte Lydia. Sie erhob sich vom Schoß ihres Vaters, ging auf einen bereitliegenden Gymnastikball los und schlug mit beiden Händen auf ihn ein. Erst als sie sich mit Schlägen ein wenig verausgabt hatte, beruhigte sie sich wieder. Zum Schluß hatten alle Gelegenheit zum freien Malen bei entspannender Musik.

> **Das Märchen von der Lydia**
>
> Es war einmal ein kleines Mädchen, die wohnte mit ihrer Schwester und ihrem Bruder in einem Haus aus Holz. Die drei Kinder schliefen in frischen weißen Betten. Ein kleines Vögelchen sang an ihrem Fenster. Sie saßen an kleinen Stühlen und spielten mit ihren Puppen. Die Mutter war in der Küche. Sie schälte Obst, kochte Marmelade und feine Suppen. Die Kinder kamen zusammen und aßen. Dabei redeten sie viel und machten Spaß miteinander. Das kleine Mädchen saß am liebsten neben ihrer großen Schwester.
>
> Eines Tages kam das Mädchen in ein fremdes Land. Dort lebte ein Zwerg, der einen Besen hatte und sauber machte auf dem Bauch der Kinder. Der Zwerg hatte Spinnenfinger und er sagte, daß die Kinder leise sein sollen. Der Zwerg machte mit seinem Besen hin und her. Der Zwerg machte den Fuß des kleinen Mädchen schmutzig. Es gab in diesem fremden Land auch einen Fisch. Dieser Fisch zauberte Schnee. Der weiße Schnee fiel auf den Rücken des Mädchens, auf ihren Bauchnabel und auf ihren Mund. Es gab auch Löwen und Bären dort, die konnten spritzen. Das Mädchen hatte Angst vor diesen Tieren. Das kleine Mädchen wollte nach Hause, aber der Löwenbär hielt sie fest und schimpfte mit ihr. Er sagte, daß sie lieb sein solle. Das Mädchen weinte und war sehr traurig. Der Löwenbär sprang zwischen ihren Beinen hin und her und machte ein böses Gesicht. Er malte in ihrem Gesicht. Dann führte er sie durch ein großes Tor und das Mädchen kehrte zurück in das Holzhaus zu ihrer Mutter und ihren Geschwistern.
>
> Bald kam der nächste Sommer. Die Kinder sahen wunderbare Sonnenblumenfelder. Da waren auch viele weiße Kühe, die auf grünen Wiesen grasten. Die Kinder spielten an Flüssen und schliefen in einem kleinen Zelt auf der Wiese. Das kleine Mädchen bekam ein Fahrrad und es fuhr mit ihrem Bruder und ihrer großen Schwester im Park spazieren. Sie konnte sehr schnell Fahrrad fahren. Das kleine Mädchen hatte ein kleines Mützchen auf und lachte. Die Sonne schien hell und warm. Zu Hause im Holzhaus stand die Mutter in der Küche und machte dicke, fette Pfannkuchen mit Blaubeermarmelade. Das war wunderbar gut. Später im Herbst blühten am Fenster lila Astern, so feine schöne Blumen. Das kleine Mädchen saß vergnüglich neben ihrer großen Schwester und sang ein lautes, frohes Lied. Und die große Schwester, die hatte sie sehr lieb.
>
> *Dieses Märchen wurde verfaßt von Gabriella Sarges*

In der nächsten Sitzung mit den Eltern erfragte ich zunächst den Symptomverlauf seit der vorausgegangenen Behandlung von Lydia. Lydia's regelmäßige Alpträume mit entsprechenden Schlafstörungen waren zurückgegangen. Die Eltern hatten keine Zwangshandlungen oder phobischen Reaktionen mehr beobachtet. Und auch das Verhalten gegenüber Männern, die nicht zur Familie gehörten, hatte sich weitgehend normalisiert.

Die Eltern berichteten, Lydia habe sich mehrmals gewünscht, die Geschichte erzählt zu bekommen. Sie wolle von sich aus wieder zur Therapie kommen.

Aufgrund der noch gelegentlich auftretenden Alpträume vereinbarten wir weitere Sitzungen mit Lydia und den Eltern. Sechs Monate nach der ersten Behandlung von Lydia war die dort erreichte Veränderung stabil geblieben und die Häufigkeit der inzwischen seltenen Alpträume weiter zurückgegangen.

7. Abschließende Bemerkungen

Während es mit Kindern jeden Alters möglich ist, die Erinnerung an ein traumatisches Ereignis direkt anzusprechen, erscheint die Einbeziehung der Eltern und das Verfassen eines Märchens von besonderer Bedeutung, um die Sprachlosigkeit angesichts des Traumas zu überwinden und eine kindgemäße Sprachebene zu finden. Sind die Eltern nicht bereit oder in der Lage, ein Märchen zu verfassen, sollte auf andere Formen, das Trauma anzusprechen, zurückgegriffen werden. Shapiro (1995) beginnt die bilaterale Stimulation mit der Vorstellung eines sicheren Ortes und geht dann mit der Frage: „Stell' Dir vor, wie es passiert ist!" zur Bearbeitung der traumatischen Erinnerung über.

EMDR mit Kindern steckt selbst noch in den Kinderschuhen, so daß es weiterhin gilt, die bisherigen Erfahrungen zusammenzutragen. Die überraschend hohe Wirksamkeit von EMDR bei Kindern legt nahe, traumatisierten Kindern günstige Prognosen zu stellen. So sehr die vorliegenden Erfahrungen Grund zur Hoffnung geben, so falsch wäre es, für ein bestimmtes Kind den Heilungsverlauf vorherzusagen. Zu hohe Erwartungen von Eltern, Lehrern oder Freunden des Kindes über den Therapieerfolg setzen das Kind unnötig unter Druck (Silver & Wortmann, 1980). Umgekehrt sollten das Kind und die Menschen in seiner Umgebung lernen, die Symptome zu verstehen und mit ihnen zu leben. Wenn Erwachsene erkennen, daß das Trauma noch Einfluß auf das gegenwärtige Verhalten des Kindes hat, werden sie es nicht mit einer Überreaktion, einem Charakterzug des Kindes oder elterlichem Versagen verwechseln.

Literatur

Chemtob, C. M. (1996). *Eye movement desensitization and reprocessing (EMDR) treatment for children with treatment resistant disaster related distress.* Vortrag im November 1996 auf der Konferenz der International Society for Traumatic Stress Studies (ISTSS). San Francisco, Kalifornien.

Cocco, N. & Sharpe, L. (1993). An auditory variant of eye movement desensitization in a case of childhood post-traumatic stress disorder. *Journal of Behavior Therapy and Experimental Psychiatry, 24,* 373–377.

Doyle, J. S. & Bauer, S. K. (1989). Post-traumatic stress disorder in children: its identification and treatment in a residential setting for emotionally disturbed youth. *Journal of Traumatic Stress, 2,* 275–288.

Ferring, D. & Filipp, S. H. (1994). Teststatistische Überprüfung der Impact of Event-Skala: Befunde zur Reliabilität und Stabilität. *Diagnostica, 40,* 344–362.

Greenwald, R. (1993). *Using EMDR with children.* Manuskript zu beziehen durch das EMDR Institute, P.O.Box 51010, Pacific Grove, CA 93950–6010.

Greenwald, R. (1994). Applying eye movement desensitization and reprocessing (EMDR) to the treatment of traumatized children: Five case studies. *Anxiety Disorders Practice Journal, 1,* 83–97.

James, B. (1989). Attachment disturbance. In ders. *Treating traumatized children: new insights and creative interventions,* (pp. 117–141). Lexington, Massachusetts: Lexington Books.

Lovett, J. (1996). Creative approaches to EMDR with children. *EMDRIA Newsletter 2, September,* S. 11.

Pellicer, X. (1993). Eye movement desensitization treatment of a child's nightmares: A case report. *Journal of Behavior Therapy and Experimental Psychiatry, 24,* 73–75.

Puffer, M. K., Greenwald, R. & Elrod, D. E. (1996). *A controlled study of eye movement desensitization and reprocessing (EMDR) with traumatized children and adolescents.* Presented at the International Society for Traumatic Stress Studies. San Francisco, CA.

Pynoos, R. S., Steinberg, A. M. & Wraith, R. (1995). A developmental model of childhood traumatic stress. In D. Cicchetti (Ed.). *Developmental Psychopathology Vol 2.* New York: Wiley.

Scheck, M. M., Schaeffer, J. A. & Gillette, C. S. (1996). *Brief psychological intervention with young high-risk females: A comparison of eye-movement desensitization and reprocessing with reflective listening.* Vortrag in der EMDR-Interessengruppe auf der Jahresversammlung der Association for the Advancement of Behavior Therapy, New York.

Schubbe, O. (1994). Symbolische Mitteilungen sexuellen Mißbrauchs. In ders. (Hrsg.), *Therapeutische Hilfen gegen sexuellen Mißbrauch an Kindern.* (S. 10–14) Göttingen: Vandenhoeck & Ruprecht.

Shapiro, F. (1991). Eye movement desensitization and reprocessing procedure: From EMD to EMD/R – A new treatment model for anxiety related traumata. *The Behavior Therapist, 14,* 133–135.

Shapiro, F. (1995). *Eye movement desensitization and reprocessing: Basic principles, protocols and procedures.* New York: The Guilford Press.

Silver, R. L. & Wortmann, C. B. (1980). Coping with undesirable life events. In J. Garber & M. Seligman (Eds.), *Human helplessness: Theory and applications* (pp. 279–340). New York: Academic Press.

Van der Kolk, B. A & Fisler, R. E. (1994). Childhood abuse and neglect and loss of self-regulation. *Bulletin of the Menninger Clinic, 58,* 145–168.

Praktische Erfahrungen in der Gesprächs- und Verhaltenstherapie mit EMDR

Reinhard Tausch

Zusammenfassung

EMDR ist ein von Francine Shapiro entwickeltes und als wirksam überprüftes therapeutisches Verfahren bei schweren posttraumatischen Streßbelastungen (PTSD). In dem vorliegenden Artikel werden Erfahrungen mitgeteilt, die die Hypothese nahelegen: Innerhalb der regulären Gesprächs- und/oder Verhaltenstherapie bei Patienten mit verschiedenartigen seelischen Beeinträchtigungen kann EMDR zur deutlichen Verminderung von belastenden angstvollen Erfahrungen eingesetzt werden. Und dies führt zur erheblichen Beschleunigung der Psychotherapie. Ferner werden Erfahrungen mitgeteilt, die die Hypothese als sinnvoll erscheinen lassen: Rechts-links-Augenbewegungen wie bei EMDR sind bei Personen ohne seelische Belastungen von entspannender, das Wohlbefinden förderlicher Wirksamkeit; sie sind als gute Möglichkeit der Entspannung und Selbsthilfe anzusehen.

Einleitung

1995 stieß ich in der Bibliothek der Universität San Diego/USA auf das Buch von Frau Francine Shapiro (1995). Es beeindruckte mich sehr, denn:

- Das therapeutische Vorgehen (EMDR) ist elementar und unkompliziert.
- Durch das Verhalten des Patienten/Klienten, durch seine Augenbewegungen – angeleitet durch den Psychotherapeuten – kommt es zu Änderungen hirnphysiologischer Vorgänge.
- Das therapeutische Vorgehen ist wirksam bei bisher schwer therapierbaren posttraumatischen Störungen.
- Die Art, wie Frau Shapiro das von ihr entwickelte therapeutische Vorgehen darstellt und stufenweise überprüfte – ausgehend von ihrer eigenen Erfahrung, Erfahrungen bei Freunden, Psychologen, Patienten und schließlich die Überprüfung der therapeutischen Effekte der von ihr ausgebildeten Psychotherapeuten – ist bewundernswert.

Ich vermutete, daß die Verbreitung der Augenbewegungs-Desensitisierung (EMDR) nicht einfach sein würde; denn die erste Veröffentlichung von Frau Shapiro erfolgte schon 1989(!); in der Wissenschaft findet das Unkomplizierte, Elementare und verständlich Dargestellte oft geringere Beachtung. Aus diesen Gründen besprach ich einige Monate nach meiner Rückkehr aus den USA das Buch in zwei Fachzeitschriften (Tausch, 1997).

Beim Verständnis der Wirkungsweise von EMDR halfen mir auch Befunde, die ich vor Jahrzehnten als Wahrnehmungspsychologe kennengelernt hatte, z.B.:

- Bei den bekannten Reversionsfiguren kann die Wechselgeschwindigkeit zwischen Wahrnehmung von Figur und Grund durch Augenbewegungen, kurzes Öffnen und Schließen der Augen oder Blinzeln, erhöht werden; das gilt auch bei seelisch beeinträchtigten Personen, bei denen die Wechselgeschwindigkeit generell geringer ist (geringere Flexibilität).
- Der amerikanische Augenarzt William Bates schreibt in seinem vor über 50 Jahren erschienenen und heute noch weit verbreiteten Buch (Bates, 1981):
„Beim Swinging (Augen-bewegen) kann einer Person ein Gefühl der Entspannung bewußt werden"... Shifting und Swinging sind oft erfolgreicher als andere Methoden, um Entspannung zu erzielen." (S. 105) „Es wurden auch bedeutsame Resultate erzielt, indem einer Person gezeigt wurde, daß ein starrer Blick die Augenschärfe mindert und Bewegung sie verbessert" (S. 110). „Je schneller die Augenbewegung, um so besser wird die Sehschärfe. Nur wenn man es bewußt zu schnell macht, dann resultiert Belastung" ... „Je kürzer die jeweilige Bewegung, um so größer die Verbesserung der Sehschärfe" (S. 101 f.).
- Auch in der neueren Forschung gibt es etliche Belege für einen Zusammenhang zwischen Blickbewegungen und seelischen Vorgängen, z.B. konnten Patienten mit Persönlichkeitsstörungen Objekten mit einer sinusförmigen Bewegung in konstanter Schnelligkeit signifikant weniger mit den Augen folgen als Kontrollpersonen. Schlechtes Folgen mit den Augen war assoziiert mit defizitähnlichen Symptomen schizotypischer Persönlichkeitsstörungen (Siever et al., 1994).

In den vergangenen eineinhalb Jahren sammelte ich Erfahrungen mit der Augenbewegungs-Desensitisierung von Frau Shapiro bei Patienten in Gesprächs- und Verhaltenstherapien. Mein Motiv war, hierdurch eine schnelle Erleichterung der Patienten und eine deutliche Beschleunigung/Verkürzung der Psychotherapien zu erreichen.

Die Erfahrungen führen zu folgender *Hypothese:* Mäßig und stark belastende Erfahrungen in Vergangenheit oder Gegenwart können innerhalb einer üblichen Gesprächs- und/oder Verhaltenstherapie deutlich durch ein- bis dreimalige Augenbewegungs-Desensitisierungs-Serien (EMDR) vermindert werden oder gänzlich fortfallen.

Im folgenden stelle ich einige meiner Erfahrungen und die von drei Kolleginnen dar. Ich möchte erfahrene aufgeschlossene Psychotherapeuten zu dem Einsatz von EMDR in der alltäglichen psychotherapeutischen Praxis anregen, ebenfalls Doktoranden und Forschungsinstitutionen zur empirischen Überprüfung.

Mein Vorgehen bei der Augenbewegungs-Desensitisierung in der Gesprächs- und Verhaltenstherapie

Wenn innerhalb der Psychotherapie, nach ca. drei bis sechs Sitzungen in Gesprächs- und/oder Verhaltenstherapie, sich eine deutlich belastende Erfahrung nicht vermindert hat, schlage ich dem Klienten eine Augenbewegungs-Desensitisierung vor. Damit die Klienten sich überzeugen können, daß hier ein ernsthaftes wissenschaftliches Vorgehen vorliegt, obwohl es sehr einfach aussieht, gebe ich ihnen ein zweieinhalbseitiges Informationsblatt mit dem Inhalt, den ich in zwei Zeitschriften (Tausch, 1997) dargestellt habe; manchmal zeige ich Klienten noch das Buch von Frau Shapiro. – Alle Klienten erklärten beim nächsten Mal, daß sie eine derartige Augenbewegungs-Desensitisierung wünschten. – Nachfolgend das Vorgehen im einzelnen, mit geringen Abweichungen von der EMDR-Prozedur von Frau Shapiro:

I

- Aufgrund der bisherigen Gespräche bzw. der therapeutischen Allianz bei der Verhaltensänderung besteht eine persönliche vertrauensvolle Beziehung zu dem Therapeuten und der Therapiesituation; der Klient ist motiviert und offen gegenüber seinem Erleben.
- Der Klient wird über das folgende Vorgehen zur Angstminderung informiert; Fragen werden beantwortet.
- Einübung in die Augenbewegung. Der Klient folgt dem ausgestreckten Daumen mit Rechts-links-Bewegungen des Therapeuten, etwa 20 Sekunden lang. Ein- bis zweimalige Wiederholung. Klärung dieser Erfahrung, falls notwendig.

II

- Der Klient stellt sich ein typisches Bild der belastenden Situationserfahrung vor. Er beschreibt das Bild.
- Der Klient wird gefragt: Welche Worte oder welcher Satz, welche Bewertung, welches „Etikett" das Bild und seine Person am besten charakterisieren.
- Frage an den Klienten: „Wie möchten Sie gerne fühlen und denken bei dem Bild mit dem belastenden Ereignis und Ihnen?"
- „Was fühlen Sie, wenn Sie das Bild vor sich sehen? Welches „Etikett" wäre dafür charakteristisch?
- „Welche Empfindungen spüren Sie in Ihrem Körper?"
- Der Patient wird informiert, daß sich bei den nachfolgenden Augenbewegungen Gefühle, Empfindungen und das Bild ändern können. Er solle keine Anforderungen an sich stellen, sondern es geschehen lassen. „Lassen Sie es einfach geschehen, was auch immer geschieht."

III

- Der Klient wird gebeten:
  1. Sich das belastende Bild deutlich vorzustellen, ebenso das negative „Etikett".
  2. Die körperlichen Empfindungen bei diesem Bild zu spüren, z.B. die Spannung im Magen.
  3. Dem Daumen des Therapeuten mit den Augen zu folgen.
- Der Therapeut führt den erhobenen Daumen einer Hand – in einem Abstand von etwa 35 cm vom Gesicht des Klienten – hin und her. Die Länge der seitlichen Bewegung ist auch etwa 35 cm. Es erfolgen 24 bis 30 Hin- und Her-Bewegungungen; nach Shapiro etwa eine Hin- und Her-Bewegung pro Sekunde. Meist ist es langsamer, je nachdem, wie der Klient dem Daumen folgen kann.

IV

- Am Ende der Blickbewegungen: „Nun blenden Sie bitte das Bild aus. Nehmen Sie einige tiefe Atemzüge."
- Nach etwa 5 bis 30 Sekunden spricht der Klient meist intensiv über sein Erleben und die Änderungen. Oder ich spreche ihn darauf an. Wenn das Vorgespräch sehr kurz war, so bei einer Vorführung im Seminar bei Zeitknappheit, dann benötigt der Teilnehmer, der sich mit einem belastenden Erlebnis zur Verfügung stellte, etwa zwei bis drei Minuten des Überdenkens, ehe er spricht. Das Gespräch über seine Erfahrungen während der Desensitisierung und die Änderungen in der wahrgenommenen Bedeutung der Situation und in den Gefühlen dauern etwa fünf bis fünfzehn Minuten.
- Sollten keine oder nur geringe Änderungen hinsichtlich der Gefühle und wahrgenommenen Bedeutung der belastenden Situation eingetreten sein, wird die Blickbewegungs-Desensitisierung ein-, notfalls zweimal wiederholt.

Mein Vorgehen weicht etwas von dem von Frau Shapiro genannten ab: Der Klient schätzt nicht die Stärke negativer Emotionen und die Richtigkeit des positiven „Etiketts" auf Skalen ein, auch nicht nach der Desensitisierung zur Feststellung der Änderungen. Meine Gründe: In der Gesprächspsychotherapie ist ein hohes Ausmaß der Äußerung von Gefühlen und Kognitionen des Klienten gegeben; der Therapeut ist sehr im Erleben des Klienten zentriert, äußert sich darüber und trägt so zur Klärung bei. Das nachfolgende Gespräch läßt deutlich offenbar werden, ob eine hinreichende Umstrukturierung in der belastenden Erfahrung eingetreten ist oder nicht. Ferner: Ich möchte nicht, daß der Klient die belastende Situation und ihre Änderung zu stark mit einer Zahl und einer Technik in Zusammenhang bringt oder auf eine Zahl reduziert.

- Den erstrebten Zustand (positives „Etikett") lasse ich den Klienten *nach* dem negativen „Etikett" und der Angabe seiner Gefühle sowie seiner Körperempfindungen angeben. Ich habe die Vermutung, daß er sonst vor den Blickbewegungen zu negativ zentriert ist, und daß das in den Vordergrund rücken des erstrebten Zustandes

günstig ist. Ob meine Vermutung sich günstig, ungünstig oder neutral auswirkt, weiß ich nicht.
- Frau Shapiro schlägt zwei Hin- und Herbewegungen pro Sekunde vor. Meine Erfahrung und Vermutung ist, daß derart schnelle Bewegungen für viele Klienten zuviel Anstrengung bedeuten und sie möglicherweise ein Nichtfolgenkönnen ungünstig einschätzen.

Beispiele meiner Erfahrungen mit EMDR in Gesprächs- und Verhaltenstherapie

Ein 30jähriger Klient mit starken Depressionen, bei mir in kombinierter Gesprächs- und Verhaltenstherapie, berichtet öfters von quälenden Träumen. Besonders fühlt er sich sehr belastet, wenn er nachts im Traum seinen vor einem Jahr verstorbenen Vater im Bett liegen sieht, mit starken Schmerzen, röchelnd, nach Atem ringend und dann sterbend. Nach Informationen über EMDR wünschte er in der nächsten Sitzung eine Augenbewegungs-Desensitisierung.

Typisches Bild: Er stellt sich den sterbenden, röchelnden Vater vor.
„*Etikett*": „Der Vater stirbt und ich bin verzweifelt."
Körperempfindungen: „Ich habe starke Rückenschmerzen, feuchte Hände."
Positives „Etikett": „Mein Vater ist Natur."

Am Anfang der ca. 35 Hin- und Her-Augenbewegungen ist sein Gesicht sehr angestrengt, wirkt traurig. Nach etwa 25 Augenbewegungen wird es deutlich entspannter. Nach Ende der Augenbewegungen tiefes Ein- und Ausatmen. Auf meine Frage, wie es ihm ginge, sagt er: „Er ist jetzt Natur, sein Tod hat mir die Nähe zum Menschlichen gegeben." – Im weiteren Therapieverlauf tritt keine Belastung durch diesen Angsttraum auf, auch während des Tages drängen sich keine Bilder mit dem Vater auf.

Ein Manager, 48, mit langjähriger Depression und Angstzuständen, in Gesprächstherapie und Streßverminderung. Die Fülle der Arbeit in seinem Beruf rufe starke Erregung und Ängste hervor, er erlebe starken Streß und könne häufig vor Spannungen schlecht und nur mit letzter Kraftaufwendung arbeiten. Nach Information über EMDR willigt er in diese Intervention ein.

Typisches Bild der Belastung: Großer Stapel von Aktenordnern auf seinem Schreibtisch.
„*Etikett*" zu dem Bild: „Es ist so viel, ich packe es nicht, ich habe Angst."
Körperempfindungen: Spannungen im Kreuz, in der Nierengegend.
Positives „Etikett": „Aktenordner regen mich nicht mehr auf."

Nach der Desensitisierung hellt sich sein Gesicht auf, er macht einen nachdenklichen zufriedenen Eindruck. Bei der Vorstellung seiner Arbeitssituation und überwiegend in der Realität empfindet er zukünftig kaum Beunruhigung oder Erregung. Diese kognitive Umstrukturierung und Angstminderung ist in den anschließenden Kontakten gefolgt von deutlich besserer Problemlösefähigkeit, z.B. seine Arbeit im Betrieb besser zu gestalten, Arbeit zu delegieren sowie Muskelentspannung in seinem Arbeitsraum zu machen.

Ein 41jähriger Patient mit deutlichen psychosomatischen Störungen, Erregungszuständen, schweren Schlafstörungen, Grübeln und Depressivität wird von seinem Arzt zur Gesprächs-Verhaltenstherapie überwiesen. Grund: Trotz Beruhigungsmitteln haben sich die Symptome nicht verbessert. – In den Gesprächen erörtert er häufig quälende Konflikte mit seinem Chef. Er fühlt sich oft durch aufdrängende Bilder und Gedanken mit dem grinsenden Gesicht seines Chefs stark belastet, nachts zwischen zwei und sechs Uhr sowie auf Spaziergängen, bei denen sein Blick meist starr auf den Boden gerichtet sei. Er willigt in eine Augenbewegungs-Desensitisierung ein:

Typisches Bild der belastenden Erfahrung: Das zynische Gesicht seines Chefs, der ihn verdächtigt, weswegen er um seine Arbeitsmöglichkeit fürchtet.
„*Etikett*" zu dem Bild: „Er ist so gemein, ich werde zerstört."
Gefühle-Empfindungen: „Ich bin so wütend, ich ärgere mich, ich gehe innerlich hoch."
Körperempfindungen: „Starke Spannungen-Verkrampfungen am Körper, Schmerzen."
Positives „Etikett": Keines. Der Patient kann oder mag es nicht finden; er wird beherrscht von Ärger, Wut und Erregung.

Am Anfang der ca. 30 bis 35 Hin- und Herbewegungen ist der Patient deutlich erregt, bemüht, die Kontrolle zu wahren, nicht zu weinen. Danach wird das Gesicht deutlich entspannter.

Nach der Beendigung von mir gefragt, wie er sich fühle, sagt er fast euphorisch und mit lauter Stimme: „Die Beatles." Auf meine Nachfrage, was es damit auf sich habe, antwortet er: „Let it be"! ... „Ja, das ist es, das Ganze sein lassen, diesen ganzen Kram fallenzulassen."

Dann berichtet er über seine Erfahrungen während der Augenbewegungen: „Es kostete mich große Kraft, mich auf das Bild zu konzentrieren. Dann wurde es ein fürchterlicher Kampf in mir. Und ich dachte, diesen Kampf mit diesem Mann halte ich nicht durch. Ich habe mich wie in einem Würgegriff von ihm befunden. Zuerst wollte ich diesen Kampf aufrechterhalten. Aber warum? Dann ging alles sehr schnell. Ich fühlte mich entspannter, freier, alles fiel von mir ab. Meine Atmung wurde langsamer und tiefer. Die Spannung der Muskeln ließ nach. Es war etwas ganz Neues! Alles fiel von mir ab."

Diese Änderung der wahrgenommenen Gefühle und Bedeutungen gegenüber seinem Chef erleichterte es dem Patienten sehr, während seiner Arbeit ruhiger und konzentrierter zu sein und lösungsorientierte Schritte zur Verminderung des Konfliktes zu unternehmen.

In einem Streß-Bewältigungsseminar am Psychologischen Institut III der Universität Hamburg informierte ich die 25 Teilnehmer kurz über die Möglichkeit von EMDR bei posttraumatischen Streßstörungen. Auf meine Frage, ob jemand ein traumatisches oder belastendes Erlebnis habe und zu einer Augenbewegungs-Desensitisierung bereit sei, meldete sich eine ca. 28jährige Diplomandin. Sie kam zu mir nach vorne und berichtete: In einem Seminar vor ca. zwei Monaten hätte sie sich nach dem Schluß in eine Ecke gesetzt und ihrem Baby die Brust gegeben. Da sei ein Student im Seminarraum erschienen und auf sie zugekommen, laut schimpfend hätte er gesagt: „Du hast mir meinen Praktikumsplatz weggenommen." (Vermutlich war die Diplomandin wegen vorhergehender Schwangerschaft bevorzugt zugelassen worden). Sie hätte große Angst und Erregung verspürt, das Baby an ihrer Brust, sonst niemand im Seminarraum. In den folgenden Tagen hätte sie mehrmals plötzlich weinen müssen, wäre sehr unruhig gewesen. Und noch heute spüre sie des öfteren deutliche Erregung und nachfolgende Müdigkeit, wenn die Situation in ihrer Erinnerung auftrete. Aus Zeitgründen war dieses Gespräch sehr kurz, ca. sieben Minuten. Eine vertrauensvolle Beziehung zu der Situation und mir war jedoch durch den vorhergehenden gemeinsamen Seminartag gegeben.

Typisches Bild: Der Student mit seinen Worten: „Du hast mir meinen Platz weggenommen."
„Etikett" zu dem Bild: „Er greift mich an."
Als Gefühl und Körperempfindung nennt sie: „Enge im Hals, Herzklopfen, Magenbeschwerden."
Positives „Etikett": „Es prallt an mir ab, es macht mir nichts mehr aus."

Die Blickbewegungs-Desensitisierung dauerte ca. zwei Minuten. Zuerst wirkte ihr Gesicht sehr erregt, dann entspannter. Mehrmals zwischendurch tiefes Atemholen. Nach der Desensitisierung berichtet sie: „Es ist vorbei! Ich fühle mich besser!" Zum Schluß habe sie ein Wärmegefühl im Kopf und auf der oberen Brust verspürt. Was sie verwundert und nachdenklich macht, ist die so schnelle Wandlung ihrer Gefühle und ihrer wahrgenommenen Bedeutung der Situation, die sie bisher so belastet hatte.

In einem Tagesseminar mit 25 Diplompsychologen und Sozialpädagogen führte ich in die Augenbewegungs-Desensitisierung ein. Zwecks Selbsterfahrung und Demonstration meldet sich eine 35jährige Frau. Im Anschluß schrieb sie ihre Erfahrungen auf und übergab sie mir.
Ihre seelischen Schwierigkeiten-Belastungen betreffen ihre berufliche Situation, bei der sie mißhandelte Kinder in ein Heim aufnehmen und ihre Betreuung veranlassen muß.

Als typisches Bild wählt sie: „Ein mißhandeltes Kind, mit aufgeplatzten Lippen, faustgroßen blauen Flecken am Körper, Kratzspuren, steht vor mir."
„Etikett" zu dem Bild: „Ich fühle mich hilflos, ohnmächtig, unfähig zu handeln."
Gefühle zu dem Bild: „Ich fühle mich traurig, eine Trauer, die bis zum Bauch reicht."

> *Positives „Etikett":* „Ich möchte dir helfen, ich zerfließe nicht vor Mitleid, ich habe Kraft."

Sie schreibt weiter in ihrem Bericht: „Kurz bevor der Daumen bewegt wird, ist das Trauergefühl so stark, daß ich den Tränen nahe bin, also handlungsunfähig. Dieses Gefühl weicht, es löst sich schon während der Daumenbewegungen auf." – Zum Ergebnis im Nachgespräch: „Meine Hilflosigkeit, Ohnmacht und damit meine Handlungsunfähigkeit empfinde ich nicht mehr so stark wie beim Bild mit dem negativen Etikett."

Eine Frau, 56, schwere Streßbelastung durch Trennung vom Ehepartner, deutlich depressiv. Ihr Mann brachte des öfteren seine Geliebte ins Haus, hat sie zur Trennung gezwungen, sie ist vor kurzem ausgezogen. Im sechsten Kontakt willigt sie nach der Information in EMDR ein.

> *Typisches Bild, das sich ihr oft aufdrängt und sie belastet:* „Mein Mann steht in der Haustür, seine Geliebte dahinter, ich gehe vom Hause weg, mit meinen Sachen."
> *Negatives „Etikett":* „Er hat eine andere! Er verstößt mich."
> *Gefühle:* „Ich bin sehr erregt, wütend, zornig, ärgerlich."
> *Körperempfindungen:* „Meine Muskeln sind ganz gespannt, ich habe Schmerzen am ganzen Körper."
> *Positives „Etikett":* „Ich will frei sein von ihm."

Nach der Augenbewegungs-Desensitisierung ist sie sehr ruhig, offenbar nachdenklich über den Vorgang. Sie spricht wenig darüber.

Bei einem Anruf am nächsten Tag berichtet sie: Sie wäre in der Nacht einige Male aufgewacht und habe dann mit geschlossenen Augen vom Kopfkissen aus ihre Blicke hin- und hergewendet, etwa eine halbe Minute. Danach sei sie immer sofort eingeschlafen. Am Vormittag war sie erstaunt, daß sie wirklich ihren Mann schon so weit losgelassen habe. Über dieses neue Gefühl war sie etwas erschrocken, weil dann ihre Liebe zu ihrem Mann ja nicht sehr tief gegangen sein könne, wenn sie ihn jetzt schon abhake.

Erfahrungen von drei Psychotherapeutinnen

Frau Dr. med. A. Türk hatte in ihrer gesprächstherapeutischen Ausbildung bei mir EMDR selbst erfahren. Etwa zwei Wochen später führte sie diese Desensitisierung mit einer Patientin durch. Die Tonaufnahme der Desensitisierung stellte sie im Fortbildungsseminar ihrer Ausbilderin vor. Einige Ausschnitte aus ihrer Protokollzusammenfassung:

Die Patientin erlitt vor ca. neun Monaten einen schweren Raubüberfall. Seitdem leidet sie an großen Ängsten vor allem nachts, hat Herzattacken, die sie als lebensbedrohlich empfindet, so daß öfters der Hausarzt gerufen wird, hat häufige Schweißausbrüche, mit nachfolgender Erschöpfung, hat Ängste, das Haus zu verlassen. Sie leidet an Ein- und Durchschlafstörungen, ist physisch sehr wenig belastbar und wurde zur

Kur eingewiesen; auch dort Angst, allein zu schlafen, allein das Kurgelände oder das Schwimmbad zu betreten.

In drei psychotherapeutischen Sitzungen kommt es zu einem guten Kontakt zwischen der Patientin und Frau Dr. Türk. Sie erzählt des öfteren ihr grausames Erlebnis. Die Therapeutin schlägt ihr eine Augenbewegungs-Desensitisierung vor, informiert sie; die Klientin willigt ein.

> *Als repräsentatives Bild für die belastende Erfahrung wählt sie:* „Ein Mann steht plötzlich vor mir, ich spüre den Würgegriff von hinten rechts, sehe eine große Männerhand mit einem Messer."
> *„Etikett" für das Bild:* „Nein, nur das nicht, mir nicht." (Die Psychotherapeutin hätte dieses Bild anders beschrieben, doch sie beläßt es bei der Wahl der Patientin.)
> Die Klientin spürt ihre Körperempfindungen und Gefühle und drückt sie aus.
> *Positives „Etikett":* „Ich will vergessen."

Nach den 24 Hin- und Herbewegungen der Augen fühlt sich die Patientin zum ersten Mal „gut".

Es folgen noch zwei Sitzungen mit Gesprächen sowie mit Muskel- und Atementspannung. Danach ist die Klientin gemäß ihren eigenen Worten „zu 90 % geheilt". Die verbliebenen 10 % möchte sie durch verschiedene Entspannungsübungen auch noch „packen".

Frau Dipl.-Psych. Susanne Vahrenkamp, Verhaltenstherapeutin und Ausbilderin in Gesprächspsychotherapie, stellte mir den folgenden Erfahrungsbericht zur Verfügung. Die Patientin hat Ängste vor Schlangen seit eineinhalb Jahren; in den letzten Wochen seien sie extrem stark geworden. Auch Abbildungen von Schlangen würden sie in große Aufregung versetzen. Wenn sie wüßte, in einem Zimmer läge ein Buch mit Abbildungen über Schlangen, könne sie das Zimmer nicht betreten. Spaziergänge oder Wanderungen in der Natur sind ihr unmöglich. Besonders vor dem Einschlafen oder beim Lesen dränge sich ihr das Bild einer großen Schlange auf, das sie einmal zufällig in einem Naturkundebuch gesehen hatte. Zugleich begannen in den letzten Wochen deutliche Konflikte am Arbeitsplatz, mit hilflos-ohnmächtigen Reaktionen bei den Auseinandersetzungen. – In der klientzentrierten Anfangsphase der Therapie führte Frau Vahrenkamp in zwei Sitzungen EMDR durch.

Die Patientin stellte sich die Schlange aus dem Buch vor und beschrieb sie.

> *„Etikett" zu dem Bild:* „Ich bin ausgeliefert." Einschätzung 10 auf der Angstskala.
> *Körperempfindung:* „Ich will nur weglaufen." „Es zieht sich alles in mir zusammen."
> *Gewünschter Zustand:* „Ich will ruhig bleiben."

Nach der ersten Blickbewegungs-Desensitisierung schätzt sie ihre Angsterregung auf 6 ein.

Während der zweiten Desensitisierung ändert sich ihr Gefühl zunächst in Ekel, dann in Faszination. Das Schlangenbild ändert sich deutlich. Die Patientin schätzt in der zweiten Sitzung ihre Angsterregung mit 2 bis 3 auf der Angstskala ein. – Nach vier Wochen berichtet sie, daß sie wieder spazierengeht, sich Schlangen in Büchern ansieht und angefangen hat, Ohrringe in Schlangenform zu tragen.

Frau Dipl.-Psych. Gerlinde Zornek, Klinik Gunzenbachhof in Baden-Baden nahm an einer eintägigen EMDR-Einführung bei Frau Dipl-Psych. Vahrenkamp und mir teil. Danach wendete sie EMDR in der Klinik bei zwei Patientinnen an, mit günstiger Auswirkung. Sehr verkürzt aus ihrem Protokoll:

Eine 51jährige verwitwete Patientin kommt mit der Diagnose schwere depressive Episode mit Somatisierung in stationäre Behandlung. Nach deutlicher Besserung steht neun Wochen später die Entlassung bevor. Eine Woche vor der Entlassung erscheint sie unruhig und gedrückt bei der Psychotherapeutin zum Einzelgespräch. Auf den Sonntag nach der Entlassung falle der zehnte Todestag ihres Mannes. Sie habe damals ihren Mann im Wohnzimmer tot aufgefunden, und diesen Platz meide sie heute, er sei ihr unheimlich. Sie befürchtet einen schwerwiegenden Rückfall. Die Psychotherapeutin erzählt ihr von der EMDR-Methode, die Patientin willigt ein.

Belastendes Bild: Sie kommt vom Einkaufen heim, sieht ihren Mann halb im Sessel liegen mit einer großen Beule am Kopf. Sie habe vor Entsetzen nur noch schreien können.
„*Etikett" für dieses Bild:* „Ich habe schreckliche Angst."
Als wünschenswert äußert sie: „Durch deinen Tod hast du deine Familie erlöst."
(Der Mann war Alkoholiker gewesen und hatte seine Frau oft geschlagen und gedemütigt.)

Nach den Augenbewegungen wirkte die Patientin etwas erschüttert. Sie erzählt der Therapeutin, daß während der Augenbewegungen sich die dunkle Masse des Mannes förmlich aus dem Bild herausgezogen habe („Mein Mann war da nicht mehr!"). Über diese Verwandlung war sie verblüfft und erleichtert zugleich. Bis zur Entlassung erschien der Ehemann ihr nicht mehr im Bild. Eine Nachbefragung fünf Monate später ergab: Das vorher so erschreckende Bild taucht nicht mehr auf. Nach zehn Jahren könne sie den Platz im Wohnzimmer erstmals wieder selbstverständlich in Gebrauch nehmen.

Frau Dipl.-Psych. Zorneks zweiter Einsatz von EMDR: Eine 42jährige ledige Patientin wurde stationär eingewiesen, deutliche depressive Belastungsreaktionen und Persönlichkeitsstörungen. Der Nachbar ihrer Eigentumswohnung übe ihr gegenüber „Psychoterror" aller Art aus, bis hin zu tätlichen Angriffen. Im Gerichtsverfahren wurde der Nachbar wegen manisch-depressiver Erkrankung für nicht schuldfähig erklärt. Während des stationären Aufenthaltes stand eine Sitzung bevor, an der sowohl die Patientin als auch der gefürchtete Nachbar teilnehmen sollten. Es wurde mit der Patientin die EMDR-Methode vereinbart und zusätzliche Rollenspiele, ihr Anliegen mit anwesenden Teilnehmern der Sitzung zu vermitteln.

Gewähltes Bild: „Ich bin in dieser Sitzung, ich will etwas sagen und werde dauernd unterbrochen."

„Etikett" für das Bild: „Halt's Maul, du hast ja sowieso nichts zu sagen."
Gefühle: Wut, Haß, Trauer, „Ich werde nicht ernst genommen", „da wird sich nie etwas dran ändern."
Gewünschte Änderung der Situation: „Jede Person wird angehört und mit ihrem Anliegen ernst genommen."

Nach der Augenbewegungs-Desensitisierung fühlt sich die Patientin ruhiger. – Nach stattgefundener Sitzung teilte sie mit, es sei trotz Anwesenheit des Nachbarn alles gut verlaufen. Sie habe ihr Anliegen gut in Worte fassen können und zum Teil Betroffenheit und größtenteils Verständnis bei den Anwesenden auslösen können. – 14 Tage später ruft die Psychotherapeutin die Patientin zu Hause an. Diese gibt an, daß ihr sowohl die vorbereitenden Rollenspiele („Ich wußte besser, was ich sagen und wie ich es sagen möchte.") als auch die Augenbewegungen geholfen hätten („Ich verspürte mehr Ruhe, es anzugehen."). Außerdem: Sie gehe öfters im Wald spazieren und habe es sich zur Gewohnheit gemacht, gezielt ihre Augen von einer Seite zur anderen schweifen zu lassen (angeregt durch die Erzählung der Therapeutin, wie Frau Shapiro ihre Methode entdeckte). Die damit einhergehende Ruhe tue ihr gut.

Fazit der Erfahrungen mit EMDR in Gesprächs- und Verhaltenstherapie

Die Erfahrungen von vier Gesprächs-Verhaltens-Psychotherapeuten mit EMDR in der ambulanten und stationären Psychotherapie legen die Hypothese nahe: EMDR ist eine wirksame therapeutische Intervention zur Angstminderung und kognitiven Umstrukturierung von belastenden Erfahrungen unterschiedlichen Ausmaßes bei Patienten. – Kein Therapeut/In machte eine erfolglose oder gar schädigende Intervention bei Patienten. Es ist also nicht eine Auswahl aus vielen Versuchen, sondern die Registrierung der Effekte einer beginnenden Anwendung in der Psychotherapeutischen Praxis.

Zu den günstigen Effekten hat sicherlich beigetragen: Es handelt sich um Psychotherapeuten/Innen mit größerer Erfahrung und der deutlichen Fähigkeit, eine vertrauensvolle hilfreiche emotionale Beziehung zu Patienten herzustellen. Dies ist m. E. wesentliche Bedingung für die Intervention. Diese Therapeuten hatten keine längere Einweisung oder Erfahrung in EMDR. Aber sie waren deutlich in ihren Klienten zentriert und sahen in EMDR eine hilfreiche Möglichkeit, eingebettet in die übliche Therapie, und nicht ein technisches oder rigides Vorgehen. In der Gesprächspsychotherapie ist der Therapeut fortwährend in den (belastenden) Gefühlen und Kognitionen des Klienten zentriert, so daß der Klient diese äußert, bzw. sich in einem sicheren, nicht-bewertenden Klima vorstellt. Hier paßt EMDR, das Shapiro (1995) auch als klientzentriert bezeichnet hat, gut hinein. Zwar folgt der Klient den Anordnungen der Prozedur – wie den Fingerbewegungen – aber er wird in den Inhalten seiner Emotionen und Kognitionen nicht dirigiert.

Wahrscheinlich ist EMDR nicht nur eine sehr hilfreiche Interventionsmöglichkeit in der Allgemeinen Psychotherapie. Sie wird auch das Denken und Handeln von Psychotherapeuten beeinflussen. Etwa derart, daß die Therapie sehr belastender Erfahrungen nicht grundsätzlich eine langandauernde und „tiefe" Psychotherapie zur Folge haben müsse. Die Tatsache wird mehr an Aufmerksamkeit gewinnen, daß seelische Beeinträchtigungen mit Änderungen von Gehirnfunktionen zusammenhängen. Und daß diese wiederum durch ein angeleitetes bestimmtes Verhalten des Patienten änderbar sind, sei es Atem- oder Muskelentspannung oder langsames Jogging mit 40 % vermehrter Gehirndurchblutung oder EMDR. EMDR kann angstvolle Erfahrungen deutlich vermindern und damit eine häufige Blockade für problemorientiertes Lösungsverhalten und das Lernen von sozialer Kompetenz aufheben (Eschenröder, 1995).

Augenbewegungs-Desensitisierung als Möglichkeit der Selbsthilfe

I. Nach dem Durcharbeiten des Buches von Frau Shapiro (1995) setzte ich EMDR bei mir selbst ein, bei Einschlafschwierigkeiten in Hotels, Flugzeugen oder bei Entspannung nach einem sehr arbeitsreichen Tag oder bei Knieschmerzen nach Sporttätigkeit. Diese Erfahrungen waren durchaus positiv. Ferner berichteten mir ehemalige Patienten, Seminarteilnehmer und Kollegen, daß sie EMDR bei sich selbst einsetzten bei unangenehmen Erinnerungen-Gedanken, Ängsten, Ein- oder Durchschlafschwierigkeiten.

Diese Erfahrungen legen folgende *Hypothese* nahe: Blickbewegungen wie bei EMDR führen als Selbsthilfe bei Personen mit geringeren Belastungen, Schlafschwierigkeiten und möglicherweise manchen Schmerzen zu günstigen allgemeinen kognitiv-emotionalen Änderungen.

II. *EMDR als Selbsthilfe* zur Förderung von Entspannung-Wohlbefinden. In einem 1-Tages-Seminar zur Einführung in EMDR bat ich nach einer allgemeinen Information die 25 Teilnehmer: Den linken und rechten Daumen mit einem seitlichen Abstand von ca. 35 cm voneinander und einem Frontalabstand vom Gesicht von ca. 30 cm vor sich zu halten. Sie möchten sich im Raum ungefähr die Stelle bzw. einen Gegenstand merken, der dann dem linken und rechten Daumen entspricht. Nach dem Herunternehmen der Hände bat ich die Teilnehmer, auf meine Worte „links" – „rechts" – jeweils die Augen zu dem linken und rechten Objekt abwechselnd zuzuwenden. Es folgten 25 bis 30 Rechts-Links-Aufforderungen, in etwa 35 Sekunden (da ich sah, daß manche Teilnehmer die Augen nicht schneller bewegen konnten).

Danach bat ich die Teilnehmer um Äußerungen: Ca. 80 % der Teilnehmer berichteten über günstige Erfahrungen, z.B. „Als ob der Kopf besser durchblutet sei", „Ich fühle mich wohler im oberen Körperteil", „Ein Gefühl von Erleichterung", „Wie ein Abwaschen", „Ein Gefühl wie Watte", „Ein Auslöschen von Gefühlen", „Es war wohltuend, die ruhige stetige Bewegung", „Es war nichts mehr Persönliches in mir", „Es war anschließend sehr entspannend." – Keine Person berichtete ungünstige Erfahrungen.

So scheint folgende *Hypothese* und ihre zukünftige Prüfung naheliegend: Personen können durch ca. 30 Hin- und Her-Blickbewegungen ihren seelisch-körperlichen Zustand günstig beeinflussen, insbesondere hinsichtlich Entspannung. *Vielleicht* wird die Selbsthilfe durch Blickbewegungen einmal eine noch größere Bedeutung erlangen als etwa heute die Progressive Muskelentspannung oder Atementspannung.

Literatur

Bates, W. H. (1943). *The Bates method for better eyesight without glasses.* New York: Holt.- First Owl Book Edition 1981.

Eschenröder, C. T. (1995). Augenbewegungs-Desensibilisierung und Verarbeitung traumatischer Erinnerungen – eine neue Behandlungsmethode. *Verhaltenstherapie und psychosoziale Praxis, 27,* 341–373.

Shapiro, F. (1989). Eye movement desensitization: A new treatment for post traumatic stress disorder. *Journal of Behavior Therapy and Experimental Psychiatry, 20,* 211–217.

Shapiro, F. (1995). *Eye movement desensitization and reprocessing.* New York: Guilford.

Siever, L., Friedmann, L., Moskowitz, J., Mitropoulou, V. et al. (1994). Eye movement impairment and schizotypal psychopathology. *American Journal of Psychiatry, 151,* 1209–1215.

Tausch, R. (1997). Francine Shapiro (1995), Eye Movement Desensitization and Reprocessing, Buchbesprechung in: *Report Psychologie, 22,* 136–137 und *Zeitschrift für Sozialpsychologie und Gruppendynamik, 22,* 1, 42–45.

Psychoanalyse und EMDR

Friedhelm Lamprecht & Wolfgang Lempa

1. Pro Methodenintegration in der Psychoanalyse

Auf die Notwendigkeit der theoretischen und praxeologischen Weiterentwicklung bestehender psychotherapeutischer Verfahren weisen u.a. Fürstenau (1994), Grawe (1995) und Senf & Broda (1996, 1997) nachdrücklich hin. Der derzeit schon erfolgreich praktizierte Weg ist die Methodenintegration. Darunter verstehen wir in Übereinstimmung mit Senf & Broda (1997), daß innerhalb eines Gesamtbehandlungsplanes in einem der beiden Grundverfahren Psychoanalyse oder Verhaltenstherapie andererorts entwickelte Behandlungstechniken (z.B. Körpertherapien, Gestaltungstherapie, Entspannungsverfahren, Musiktherapie, katathymes Bilderleben, Psychodrama, Familientherapie oder EMDR) zur Anwendung kommen.

Diese Methodenintegration wurde bislang vor allem bei Tagungen oder Kongressen, die sich mit einem spezifischen Störungsbild aus Sicht verschiedener therapeutischer Orientierungen beschäftigen, gefördert. Dabei wurden die Vorzüge, die möglichen Defizite des eigenen Verfahrens und die Richtung einer zukünftigen möglichen Entwicklung der Behandlung von Menschen mit diesem speziellen Störungsbild deutlich. Besonders eindrucksvoll entwickelte sich dieser vernetzte Lernprozeß bei Eßstörungen (s. Reich & Cierpka, 1997; Janssen, Senf & Meermann, 1997). Eine ähnliche Entwicklung zeichnet sich für die „Traumatherapie" ab (s. Fischer & Gurris, 1996; Butollo, 1997; Hofmann, Ebner & Rost, 1997). So wird z.B. die Bedeutung der Gegenübertragung bei der Behandlung von Menschen nach Traumatisierung aufgrund deren Intensität und Dynamik unabhängig von der therapeutischen Orientierung als bedeutsam angesehen (Wilson & Lindy, 1994). Psychoanalytiker, die in der Traumatherapie arbeiten, verwenden überwiegend auch Techniken wie Entspannungsverfahren, um den Patienten z.B. zu helfen, die innere Unruhe zu reduzieren. (s. Fischer & Gurris, 1996).

Im stationären Bereich ist diese Methodenintegration sowohl für die Verhaltenstherapie als auch für die Psychoanalyse seit Jahren verwirklicht. Zum Standardtherapieangebot gehören bei beiden therapeutischen Grundverfahren körperorientierte Therapieangebote, Musik-, Gestaltungstherapie oder Interaktionsgruppen, welche im Sinne einer Methodenintegration zur Anwendung kommen. Zunehmend wurde in letzter Zeit auch die Frage der Methodenintegration zwischen Verhaltenstherapie und Psychoanalyse auf Tagungen diskutiert. Vor allem die eindrucksvollen Erfolge der Konfrontationstherapie führten zu Bemühungen der Umsetzung dieser Methode in psychoanalytischen stationären Settings, und auch zu Bemühungen der theoretischen und konzeptionellen Weiterentwicklung der stationären psychoanalytischen Behandlung. So entwickelten wir z.B. ein konfliktorientiertes und lösungsorientiertes psychoanalytisches stationäres Behandlungskonzept (s. Lempa et al., 1996; Schmid-Ott et al., 1997). Die Schnittstelle der Methodenintegration bilden dabei individuell formulierte Therapieziele (s. Sack et al., 1997).

Da wir einer wissenschaftlichen Weiterentwicklung des Grundverfahrens Psychoanalyse positiv gegenüberstehen und als einen möglichen Schritt dazu die Methodenintegration in dem zuvor beschriebenen Sinne ansehen und diese schon erfolgreich im stationären Bereich konzeptualisierten und praktizieren, stellt die Frage der Anwendung der Behandlungstechnik EMDR im Rahmen psychoanalytischer Behandlungen für uns *nur* eine wissenschaftliche Fragestellung dar. Für Psychoanalytiker, die eine Methodenintegration ablehnen oder ihr skeptisch gegenüberstehen, hat diese Frage eine sicherlich grundsätzlichere Bedeutung (s. Ehlert-Balzer, 1996).

2. Bedarf die Psychoanalyse der EMDR-Technik?

Diese Frage nötigt uns, erst einmal das Feld abzustecken. Wie werden Traumata verarbeitet? Welche Behandlungsstrategien gibt es? Welche behandlungstechnischen Probleme treten bei der psychoanalytischen Psychotherapie auf? Welche psychoanalytischen Konzepte gibt es dafür und was kann EMDR in diesem Kontext leisten?

2.1 Die Komplexität der Traumaverarbeitung

„Traumata" wie Unglücksfälle, Vergewaltigungen, Überfälle sowie individuelle und kollektive Gewalttaten bis hin zu Kriegen sind grundlegende Erfahrungen von einzelnen Menschen, Familien und größeren sozialen Strukturen. Unter einem psychischen Trauma verstehen wir mit Fischer & Gurris (1996, S. 480) „ein vitales Diskrepanzerlebnis zwischen bedrohlichen Situationsfaktoren und individuellen Bewältigungsmöglichkeiten, das mit Gefühlen der Hilflosigkeit und schutzlosen Preisgabe einhergeht und so eine dauerhafte Erschütterung von Selbst- und Weltverständnis bewirkt." Gerade der letzte Aspekt, eine durch das Trauma verursachte dauerhafte Erschütterung von Selbst- und Weltverständnis, grenzt das Trauma von Extrembelastungen ab, bei denen dies nicht der Fall ist.

Das Schicksal von Konzepten der Traumaätiologie in den letzten 100 Jahren zeichnen Sachsse, Ventzlaff & Dulz (1997) nach und zeigen den Weg bis zur Formulierung und Anerkennung der PTSD (Posttraumatic Stress Disorder) mit den Aspekten der Intrusion, Vermeidung, vegetativen Übererregtheit und verstärkten Schreckreaktion. In einer vor kurzem durchgeführten Untersuchung konnten van der Kolk et al. (1996) empirisch nachweisen, daß die Diagnose PTSD (nach DSM-IV oder ICD-10) nicht das volle Ausmaß der Beschwerden beschreibt. Ihre Ergebnisse einer Untersuchung bei 395 einem Trauma ausgesetzten Menschen, die um Behandlung nachsuchten, und 125 Menschen, die einem Trauma ausgesetzt wurden, und keine Behandlung wollten, zeigten, daß PTSD, Dissoziation, Somatisierung und affektive Dysregulation hoch korrelierten. Die Autoren ziehen daraus die folgenden Konsequenzen:

1. Die Diagnose PTSD beschreibt bei den meisten Opfern nicht das volle Ausmaß ihrer Beschwerden.
2. Eine Behandlung sollte nicht nur die PTSD-Symptome, sondern auch die anderen Symptome wie Dissoziationen, Somatisierung, Probleme mit der Affektregulation und Probleme mit Vertrauen und Intimität mit berücksichtigen.

Eine andere wichtige wissenschaftliche Erkenntnis der letzten Jahre ist die, daß Streß und „traumatischer Streß" sich kategorial unterscheiden, da bei letzterem das Verarbeitungssystem angesichts des Traumas zusammenbricht. Dies führt dazu, daß traumatische Erfahrungen als sensorische und emotionale Empfindungen gespeichert, statt kategorisiert und symbolisiert zu werden. Folge davon ist, daß diese traumatischen Erfahrungen erstens durch andere Lebenserfahrungen weitgehend unverändert bleiben und zweitens durch „Trigger" jederzeit sofort ausgelöst werden können. Da die traumatischen Erfahrungen offenbar primär als somatische und affektive Zustände gespeichert sind, dürften sie kaum zugänglich für eine sprachlich-symbolische Verarbeitung sein. Diese Befunde sind besonders wichtig, wenn es um die konkrete Traumatherapie und deren Konzeptualisierung geht (s. van der Kolk & Fisler, 1995, McFarlane & van der Kolk, 1996).

Für reversible traumabedingte Veränderungen in der Informationsverarbeitung bei PTSD-Patienten sprechen auch erste Ergebnisse einer Untersuchung von Lamprecht et al. (1997). Bei den vorher und unmittelbar nach den EMDR-Sitzungen aufgezeichneten Ereigniskorrelierten Potentialen zeigte sich bei den erfolgreich Behandelten eine Abnahme von P3a, welches frontocentral sein Maximum hat und für unbeabsichtigte und unwillkürliche Aufmerksamkeit steht, während umgekehrt P3b, welches mit einem Maximum parietocentral für die gerichtete Aufmerksamkeitsverarbeitung steht, deutlich zunahm. Bei den in dieser Studie nicht erfolgreich behandelten PTSD-Patienten waren diese Effekte nicht zu sehen.

2.2 Die Behandlung von Menschen nach Traumatisierungen

Traumaverarbeitung findet vernetzt auf individueller, familiärer und verschiedenen sozialen Ebenen statt, die der Schwere des Traumas entsprechend aktiviert bzw. geschaffen werden. In diesem Verständnis von Trauma kann Psychotherapie nur als ein Aspekt des komplexen Bewältigungsprozesses angesehen werden. Psychotherapie wird um so effektiver sein können, je persönlicher eingegrenzt die Traumatisierung ist (z.B. Trauma durch Verkehrsunfall), und wird nur ein Aspekt sein können wie z.B. beim Krieg in Bosnien, wo es einer internationalen Verständigung und massiven militärischen Eingreifens bedurfte, um die „Traumatisierung" der Menschen dort zu reduzieren und für die meisten zu beenden. Die psychotherapeutische Behandlung von Menschen, die Opfer einer Traumatisierung wurden, wird natürlich immer Bezug auf die individuelle Lebens- und Leidensgeschichte nehmen. Dabei spielen die Vulnerabilität, das Alter bei der Traumatisierung, die Art des Traumas sowie dessen Schwere und Dauer, die bisherige Traumaverarbeitung und mögliche Ressourcen eine wesentliche Rolle für das konkrete therapeutische Vorgehen.

Trotz dieser immer zu berücksichtigenden Individualität jedes Opfers einer Traumatisierung finden sich in der Literatur doch weitgehende Übereinstimmungen bezüglich des Zieles und des prinzipiellen Vorgehens bei diesen betroffenen Menschen.

Als Ziel der therapeutischen Behandlung wird angesehen, dem betroffenen Menschen zu helfen, die gemachten traumatischen Erfahrungen in sein gegenwärtiges Leben zu integrieren.

Die therapeutische Arbeit verläuft dabei in individuell zu gestaltenden Phasen, die sich nach Schwerpunkten wie folgt aneinanderreihen (s. van der Kolk, McFarlane & van der Hart, 1996; Reddemann & Sachsse, 1996; Fischer & Gurris, 1996; Butollo, 1997):
1. Sicherheit und Stabilisierung
2. Traumaverarbeitung und
3. Gestaltung des aktuellen Lebens und der Zukunft.

1. Fokus auf Sicherheit und Stabilisierung

An erster Stelle steht der Schutz Betroffener vor weiterer Traumatisierung. Ferner geht es um eine Information der Betroffenen über das erlebte Trauma und dessen Verarbeitung, und weiter darum, diesen Menschen zu helfen, mit den körperlichen und psychischen Folgen der Traumatisierung (Intrusionen, Dissoziationen, körperliche Mißempfindungen und Krankheiten) umzugehen (s. Reddemann & Sachsse, 1996). Bedeutsam ist ausreichende soziale Unterstützung und Hilfe, um das „normale Leben" wieder aufnehmen zu können, und um nicht noch „mehr aus der Welt zu fallen" (s. Reemtsma, 1997; Butollo, 1997).

2. Fokus auf Traumaverarbeitung

Traumaverarbeitung bedeutet, eine Hilfestellung bei der Verarbeitung der überwältigenden und schrecklichen traumatischen Erfahrung zu geben, und meint nicht nur erinnern und darüber berichten. Vielmehr bezieht sie sich auf die komplexe Matrix aus somatosensorischen, emotionalen, biologischen und kognitiven Dimensionen der Traumaerfahrung (s. van der Kolk et al., 1996). Weitgehende Übereinstimmung besteht darüber, daß beim Vorliegen einer PTSD der Fokus in der Behandlung im dosierten Wiederbeleben der traumatischen Erfahrung und damit verbundenen Gefühle und körperlichen Reaktionen liegen sollte. Dadurch wird eine Stärkung der Ich-Funktionen, ein Aufheben der vertikalen Spaltung (Dissoziation) und damit eine Integration der traumatischen Erfahrung in die psychische Struktur erreicht. Eine Traumaverarbeitung ist nach Reddemann & Sachsse (1996) gelungen, wenn die betroffene Person mit Emotionen, aber ohne Dissoziation über das erlebte Trauma sprechen kann.

3. Fokus auf das aktuelle Leben und die Zukunft

In dieser Phase geht es um die Hilfestellung bei der Wiederherstellung von sicheren sozialen Beziehungen und dem Gefühl von persönlicher Wirksamkeit sowie der Unterstützung bei einem persönlichen Engagement in der Gegenwart und Aufbau einer Zukunftsperspektive.

Nimmt man dieses 3-Stufen-Modell der Traumaverarbeitung, dann bestehen eigentlich keine theoretischen Dissensen oder größeren behandlungstechnischen Probleme bezogen auf die Stabilisierungsphase und die letzte Phase der Ausrichtung auf das aktuelle Leben und die Zukunft. Die eigentliche Herausforderung ist die Traumaverarbeitung, wie diese durchzuführen ist, angesichts der Tatsache, daß traumatische Erfahrungen nicht oder nur teilweise symbolisch gespeichert sind und sich so einer sprachlichen Zugehensweise primär verschließen (s. van der Kolk, 1996).

2.3 Konzeptionen der psychoanalytischen Traumaverarbeitung

In ihrem Versuch einer Bilanz der Bedeutung von Traumatisierungen in Kindheit und Jugend für die Entstehung psychischer und psychosomatischer Erkrankungen, äußern Hoffmann, Egle & Joraschky (1997) recht entschieden, daß der beste Schutz bereits geschädigter Personen vor erneuter Schädigung und Traumaweitergabe eine adäquate Therapie des primären Psychotraumas darstellt.

Was ist unter einer adäquaten Therapie zu verstehen und wie kann diese aussehen? Von psychoanalytischer Seite gibt es dazu zwei prinzipielle Konzeptionen und Vorgehensweisen. Die klassische und genuin psychoanalytische ist die, das Trauma in seiner Reinszenierung in der therapeutischen Beziehung im Rahmen der Übertragungs-Gegenübertragungs-Beziehung zu bearbeiten. Für diese Vorgehensweise werden anhand von Kasuistiken Überlegungen formuliert, die deutlich machen, daß es dieses analytischen Prozesses bedarf, um die „Täterintrojektionen", die vor allem bei von Menschen verursachten Traumatisierungen entstehen, und mit massiven Identitäts- und Selbstwertproblemen sowie heftigen Scham- und Schuldgefühlen verbunden sind, zu verarbeiten. Da das Ausmaß dieser intrapsychischen und interpersonellen Prozesse oft nicht vorstellbar ist, soll ein Beispiel von Butollo (1997) diesen Aspekt verdeutlichen. Butollo spricht in diesem Zusammenhang von „psychischem Kannibalismus" und zitiert eine persönliche Mitteilung von Maria Zepter, die sich um vergewaltigte Frauen des Lagers von Omarska in Bosnien kümmerte. Diese berichtete, daß die Frauen kurz nach der Traumatisierung vorübergehend Bartwuchs bekamen, rauh wurden und derbe Späße etc. machten.

Von Psychoanalytikern findet man schon seit Jahren dezidierte Beschreibungen dieser Prozesse, die als Folge von erlebten Traumata auftreten können (s. Ehlert & Lorke, 1988; Plassmann, 1996; Küchenhoff, 1990; Joraschky, 1997; Hirsch, 1997a; 1997b; Cierpka & Cierpka, 1997;) und auch exzellente Falldarstellungen, die deutlich machen, wie sehr das Opfer durch die Tat psychisch geschädigt ist, wie sich die erlebte Traumatisierung in der therapeutischen Beziehung darstellt, und wie durch die Arbeit an der Übertragungsbeziehung schließlich eine Heilung erreicht werden kann (s. Hirsch, 1990; Kögler, 1991; Ehlert-Balzer, 1996; Lindy, 1996; Hirsch, 1997a; Wurmser, 1997; Thiel, 1997). Gleichzeitig wird dem Leser auch deutlich, wie belastend diese Arbeit für Patienten und Therapeuten ist, welche krisenhaften Zuspitzungen entstehen, und daß deren „Meisterung" notwendig für den therapeutischen Erfolg ist. Die so arbeitenden Kolleginnen und Kollegen sind fest überzeugt, daß die Anstrengungen und Belastungen dieser Behandlung sich letztlich für den Patienten lohnen. Konsequenterweise versuchen sie, die Aufarbeitung des Traumas in der Übertragung weiter zu optimieren.

Einen anderen Weg als die erstgenannten Psychoanalytiker, die versuchen, durch eine Arbeit an der Übertragung die Traumatisierung aufzuarbeiten, beschreitet eine andere Gruppe von Psychoanalytikern. Sie sehen als Schwerpunkt der therapeutischen Arbeit die Aufarbeitung der Traumatisierung an und suchen dabei nach immer schonenderen und dabei auch wirksameren Behandlungstechniken. Einige davon kommen zu der Überzeugung, daß es nicht möglich oder nicht so sinnvoll ist, alle Traumatisierungen in der Übertragung zu bearbeiten (Drees, 1996; Reddemann & Sachsse, 1996; Sachsse, 1996). Sie plädieren für eine „Traumaarbeit". Am ausgearbeitesten dürfte dabei das Konzept von Reddemann und Sachsse (1996) sein. Auf der Basis psychodynamischer Überlegungen entwickelten sie eine Traumatherapie, die Methoden der Hypnotherapie und der katathym-imaginativen Psychotherapie zur Anwendung kommen läßt. In der ersten Behandlungsphase wird ressourcen-orientiert mit Hilfe imaginativer Verfahren (Sicherer innerer Ort, Innere Helfer usw.) der PatientIn geholfen, mit Dissoziationen, Intrusionen und Erregungszuständen umzugehen und sich so psychisch zu stabilisieren. Die eigentliche Traumaarbeit erfolgt durch ein möglichst wenig retraumatisierendes Heranführen und ein dosiertes, stabil konfrontierendes Durchleben der traumatischen Szenen, gefolgt von „innerem Trost und Hinter-sich-lassen". Die Abschlußphase der Behandlung zielt ressourcen-orientiert auf die kreative Gestaltung des aktuellen Lebens und einer konkreten Lebensplanung (s. Reddemann & Sachsse, 1996).

Durch die aktuelle wissenschaftliche Diskussion angeregt, welche die Bedeutung von Traumatisierungen für die Ätiologie schwerer seelischer Störungen zeigte (s. Egle, Hoffmann & Joraschky, 1997), gewann die oben dargestellte Kontroverse innerhalb der Psychoanalyse über die Behandlung traumatisierter Menschen an Bedeutung. In diesem Zusammenhang nahm auch das klinische Interesse an Methoden der Traumatherapie zu. So wurde das neue Verfahren EMDR („Eye Movement Desensitization and Reprocessing") von einer Reihe von Psychoanalytikern aufgegriffen, und nach erfolgter Ausbildung im ambulanten und stationären Bereich eingesetzt.

2.4 Die EMDR-Behandlungstechnik

Da ein wesentlicher Aspekt der Traumaverarbeitung die „Durcharbeitung der traumatischen Situation" darstellt, geht es darum, Behandlungstechniken zu entwickeln, die dies leisten können und gleichzeitig für die betroffenen Menschen möglichst „schonend" sind, ihre Intimität respektieren und möglichst wenig „retraumatisierend" wirken. Als klinisch wirksam erwiesen sich die Konfrontationstechniken der Verhaltenstherapie (s. Solomon, Gerrity & Muff, 1992; Shalev, Bonne & Spencer, 1996; Rothbaum & Foa, 1996) und die katathym-imaginativen Techniken der Traumatherapie von Reddemann und Sachsse (1996). Neuerdings gibt es wissenschaftliche Ergebnisse und klinische Berichte, daß auch mit der EMDR-Technik eine wirksame Traumatherapie möglich ist (s. Shapiro, 1995; van der Kolk, McFarlane & Weisaeth, 1996; Hofmann, 1996). Eine umfassende Zusammenstellung und Bewertung der empirischen und klinischen Befunde geben Eschenröder (1995) und Chambless et al. (1996).

Bei EMDR handelt es sich um eine psychotherapeutische Technik, deren Anwendung eine abgeschlossene Therapieausbildung voraussetzt. Im Rahmen eines Gesamtbehandlungsplanes kann dann die EMDR-Behandlung mit dem Schwerpunkt auf Traumabearbeitung und Traumaintegration angewendet werden. Die EMDR-Methode steht an der Schnittstelle zwischen Verhaltenstherapie und Psychoanalyse. Sie teilt wichtige Aspekte wie die Einschätzung auf Skalen, die Konfrontation mit dem Trauma und die kognitive Umstrukturierung mit der Verhaltenstherapie. Aber auch die Nähe zur Psychoanalyse ist unverkennbar, wenn die Bedeutung infantiler Traumatisierungen, unbewußter Prozesse, unbewußter Abwehr, des freien Assoziierens, der Katharsis, von Symbolisierung, von Somatisierung, von Selbstwahrnehmung, von frühen Objektbeziehungen und von Introjektionen durch das Trauma aufgegriffen werden. So wundert es nicht, wenn diese Methode besonders gut innerhalb dieser beiden Therapieschulen zur Anwendung kommen kann.

Die Grundvorgehensweise der EMDR-Therapie ist die, daß in einer therapeutischen Beziehung der Patient in einer durch die EMDR-Technik vorgegebenen festen Struktur eine Konfrontation mit dem Trauma erlebt, die zu einer Traumaintegration führt, indem unbewußt biologisch gespeicherte kognitive, emotionale und körperliche Reaktionen auf das Trauma wiederbelebt und integriert werden. Anders formuliert, wird die durch das Trauma induzierte Dissoziation wieder aufgehoben. Die in der traumatischen Situation aufgehobene Verbindung zwischen Wahrnehmungen, Gedanken und Körperreaktionen wird wieder hergestellt. Danach erfolgt die kognitive Umstrukturierung, indem die durch die Traumatisierung veränderten Selbst- und Objektrepräsentanzen wieder korrigiert werden. Inwieweit dabei die Augenbewegungen notwendig oder nur günstig oder gar überflüssig sind, wird gegenwärtig diskutiert (s. Eschenröder, 1995; Shapiro, 1995).

Angesichts der Gemeinsamkeit der meisten Traumatherapien, die durch dosiertes Wiedererleben bei möglichst geringer Retraumatisierung eine biopsychische Reintegration des Traumas versuchen, geht es um die spezifische Wirkung des EMDR. Die Konfrontationstherapie mit kognitiver Umstrukturierung der Verhaltenstherapie oder auch der Traumatherapieansatz von Reddemann und Sachsse (1996), die auch in spezifischer Weise eine Konfrontationstherapie und kognitiv-emotionale Umstrukturierung vornehmen, haben den Vorteil gegenüber der EMDR-Therapie, daß sich die therapeutischen Prozesse durch den Therapeuten deutlich besser steuern lassen als bei der EMDR-Technik. Bei dieser wiederum laufen die Prozesse in einer gewissen Eigendynamik ab, die vom Therapeuten und Patienten weniger beeinflußt werden können, aber es scheint den Vorteil zu haben, daß die Prozesse etwas schneller und durch die Eigendynamik auch prägnanter ablaufen, als dies bei den durch den Therapeuten von außen angestoßenen Traumaexpositionen der Fall ist. Ein wesentlicher Vorteil der EMDR-Technik ist der, daß die Intimität des Opfers besser gewahrt und geschützt werden kann, da nicht mehr die ganze Geschichte erinnert und verbalisiert werden muß.

Bei der EMDR-Behandlungstechnik handelt es sich mittlerweile um eine hochdifferenzierte psychotherapeutische Technik, die im Laufe der letzten Jahre entwickelt, empirisch evaluiert und systematisch optimiert wurde. Schwerpunkt des Einsatzes der EMDR-Behandlungstechnik sind posttraumatische Belastungsstörungen, aber zunehmend werden auch Erfahrungen bei anderen Formen von psychischen Störungen und

„Minitraumatisierungen" gesammelt und berichtet (s. Shapiro, 1995; De Jongh, Ten Broeke & Van der Meer, 1995; Eschenröder, 1995 und Hofmann, 1996).

Mittlerweile wird schon die differentielle Indikation der verschiedenen Traumatherapietechniken in der klinischen Praxis diskutiert. Die Bedeutung der jeweils für die verschiedenen Techniken spezifischen Wirkfaktoren, wie die Augenbewegung beim EMDR, das „Schauen auf einen Bildschirm bei der Screening-Technik" (s. Reddemann & Sachsse, 1996) etc. muß weiter klinisch und wissenschaftlich untersucht werden. Dadurch wird eine Weiterentwicklung und ein besseres Verständnis dieser spezifischen Wirkfaktoren erreicht werden.

3. EMDR-Traumatherapie im Rahmen von psychoanalytischen Behandlungen

3.1 Kasuistik

Eine niedergelassene Psychoanalytikerin wandte sich an unsere Abteilung, um die von ihr durchgeführte tiefenpsychologisch orientierte ambulante Therapie mit EMDR-Therapie in unserer Abteilung zu ergänzen. In ihrem Arztbrief erwähnt sie, daß die 34jährige Patientin Frau K. sich seit dem April 1996 in ihrer ambulanten Behandlung befindet. In diesem Zeitraum wurde ein sexueller Mißbrauch bei einem Verwandten der Patientin offenkundig, der bei ihr dann selbst zu Erinnerungen an eigene Traumatisierungen in der Kindheit führte. Die Patientin reagierte darauf mit heftigen, teilweise autoaggressiven und teilweise dissoziativen Bewältigungsstrategien. Es ergaben sich dann unterschiedliche sexuelle Traumatisierungen im Alter von sechs und zwölf Jahren. Die Patientin zeigte zum Untersuchungszeitpunkt das Bild einer posttraumatischen Belastungsstörung mit starken Intrusionen, Vermeidungsverhalten und starker körperlicher Erregtheit. Da die Patientin dadurch psychisch sehr belastet war und ihre Aufgaben als Mutter nur noch mit größter Mühe erfüllen konnte, war – aus Sicht der Therapeutin – eine Entlastung durch eine entsprechende Traumatherapie notwendig.

Bei dem diagnostischen Gespräch ergab sich, daß es vor allem Intrusionen waren, die sich auf den Vorfall mit sechs Jahren bezogen, unter denen die Patientin litt. Sie konnte sich soweit erinnern, daß da ein älterer Junge „etwas mit ihr gemacht hatte", was sie nicht wollte, und sie dann in ein Dornen- und Brennesselgestrüpp geworfen hatte. Dieses letzte Bild war der Inhalt von Intrusionen, war für sie nicht steuerbar und führte zu dissoziativen und für sie schwer erträglichen Zuständen. Da sich die Indikation für eine EMDR-Behandlung ergab, informierten wir sie über unser therapeutisches Vorgehen und stellten sicher, daß sie jemand zur ambulanten Behandlung begleitete und auch die nächsten 24 Stunden für sie zur Verfügung stand. Die Patientin füllte danach folgende Tests zur Evaluation der EMDR-Behandlung aus: Befindlichkeit (v. Zerssen, 1976a), Beschwerdenliste (v. Zerssen, 1976b), State-Angst (STAI-X1; Laux et al., 1981) und IES- Fragebogen (Impact of event-scale; Hofmann, 1995).

Wir führten dann eine EMDR-Sitzung durch, die 90 Minuten dauerte. Wir begannen mit dem schlimmsten Bild, das für sie war, als der Junge sie in die Dornen und Brennesseln warf. Als sie sich dieses Bild vorstellte, kam es bei ihr zu starken körperlichen Reaktionen mit Druck auf der Brust, flauem Gefühl im Magen und Gefühlen von Traurigkeit. Nach einer Serie von Augenbewegungen verstärkten sich diese Gefühle, und die Patientin zeigte in ihren Bildern und ihrem Erleben eine Dissoziation: ein kleines Mädchen, das in den Brennesseln und Dornen lag und voller Schmerzen war und ein anderes Mädchen darüberschwebend, das keinerlei Schmerzen empfand und dem es gut ging. Durch Konzentration auf ihre Körperempfindungen gelang es dann über mehrere Serien von Augenbewegungen diese dissoziierten Anteile – über Kontaktaufnahme, dann sich die Hand geben, gemeinsam gehen – schließlich wieder zu integrieren. Diesen Prozeß erlebte die Patientin phasenweise mit starken körperlichen Schmerzen, und heftigen Gefühlen von Angst, Wut und Traurigkeit. Danach kamen deutlicher die Bilder des sexuellen Mißbrauches durch den Jungen, der sie, als sie nicht aufhörte zu schreien, dann in die Brennesseln und Dornen warf. Die Patientin hatte dann weiter Erinnerungen an den Heimweg, an die negative Reaktion der Eltern, wie sie sich dann in ihrem Zimmer tröstete. Durch die mehrfachen Durchläufe mit dem belastenden Ausgangsbild nahm der SUD-Wert von 9, der zwischenzeitlich auf 10 angestiegen war, auf 5 ab. Da es der Patientin psychisch deutlich besser ging, sie mittlerweile erschöpft war, beendeten wir die erste Sitzung und vereinbarten ein Telefonat für den nächsten Tag. Für die ambulante Therapeutin der Patientin gaben wir einen Kurzbericht über die EMDR-Sitzung mit. Die Wirkung dieser EMDR-Sitzung wurde schon nach der Sitzung von der Patientin sehr positiv eingeschätzt, was sich bei dem Telefonat einen Tag später bestätigte.

Bei einem Nachbesprechungstermin drei Wochen später wurden die Fragebogenwerte ein zweites Mal erhoben. An sich war auch eine zweite EMDR-Sitzung geplant, aber da die Patientin einen SUD-Wert von 1 angab und davon berichtete, daß die Verarbeitung des Traumas in Träumen und in der ambulanten Behandlung weiter gegangen sei, und es ihr so gut gehe, daß sie erstmals keine weitere Sitzung benötige, führten wir keine weitere Behandlungssitzung mit EMDR durch.

Bei dem Nachgespräch waren die intrusiven Symptome und das Vermeidungsverhalten der Patientin verschwunden, was auch der IES-Fragebogen zeigt. Sie war noch völlig überrascht über die deutliche Besserung ihres Befindens. Sie berichtete, daß, als sie zur Tür ihrer Therapeutin hereinkam, diese meinte „Es hat gewirkt". Auch das von dem sexuellen Mißbrauch betroffene Familienmitglied sprach sie einige Tage nach der EMDR-Sitzung an, was mit ihr los sei, da sie „völlig verändert" sei und äußerte dann auch den Wunsch nach einer EMDR-Behandlung.

Bei einem Telefonat drei Monate später zeigte sich ein stabiler Behandlungserfolg. Die erstaunliche Veränderung durch nur die *eine* EMDR-Sitzung zeigen die Fragebogenergebnisse der Patientin.

Testverfahren	Prä-Testwert	Post-Testwert
IES- Impact of event scale	51	2
IES-Vermeidung	15	1
IES-Intrusion	26	0
Bf-S Befindlichkeit	32	5
BL Beschwerdeliste	37	7
STAI-X1 State-Angst (10 Items)	22	12

Tabelle 1: Veränderungen in State-Maßen und der Impact of event scale

Skalen SCL-90R	Prä-Testwert T-Werte	Post-Testwert T-Werte
Somatisierung	70	49
Zwanghaftigkeit	52	43
Unsicherheit im Sozialkontakt	49	42
Depressivität	48	32
Ängstlichkeit	60	43
Aggressivität / Feindseligkeit	56	36
Phobische Angst	58	43
Paranoides Denken	54	38
Psychotizismus	48	39

Tabelle 2: Veränderungen in den T-Werten des SCL-90R Fragebogens; T-Werte bis 60 sind als unauffällig anzusehen.

Wie die Auswertung des Fallbeispieles zeigt, ergeben sich bei allen State-Maßen wie Befindlichkeit (v. Zerssen, 1976a), Beschwerdenliste (v. Zerssen, 1976b) und State-Angst (STAI-X1; Laux et al. 1981) eine erhebliche Reduktion der vormals stark ausgeprägten Werte. Verständlich wird dies, wenn man die Fragebogenwerte des IES (Impact of event-scale) (Hofmann, 1995) betrachtet, die sowohl für die Subskalen Intrusion und Vermeidung als auch für die Gesamtskala auf annähernd 0, also keinerlei gegenwärtige Auswirkungen der Traumatisierung bezüglich dieser Parameter, zurückgehen. So erklärt sich auch, daß die vormals negativ bewertete Gesamteinschätzung der Lebenszufriedenheit (6-Punkte-Skala) sich von „ziemlich unzufrieden" auf „ziemlich zufrieden" ändert. Wie sind nun diese erstaunlichen kurzfristigen Veränderungen zu erklären? Im wesentlichen durch die SCLR-90R-Werte, die zeigen, daß die Patientin eigentlich recht gesund ist, d.h. auf fast allen Skalen, bis auf Somatisierung, mit ihren Werten im Normbereich liegt. Das entspricht unserer Erfahrung, und so wird es auch in der Literatur berichtet, daß die EMDR-Methode besonders gut bei psychisch gesunden Menschen wirkt, die eine Traumatisierung erlebt haben, was bei der ausgewählten Patientin der Fall ist (s. Eschenröder, 1995).

Dieser in der Literatur öfter berichtete (s. zusammenfassend Eschenröder, 1995) und von uns auch in wenigen Fällen bislang verzeichnete große Behandlungserfolg, veranschaulicht unser Vorgehen der parallelen psychoanalytischen Therapie und

EMDR-Behandlung, und begründet, warum wir uns intensiver, auch im Rahmen wissenschaftlicher Forschung, mit dieser Behandlungsmethode beschäftigen.

3.2 Das Konzept der EMDR-Traumatherapie im Rahmen ambulanter und stationärer psychoanalytischer Behandlungen

Angesichts der mittlerweile erwiesenen wissenschaftlichen Bedeutung von „Traumata" wie Vernachlässigung, Mißhandlung und Mißbrauch – besonders in der Kindheit und Jugend – für die Entstehung einer Reihe von schweren psychischen Störungen praktizieren wir folgendes psychoanalytisches therapeutisches Vorgehen:

1. Bei der Diagnostik achten wir sehr genau auf mögliche Traumata als (Mit-)Ursache berichteter psychischer Störungen.
2. Bei Belegen oder Hinweisen für eine Traumatisierung prüfen wir die Indikation zur Durchführung einer Traumatherapie. Gleiches gilt, wenn im therapeutischen Prozeß Hinweise oder Belege für ein Trauma auftauchen.
3. Bei Indikationsstellung erfolgt eine ausführliche Information des Patienten über die Behandlung und wir führen dann die EMDR-Traumatherapie ambulant oder stationär selbst durch, oder verweisen an eine andere Klinik bzw. Psychotherapeuten zur EMDR-Traumatherapie oder zu einer anderen Form der Traumatherapie.
4. Nach erfolgter EMDR-Traumatherapie erfolgt eine Indikationsstellung bezüglich einer weiteren psychotherapeutischen Behandlung.

Bei allen schweren psychischen Störungen, bei denen empirisch nachgewiesen Traumatisierungen in der Ätiologie eine bedeutsame Rolle spielen können, wie Posttraumatische Belastungsstörung, selbstverletzendes Verhalten, Borderline-Störungen, dissoziative Störungen und bei nosologischen Subgruppen von Angststörungen, Somatisierungsstörungen und Eßstörungen sowie bei vorhandenen Amnesien bezüglich größerer Lebensabschnitte, ist differentialdiagnostisch an eine Traumatisierung zu denken. Eine explizite Einbeziehung der Thematik von „Traumatisierung" halten wir dann für notwendig. Es kann nicht darauf vertraut werden, daß der Patient dieses Thema von sich aus anspricht oder davon berichtet.

Hinweise für eine Traumatisierung erhält man dadurch, daß der Patient Symptome einer PTSD zeigt, daß „Trigger" berichtet werden können, wodurch sich psychische Zustände für den Patienten unerklärlich ändern, oder aber diese Änderungen auftreten, ohne daß der Patient dafür Auslöser nennen kann. Dissoziative Zustände sind somit ein deutlicher Hinweis auf eine mögliche Traumatisierung. Bei Belegen oder Hinweisen für eine Traumatisierung prüfen wir in weiteren ambulanten diagnostischen Gesprächen die Indikation zur Durchführung einer EMDR-Traumatherapie. Eine Traumatherapie ist u.E. dann indiziert, wenn sich im gegenwärtigen Leben noch deutliche Beeinträchtigungen durch ein erlebtes Trauma nachweisen lassen. In den diagnostischen Gesprächen muß es möglich sein, das Trauma zumindest grob einzugrenzen, die Verarbeitung des Traumas durch den Patienten muß deutlich werden und auch evtl. bestehende weitere Traumatisierungen sind zu diagnostizieren.

In Abhängigkeit von den diagnostischen Gesprächen erfolgt dann nach ausführlicher Information der Patienten die Traumatherapie mit EMDR, die wir entweder ambulant oder stationär durchführen. Eine ambulante Traumatherapie ist u.E. dann möglich, wenn der Patient über genügend eigene Ressourcen und Stabilität sowie über ausreichend soziale Unterstützung verfügt, um die durch die Traumatherapie entstehende psychische Belastung zu verarbeiten. Ansonsten entscheiden wir uns für eine stationäre Therapie, da wir so den Patienten besser stabilisieren und in der Verarbeitung der Traumatherapiesitzungen begleiten können.

Für den ambulanten Bereich haben wir an einem Beispiel dargestellt, wie wir arbeiten, wie wir mit niedergelassenen psychoanalytisch arbeitenden Kollegen und auch mit Kollegen der Verhaltenstherapie zusammenarbeiten, die uns Patienten, die sich bei ihnen in Behandlung befinden, gezielt zur EMDR-Therapie überweisen.

Im stationären Bereich führen wir die EMDR-Behandlung so durch, daß wir nach einer Stabilisierungszeit der Patienten von 1–3 Wochen, dann wöchentlich bis 14-tägig EMDR-Traumasitzungen ergänzend zu dem Standardangebot unserer Station durchführen (s. Schmid-Ott et al., 1997). Dieses Vorgehen eignet sich für mittel- bis schwertraumatisierte Patienten. Extrem traumatisierte Patienten, die wegen der Folgen der Traumatisierung ihr tägliches Leben nicht mehr allein geregelt bekommen, unter multipler Symptomatik mit schweren Dissoziationen leiden, sind nach unserer Erfahrung mit dem Standardsetting unserer Abteilung überfordert, da sie psychisch so sehr mit dem Trauma beschäftigt sind, daß sie sich auf die vielfältigen Angebote unserer Station wie Gestaltungstherapie, Gruppentherapiegespräche oder Körperwahrnehmungstraining nur ganz begrenzt einlassen können. Für diese Patientengruppe halten wir eine Behandlung auf einer Schwerpunktstation für traumatisierte Menschen für geeigneter und überweisen diese Betroffenen dann an die entsprechenden Kliniken.

3.3 Fragen zur theoretischen und praktischen Integration von EMDR in psychoanalytische Behandlungen

Nach unserer bisherigen Arbeitserfahrung ist es möglich, EMDR im Rahmen einer stationären Therapie erfolgreich einzusetzen, wie das in unserer Klinik oder in anderen klinischen Settings erfolgreich praktiziert wird (s. Hofmann, 1996; Reddemann & Sachsse, 1996). Dies ist insofern einfach, da die Methodenintegration bei uns seit Jahren praktiziert wird. So bekommen einige Patienten ein Angstbewältigungstraining, andere Paar- bzw. Familientherapiegespräche und andere eine EMDR-Behandlung.

Für den ambulanten Bereich ergeben unsere bisherigen Arbeitserfahrungen eigentlich keine größeren Probleme, was die Kombination einer EMDR-Therapie mit einer laufenden ambulanten psychoanalytischen oder verhaltenstherapeutischen Behandlung angeht. Voraussetzung ist, daß die überweisenden Kollegen in Kenntnis der Möglichkeiten und Grenzen sowie der spezifischen Wirkungsweise einer EMDR-Traumatherapie sind, und auch eine positive Einstellung bezüglich der Notwendigkeit einer Traumatherapie haben. Unter diesen Voraussetzungen ergaben sich bislang keinerlei nennenswerte Probleme. Eine Methodenkombination wird selbst von Wurmser (1997), einem führenden Psychoanalytiker mit dem Schwerpunkt der Aufarbeitung des Traumas in der Übertragung, vertreten, der eine Kombination psychoanalytischer Therapie mit medikamentöser Therapie oder anderen Therapieformen als Ergänzung fordert und praktiziert.

Wir haben keine Erfahrung mit der Integration von EMDR in laufende psychoanalytische Behandlungen. Grand (1996) berichtet über seine Erfahrungen mit diesem Vorgehen. Er meint, daß nur eine „Handvoll" psychoanalytisch arbeitende Kollegen eine Integration von EMDR in laufende psychoanalytische Behandlungen praktizieren. Er selbst führt bei seinen Patienten, mit denen er sonst in der Übertragungsbeziehung und einsichtsorientiert arbeitet, EMDR in zwei Arten durch. Bei Traumamaterial führt er die ganze EMDR-Behandlung entsprechend dem Ablaufschema durch (s. Shapiro, 1995; Eschenröder, 1995). Der zweite Ansatz von ihm ist, daß er Material, das erfahrungsgemäß durch EMDR beeinflußbar ist, wie irrationale, negative Kognitionen und Selbstbeschreibungen („Ich kann nichts richtig machen" oder „Mein Leben ist wertlos") in einer modifizierten Form bearbeitet. Das letztgenannte Vorgehen wirkt auf uns noch etwas „fremd" und „gewöhnungsbedürftig" und wird von uns so nicht praktiziert.

Wir sind mit Hoffmann, Egle & Joraschky (1997) der Meinung, daß die Behandlung von Menschen mit Traumatisierungen noch großer wissenschaftlicher Anstrengungen bedarf. Klinische Erfahrungen und auch empirische Belege für die Wirksamkeit von Traumaverarbeitungsmethoden wie medikamentöse Behandlung, Konfrontationstherapie, katathym-imaginative Verfahren und auch EMDR liegen vor, die aber weiterer wissenschaftlicher Überprüfung und konzeptueller Weiterentwicklung bedürfen. In diesem Sinne erscheint uns EMDR als eine, besonders für Psychoanalytiker theoretisch integrierbare und auch praktikable Möglichkeit, bei traumatisierten Patienten die notwendige konkrete Traumaarbeit durchzuführen. Eine andere Möglichkeit ist die Traumaarbeit nach Reddemann & Sachsse (1996), in der sich derzeit auch eine Reihe psychoanalytischer Psychotherapeuten ausbilden lassen.

4. Zusammenfassung und abschließende Überlegungen

Die therapeutische Hilfe für Menschen nach Traumatisierungen ist ein komplexer Prozeß, dessen Basis die therapeutische Beziehung bildet, da Traumatisierungen zu Problemen mit der Affektregulation und Problemen mit Vertrauen und Intimität führen. Dies mag auch der Grund sein, warum trotz mangelnder empirischer Befunde psychoanalytische Therapie eine bedeutende Rolle spielt. Eine Strömung in der Psychoanalyse will die erlebten Trauma in der Übertragung bearbeiten, bringt Argumente dafür, und zeigt über Kasuistiken und anhand von klinischen Berichten die Wirksamkeit dieses Vorgehens. Andere Psychoanalytiker sind angesichts der Schwierigkeiten in der Behandlung dieser Patientengruppe zu einer Methodenkombination übergegangen, setzen Entspannungstechniken, katathyme Techniken und auch EMDR als spezielle Behandlungstechnik zur Traumabearbeitung ein. Nach unseren bisherigen Erfahrungen läßt sich feststellen, daß Psychoanalytiker EMDR als Behandlungsbaustein im Rahmen einer stationären oder ambulanten Therapie erfolgreich durchführen können.

Bei der ambulanten Therapie wird bei in EMDR ausgebildeten Psychoanalytikern die Traumatherapie den Anfang darstellen, und danach werden sie überlegen, welche weiterführende Therapie nötig ist. Falls Patienten überwiesen werden, die bei Kolleginnen oder Kollegen in ambulanter psychotherapeutischer Behandlung sind, sei es psychoanalytisch oder verhaltenstherapeutisch, kann die EMDR-Traumatherapie als ergänzendes Verfahren in Absprache und Kooperation mit den behandelnden Kollegen eingesetzt und durchgeführt werden. Bei der Kombination von EMDR mit psychoanalytischer Behandlung ergeben sich prinzipiell die gleichen Fragen und Probleme, die bei der Kombination von psychoanalytischer Therapie mit medikamentöser Therapie, mit einem Körpertherapieverfahren oder anderen Therapietechniken auftreten. Wichtig erscheint uns, daß sowohl der Patient als auch die beteiligten Therapeuten sich abstimmen, ein gemeinsames Konzept der Behandlung entwickeln und dies in gegenseitiger Wertschätzung und Respekt für die therapeutische Arbeit des anderen durchführen.

Nach unseren bisherigen Erfahrungen ist EMDR *eine* Methode der Traumabehandlung neben anderen, und es sind sowohl differentialdiagnostische Überlegungen und damit auch die Fragen der spezifischen Wirksamkeit der unterschiedlichen Traumatherapien, wie kognitiv-behaviorale Techniken, Traumatherapie nach Sachsse & Reddemann (1996) und von EMDR wissenschaftlich zu untersuchen. Bislang wurden nur zwei Methoden, nämlich Exposition (flooding) und Streßimpfung (stress inoculation), von der APA Task Force on Promotion and Dissemination of Psychological Procedures als „möglicherweise wirksam" eingestuft (s. Chambless et al., 1996). EMDR soll nach Angaben von Shapiro (1996) kurz davor stehen, anerkannt zu werden, da nur noch eine positive Studie zur Anerkennung fehle. Die Idealisierung von EMDR, der Glaube, diese neue Technik für alle psychischen Probleme anwenden zu können, erscheint uns angesichts der bisherigen empirischen Befunde als nicht gerechtfertigt, aber die Anwendung von EMDR als eine Methode der Traumatherapie im Rahmen eines psychoanalytischen Gesamtbehandlungskonzeptes kann derzeit u.E. schon empfohlen werden.

Literatur

Butollo, W. (1997). Traumapsychologie und Traumapsychotherapie – Eine Herausforderung für psychotherapeutische Praxis und Forschung. *Psychotherapie in Psychiatrie, Psychotherapeutischer Medizin und Klinischer Psychologie, 2,* 23–34.

Cierpka, M. & Cierpka A. (1997). Die Identifikationen eines mißbrauchten Kindes. *Psychotherapeut, 42,* 98–105.

Chambless, D.L., Sanderson, W.C., Shoham, V., Johnson, S.B. Pope, K.S., Crits-Christoph, P. Baker, M., Johnson, B., Woody, S.R. Sue, S. Beutler, L. Williams, D.A. & McCurry, S. (1996). An update on empirically validates therapies. *The Clinical Psychologist, 49,* 5–18.

De Jongh, A., Ten Broeke, E. & Van der Meer, K. (1995). Eine neue Entwicklung in der Behandlung von Angst und Traumata: „Eye Movement Desensitization and Reprocessing (EMDR)". *Zeitschrift für Klinische Psychologie, Psychopathologie und Psychotherapie, 43,* 226–233.

Drees, A. (1996). Folter: Opfer und Therapeuten. In Bell, K. & Höhfeld, K. (Hrsg.). *Aggression und seelische Krankheit.* Gießen: Psychosozial-Verlag.

Egle, U.T, Hoffmann, S.O. & Joraschky, P. (Hrsg.). (1997). *Sexueller Mißbrauch, Mißhandlung, Vernachlässigung.* Stuttgart: Schattauer.

Ehlert M. & Lorke B. (1988). Zur Psychodynamik der traumatischen Reaktion. *Psyche, 42,* 502–533.

Ehlert-Balzer, M. (1996). Das Trauma als Objektbeziehung. *Forum der Psychoanalyse, 12,* 291–314.

Eschenröder, C.T. (1995). Augenbewegungs-Desensibilisierung und Verarbeitung traumatischer Erinnerungen – eine neue Behandlungsmethode. *Verhaltenstherapie und psychosoziale Praxis, 27,* 341–373.

Fischer, G. &. Gurris, N. (1996). Grenzverletzungen: Folter und sexuelle Traumatisierung. In Senf, W. & Broda, M. (Hrsg.). *Praxis der Psychotherapie.* Stuttgart:Thieme

Franke, G. (1994). *Die Symptom-Checkliste SCL-90R von Derogatis.* – Deutsche Version. Weinheim: Beltz.

Fürstenau, P. (1994). *Entwicklungsförderung durch Therapie: Grundlagen psychoanalytisch-systemischer Psychotherapie.* München: Pfeiffer

Grand, D. (1996). Integrating EMDR into the psychodynamic treatment process. *EMDRIA Newsletter, Issue 1,* 14–16.

Grawe, K. (1995). Grundriß einer Allgemeinen Psychotherapie. *Psychotherapeut, 40,* 130–145.

Hirsch M. (1990). *Realer Inzest.* Berlin: Springer.

Hirsch, M. (1997a). *Schuld und Schuldgefühl.* Göttingen: Vandenhoeck

Hirsch, M. (1997b). Vernachlässigung, Mißhandlung und Mißbrauch im Rahmen einer psychoanalytischen Traumatologie. In Egle U.T, Hoffmann, S.O. & Joraschky, P. (Hrsg.). *Sexueller Mißbrauch, Mißhandlung, Vernachlässigung.* Stuttgart: Schattauer.

Hoffmann, S.O., Egle, U.T. & Joraschky, P. (1997). Bedeutung der Traumatisierungen in Kindheit und Jugend für die Entstehung psychischer und psychosomatischer Erkrankungen – Versuch einer Bilanz. In Egle U.T, Hoffmann, S.O. & Joraschky, P. (Hrsg.) *Sexueller Mißbrauch, Mißhandlung, Vernachlässigung.* Stuttgart: Schattauer.

Hofmann, A. (1995). Deutsche Übersetzung der IES (Impact of event scale- revised) von Horowitz, M., Wilmer, N. & Alvarez, W. (1979). Impact of event scale. A measure of subjektive stress. *Psychosomatic Medicine, 41,* 209–218.

Hofmann, A. (1996). EMDR. Eine neue Methode zur Behandlung posttraumatischer Störungen. *Psychotherapeut, 41,* 368–372.

Hofmann, A., Ebner, F. & Rost, C. (1997). EMDR in der Therapie posttraumatischer Belastungsstörungen. *Fundamenta Psychiatrica, 11*, 74–78.

Janssen, P.L., Senf, W. & Meermann, R. (Hrsg.). (1997). *Klinik der Eßstörungen.* Stuttgart: Fischer

Joraschky, P. (1997). Die Auswirkungen von Vernachlässigung, Mißhandlung, Mißbrauch auf Selbstwert und Körperbild. In Egle U.T, Hoffmann, S.O. & Joraschky, P. (Hrsg.). *Sexueller Mißbrauch, Mißhandlung, Vernachlässigung.* Stuttgart: Schattauer.

Kögler, M. (1991). Die Verarbeitung des Inzesttraumas in der psychoanalytischen Behandlung. *Forum der Psychoanalyse, 3,* 202–214.

Küchenhoff, J. (1990). Die Repräsentation früher Traumata in der Übertragung. *Psyche, 44,* 15–22.

Lamprecht, F., Lempa W., Jäger, B., Kröhnke, C. & Matzke, M. (1997). *Are there neurophysiological correlates during EMDR procedures in traumatized patients?* Vortrag auf der Fifth European Conference onTraumatic Stress, 29.6–3.7.1997 in Maastricht.

Laux, L., Glanzmann, P., Schaffner, P. & Spielberger, C.D. (1981). *Das State-Trait-Angstinventar. Theoretische Grundlagen und Handanweisung.* Weinheim: Beltz.

Lempa, W., Sack, M., Schmid-Ott, G. & Lamprecht, F. (1996). *Konfliktorientierte und lösungsorientierte psychoanalytische stationäre Behandlung.* Vortrag auf der 45. Arbeitstagung des DKPM vom 14.–16.11.1996 in Düsseldorf.

Lindy, J.D. (1996). Psychoanalytic psychotherapy of posttraumatic stress disorder. In van der Kolk, B.A., McFarlane, A.C. & Weisaeth, L. *Traumatic stress.* New York.: Guilford.

McFarlane, A. & van der Kolk, B. (1996). Conclusions and future directions. In van der Kolk, B.A., McFarlane, A.C. & Weisaeth,L. *Traumatic stress.* New York: Guilford.

Plassmann, R. (1996). Körperpsychologie und Deutungstechnik. *Forum der Psychoanalyse, 12,* 19–31.

Reddemann, L. & Sachsse, U. (1996). Imaginative Psychotherapieverfahren zur Behandlung in der Kindheit traumatisierter Patientinnen und Patienten. *Psychotherapeut, 41,* 169–174.

Reemtsma, J.P. (1997). *Im Keller.* Hamburg: Hamburger Ed.

Reich, G. & Cierpka, M. (Hrsg.). (1997). *Psychotherapie der Eßstörungen.* Stuttgart: Thieme

Rothbaum, B.O. & Foa, E.B. (1996): Cognitive-behavioral treatment of posttraumatic stress disorder. In van der Kolk, B.A., McFarlane, A.C. & Weisaeth, L. *Traumatic stress.* New York: Guilford.

Sachsse, U. (1996). Die traumatisierte therapeutische Beziehung. *Gruppenpsychotherapie und Gruppendynamik, 32,* 350–365.

Sachsse, U., Eßlinger, K. & Schilling, L. (1997). Vom Kindheitstrauma zur schweren Persönlichkeitsstörung. *Fundamenta Psychiatrica, 11,* 12–20.

Sachsse, U., Ventzlaff, U. & Dulz, B. (1997). 100 Jahre Traumaätiologie. *Persönlichkeitsstörungen, 1,* 4–15.

Sack, M., Schmid-Ott, G., Lempa W. & Lamprecht, F. (1997). Individuell vereinbarte und fortgeschriebene Therapieziele – Ein Instrument zur Verbesserung der Behandlungsqualität in der stationären Psychotherapie. (Zur Veröffentlichung bei *Psychotherapie, Psychosomatik und medizinische Psychologie* eingereicht)

Senf, W. & Broda, M. (1996). *Praxis der Psychotherapie.* Stuttgart: Thieme.

Senf, W. & Broda, M. (1997). Methodenkombination und Methodenintegration als Standard der Psychotherapie. *Psychotherapie, Psychosomatik und medizinische Psychologie, 47,* 92–96.

Schmid-Ott, G., Sack, M.,Lempa, W.& Lamprecht, F. (1997). Konfliktorientierte und lösungsorientierte psychoanalytische stationäre Behandlung. (Zur Veröffentlichung bei *Psychotherapeut* eingereicht).

Shapiro, F. (1995). *Eye Movement Desensitization and Reprocessing.* New York: Guilford.

Shapiro, F. (1996). Stray thoughts. *EMDRIA Newsletter, Issue 1,* 2–5.

Shalev, A.Y., Bonne, O. & Spencer E. (1996). Treatment of posttraumatic stress disorder: A review. *Psychosomatic Medicine, 58,* 165–182.
Solomon, S.D., Gerrity, E.T., Muff, A.M. (1992). Efficacy of treatments for posttraumatic stress disorder. *Journal of the American Medical Association, 268,* 633–638.
Thiel, H. (1997). Aus der psychoanalytischen Behandlung einer Inzestpatientin. *Psyche, 51,* 239–253.
van der Kolk, B.A. (1996). Trauma and memory. In: van der Kolk, B.A., McFarlane, A.C. & Weisaeth, L. *Traumatic stress.* New York: Guilford.
van der Kolk B.A. & Fisler, R. (1995). Dissociation and the fragmentary nature of traumatic memories: Overview and exploratory study. *Journal of Traumatic Stress, 9,* 505–525.
van der Kolk, B.A., Pelccovitz, D., Roth, S., Mandel, F.S., McFarlane, A. & Herman, J.I. (1996). Dissociation, somatization, and affect dysregulation: the complexity of adaptation to trauma. *American Journal of Psychiatry, 153, 7,* 83–93.
van der Kolk, B, McFarlane, A.C. & van der Hart, O. (1996). A general approach to treatment of posttraumatic stress disorder. In van der Kolk, B.A., McFarlane, A.C. & Weisaeth, L.: *Traumatic stress.* New York: Guilford.
van der Kolk, B.A., McFarlane, A.C. & Weisaeth, L. (1996). *Traumatic stress.* New York: Guilford.
von Zerssen, D. (1976a). *Klinische Beurteilungsskalen aus dem Münchner Psychiatrischen Informationssystem. Die Befindlichkeitsskala.* Weinheim: Beltz
von Zerssen, D. (1976b). *Klinische Beurteilungsskalen aus dem Münchner Psychiatrischen Informationssystem. Die Beschwerdeliste.* Weinheim: Beltz.
Wilson, J.P. & Lindy, J.D. (1994). *Countertransference in the treatment of PTSD.* New York: Guilford.
Wurmser, L., (1997). Psychoanalytische Behandlung – Trauma, Konflikt und „Teufelskreis" In Egle, U.T, Hoffmann, S.O. & Joraschky, P.(Hrsg.). *Sexueller Mißbrauch, Mißhandlung, Vernachlässigung.* Stuttgart: Schattauer.

EMDR-unterstützte Thematisierung bei psychodynamisch fundierten Fokaltherapien

Michael Titze

Lange Zeit galt eine im Sinne der psychoanalytischen Standardmethode durchgeführte Langzeittherapie als qualitativ besonders hochstehend. Dabei ließ sich argumentieren, daß die entscheidenden Eckpfeiler des analytischen Prozesses (Erinnern, Wiederholen, Durcharbeiten) einer zeitaufwendigen Methodik (freie Assoziation, „gleichschwebende Aufmerksamkeit" und regressionsfördernde Zurückhaltung / Schweigen des Analytikers, Übertragungs- und Widerstandsdeutungen usw.) bedürfen (vgl. Thomä & Kächele, 1989). Eine unbestreitbare methodische Schwäche dieser Vorgehensweise resultiert allerdings aus dem Verzicht auf eine aktive Strukturierung durch den Analytiker. Dies kann dazu führen, daß sich manche Klienten in der realen therapeutischen Beziehung allein gelassen bzw. nicht ernst genommen fühlen. Eine nicht selten mehrjährige Behandlungsdauer kann zudem eine Unzufriedenheit hervorrufen, die dann zu *realen* Widerstandstendenzen auf seiten des Klienten führen wird, wenn ein spürbarer Behandlungserfolg ausblieb (vgl. dazu Eschenröder, 1986, Kap. 11). Doch es sind nicht allein solche Einwände, die zu einer Relativierung der Bedeutung von analytischen Langzeittherapien geführt haben. Es waren auch reale ökonomische Gegebenheiten, die diese Bedeutung in den letzten Jahren zunehmend in Frage gestellt haben. Nachdem nämlich, zunächst in den Vereinigten Staaten, die Versicherungen dazu übergegangen sind, nur eine stark begrenzte Anzahl psychotherapeutischer Leistungen zu erstatten, kam es auch im Bereich der Tiefenpsychologie zu einer verstärkten Hinwendung gegenüber kurzzeittherapeutischen Verfahren (vgl. Goleman, 1981).

Ein besonderes Interesse fand dabei die *Fokaltherapie* (vgl. Balint et al., 1972; Malan, 1965), die sich gezielt auf bestimmte „Kernkonflikte" einstellt, die „die Basis der Deutungsarbeit" (Malan, 1976, S. 68) bilden. Auf einen solchen „Fokus" nimmt der Therapeut konsequent und selektiv Bezug, wobei auf Abwehrtendenzen wenig Rücksicht genommen wird. Der Patient soll (entgegen den Regeln der analytischen Standardmethode) gezielt – und so schnell wie möglich – mit allen Gefühlen, die mit dem fokussierten Konflikt zusammenhängen (z.B. Ärger, Angst, Wut, Traurigkeit) konfrontiert werden (Sifneos, 1973, S. 115).

Waren zunächst von manchen Analytikern schwerwiegende Einwände gegen eine angebliche „materialistische Strömung" (Greenson, 1982, S. 401) erhoben worden, die das zunehmende Interesse an Fokaltherapien begründet haben könnte, so hat sich inzwischen eine Trendwende eingestellt. Zunehmend werden auch die behandlungstechnischen Vorteile erkannt, die sich aus einer vom Analytiker strukturierten Deutungsarbeit ergeben. So schreiben Thomä & Kächele (1989, S. 359):

„Wir betrachten den interaktionell gestalteten Fokus als zentrale Drehscheibe des [analytischen, M. T.] Prozesses und konzeptualisieren von daher die psychoanalytische Therapie als eine *fortgesetzte, zeitlich nicht befristete Fokaltherapie mit wechselndem Fokus.*"

Der Fokus als zentrales Thema

Der zunächst ausdrücklich konfliktorientierte Ansatz der Fokaltherapie wurde später auf biographieübergreifende Zusammenhänge ausgeweitet, die eine spezifische *Thematik* beinhalten. Malan (1976, S. 7) verstand einen Fokus deshalb als „ein verbindendes Thema". Thomä & Kächele (1989, S. 359) spezifizieren dies so:

„Als Indiz für eine stimmige Fokusformulierung ist es zu werten, wenn ein übergreifendes fokales Thema, z.B. unbewußte Trennungsangst, in vielfältigen Formen thematisiert wird."

Das Konzept der *Thematisierung* ist für alle Formen psychodynamisch fundierter Fokaltherapien (vgl. Titze, 1995a; Titze & Salameh, 1995) von herausragender Bedeutung. Als Beispiel läßt sich die teleoanalytische Kurzzeittherapie (Titze, 1979, 1985) anführen, die aus der Individualpsychologie Alfred Adlers hervorgegangen ist. Zugrundegelegt ist dabei ein biographieübergreifendes Prozeßmodell, das gezielt solche Inhalte fokussiert, die für das genuine „Apperzeptionsschema" (Titze, 1995b) eines Klienten bestimmend sind. Der Begriff Apperzeptionsschema nimmt dabei auf frühe (d.h. grundsätzlich auch präverbale) Attribuierungsprozesse Bezug, die dem Kleinkind – im Zuge einer durch und durch subjektiven „Stellungnahme" – als Grundlage für eine primäre Meinungsbildung gedient haben. Daraus entstehen „affektlogisch" (Ciompi, 1982) fundierte aktionale Prädispositionen für ein zielgerichtetes Verhalten. Diese sind in eine biographieübergreifende, „lebensstiltypische" Organisation integriert.

Innerhalb dieser Struktur lassen sich bestimmte „primäre Themen" identifizieren, die die schon erwähnten Prädispositionen in einer präreflexiven, d.h. häufig „unverstandenen" Weise zum Ausdruck bringen. Diese Themen sind biographieübergreifend. Sie lassen sich nicht nur in frühen Phasen der entsprechenden Lebensgeschichte nachweisen, sondern auch in der aktuellen Gegenwart sowie in der Unmittelbarkeit der psychotherapeutischen Interaktion. Damit stellen primäre Themen einen Verweisungszusammenhang her, der das Hier und Jetzt der therapeutischen Situation mit vergangenen Phasen der Lebensgeschichte dynamisch in Beziehung setzt. In diesem Zusammenhang bietet sich der Vergleich mit einem sinfonischen Werk an, in dem eine bestimmte Tonabfolge erkennbar bleibt, auch wenn diese vielfach variiert wird. Sie entspricht dem *zentralen Thema* eines „Lebensstils" (Adler, [1929] 1981), der sich durch die Lebensgeschichte hindurchzieht und in entsprechende primäre Themen verästelt. Der Therapeut wird dieses „Leitmotiv" im Auge behalten müssen. Er wird es in allen Lebensäußerungen des Klienten, seinen (non)verbalen Mitteilungen, seinen Phantasien, Träumen und Symptomen, aufzufinden haben. Das zentrale Thema ist auch mit dem Pulsschlag vergleichbar, der an verschiedenen Arterien des menschlichen Körpers gleicherweise fühlbar ist. Läßt er sich an einer Stelle nicht ermitteln, so kann er anderswo nachgewiesen werden. Damit folgt das zentrale Thema einem lebensstiltypischen *Bewegungsgesetz*, das Adler ([1933]1983, S. 33f.) wie folgt definiert:

> „1. Jedes Individuum hat seit frühester Kindheit sein eigenes, einmaliges Bewegungsgesetz, das alle seine Funktionen und Ausdrucksbewegungen beherrscht und ihnen die Richtung gibt.
> 2. Das Bewegungsgesetz und seine Richtung stammen aus der schöpferischen Lebenskraft des Individuums und benutzen in freier Wahl die Ergebnisse der Körperlichkeit und der Einwirkungen von außen [...]
> 3. Die Richtung der seelischen Bewegung zielt immer auf eine millionenfach verschiedene Überwindung von Schwierigkeiten aller Art, hat also ein Ziel der Vollkommenheit, der Sicherheit, der Vollendung, stets im Sinne der Meinung des Individuums. Sinn und Meinung sind fast nie gedanklich oder begrifflich zur Darstellung gebracht, bilden sich auch, wie bei sprachlosen Lebewesen, meist in einer Lebensphase des Kindes, in der Sprache und Begriffe fehlen oder mangelhaft sind."

Wenn Adler von „Einwirkungen von außen" spricht, relativiert er deren kausale Bedeutung i. S. eines „weichen Determinismus" (vgl. Ansbacher & Ansbacher, 1972, S. 100ff.). Dies bezieht sich selbstverständlich nicht auf schwerste Traumatisierungen, wohl aber auf die Frage der subjektiven Beurteilung belastender Erlebnisse. So kann selbst eine „objektiv" relativ harmlose Welt von einem Kind zuweilen als grausam, vielleicht sogar lebensbedrohlich erlebt werden. Dies bezieht sich häufig auf jene „Minitraumatisierungen", die sich aus subtilen *Beschämungen* (Nichtbeachtung, permanente emotionale Distanz, spöttische Herabsetzung) ergeben (vgl. Kühn et al., 1997; Titze, 1996). Umgekehrt gibt es Kinder, die angesichts von Lebensumständen, die einem Erwachsenen als unerträglich erscheinen mögen, ihren Lebensmut nicht verlieren. Entscheidend ist offensichtlich die *subjektive* Art der Stellungnahme zur Welt und ihren belebten und unbelebten Objekten. So kann die Geburt eines Geschwisterkindes bei einem Klienten traumatische Wirkungen nach sich gezogen haben, während die unmittelbare Konfrontation mit „wirklich" bedrohlichen Ereignissen (z.B. Naturkatastrophen, Verkehrsunfälle, Bombenangriffe) keine wesentlichen seelischen Verletzungen hervorrief.

Von primärer Bedeutung ist somit die lebensstilspezifische Beurteilung äußerer Einflüsse. Diese erfolgt ihrerseits im thematischen Verweisungszusammenhang biographieübergreifender Vernetzungen, die gerade solche Erfahrungen assoziativ miteinander verknüpfen, die *affektiv* als äquivalent erlebt wurden.

Francine Shapiro (1995, S. 32-54) spricht in diesem Zusammenhang von einem „Gedächtnis-Netzwerk", das kognitive und affektive Elemente miteinander assoziativ verbindet. Sie hebt hervor, daß „vergangene Erfahrungen die Grundlage für gegenwärtige Dysfunktionen" (ebd., S. 43) bilden. Dabei bestehe eine durchgehende assoziative Verbindung mit jenem „Knoten" (*node*), der die ursprüngliche Erfahrung eines traumatisierenden Ereignisses beinhaltet. Diese Erfahrung bezieht die affektive und kognitive Dimension (i. S. von Selbstattribuierungen) mit ein und wird „physiologisch gespeichert" (ebd., S. 45). Als das eigentliche Ziel psychotherapeutischer Arbeit sieht Shapiro (ebd., S. 48) die Ermöglichung von Verknüpfungen mit „gesünderen" Erfahrungszusammenhängen an.

„Korrigierende emotionale Erfahrungen"

Von konservativ analytischer Seite wird die Effizienz von Fokaltherapien vor allem deshalb angezweifelt, weil sich in einem relativ kurzen Behandlungszeitraum keine „emotionale Tiefe" erreichen ließe. Der Klient würde allenfalls wesentliche psychodynamische Zusammenhänge intellektuell verstehen lernen, ohne jedoch in eine „Regression" zu gelangen, die eine affektive Wiederbelebung jener (traumatischer) Mangelerfahrungen ermöglichen würde, die für das aktuelle Krankheitsgeschehen von kausaler Bedeutung seien. Franz Alexander, ein Pionier der analytischen Kurzzeittherapie, hatte sich mit diesem Problem gezielt auseinandergesetzt. Dem Einwand, Kurzzeittherapien würden lediglich einer oberflächlichen kognitiven Erkenntnisvermittlung dienen und die Übertragungsdynamik unberücksichtigt lassen, versuchte er durch das Konzept einer aktiven „Übertragungssteuerung" zu begegnen. Dies bedeutet, daß der Therapeut gezielt eine *realitätsbezogene* empathische Beziehung zum Klienten herzustellen sucht, die sich deutlich unterscheidet von der Qualität der ursprünglichen Beziehung zu den „versagenden, strafenden, indifferenten oder überpermissiven Eltern" (Alexander & French, 1946, S. 53). Dabei kann und soll sich beim Klienten eine „korrigierende emotionale Erfahrung" einstellen, die zu einer Beendigung der bestimmenden neurotischen Wiederholungszwänge führt.

Alexanders Grundidee basiert auf der gezielten Induktion einer positiven Übertragung auf Seiten des Klienten. Um dies zu erreichen, muß sich der Therapeut „anders verhalten" als jene Beziehungsobjekte, die ursprünglich zum Entstehen des bestimmenden Kernkonflikts beigetragen haben.

Dieses kurzzeittherapeutische Behandlungsmodell wurde in jüngster Vergangenheit von Habib Davanloo (1986) entscheidend präzisiert. Davanloo geht in Übereinstimmung mit dem psychoanalytischen „main stream" davon aus, daß eine bloße kognitive bzw. „intellektuelle" Einsicht in das psychodynamische Bedingungsgefüge des fokussierten Kernkonflikts nicht nur therapeutisch unerheblich ist, sondern auch Ausdruck einer *Abwehr* jener Gefühle ist, die in einen solchen Konflikt eingebunden sind. Grund für diese Abwehr ist zumeist eine (Scham-)Angst, solche schmerzhaften bzw. traumatisierenden Erinnerungen über die Bewußtseinsschwelle gelangen zu lassen, die ursprünglich zu massiven Erschütterungen des Selbstgefühls geführt hatten. Eben diese Affektabwehr thematisiert Davanloo aus der Unmittelbarkeit der therapeutischen Beziehung ohne Umschweife. Das bedeutet, daß der Therapeut zunächst konsequent die Frage zu stellen habe, *wie sich der Klient fühlt* (ebd., S. 110). Auf diese Frage würde der Klient häufig vage und unspezifisch antworten (z.B. „ängstlich" oder „unwohl"), was Davanloo als eine subtile Widerstandsäußerung auffaßt. Denn mit derartigen „Wörtern wird die echte Erfahrung von Gefühlen abgewehrt" (ebd.). Deshalb soll der Therapeut gezielt auf einer Spezifizierung bestehen, indem er etwa fragt: „Was *spüren* Sie (körperlich), wenn Sie sich *jetzt* ängstlich, unwohl, verärgert oder traurig fühlen?"

Nach Davanloos Überzeugung führt die konsequente Konfrontation des Klienten mit den von ihm *unmittelbar erlebten* Gefühlen dazu, daß relativ schnell ein thematischer Verweisungszusammenhang mit eben jenen seelischen Verletzungen hergestellt wird, die bislang „affektiv abgespalten" waren. Davanloo (ebd., S. 114) bemerkt (übrigens in Übereinstimmung mit Shapiro, ebd., S. 50), daß der Therapeut solange auf Deutungen verzichten solle, bis der „Durchbruch" durch die bestimmende affektive Abwehr gelungen ist. Und auch danach sollte dem Klienten nur „Einsicht in die *Wege* vermittelt werden, die dieser eingeschlagen hatte, um *die zugrundeliegenden Gefühle* und *Ängste* abzuwehren, die zu diesem Ziel (der Abwehr, M. T.) geführt haben" (Davanloo, ebd.). Ist dies einmal realisiert worden, so kann jener thematisierende Verweisungszusammenhang konsequent hergestellt werden, den Davanloo als „Konfliktdreieck" bzw. „personales Dreieck" bezeichnet: Denn so, wie der betreffende Klient in der Vergangenheit (V) seiner Lebensgeschichte traumatisierende emotionale Erfahrungen (z.B. mit seinen Eltern) abgewehrt hat, wird er dies auch in der aktuellen Gegenwart (A) (z.B. mit Ehepartnern oder Vorgesetzten) *und* der Unmittelbarkeit der therapeutischen Übertragung ($Ü$) tun. So können jene emotionalen Erfahrungen, die sich im Rahmen des thematisierenden $ÜAV$-Dreiecks ergeben, einen (korrigierenden) Prozeß der „De-Repression" einleiten, der zur emotionalen Befreiung von Gefühlen führt, „die über viele Jahre verschüttet gewesen sind" (Davanloo, ebd.).

Abreaktionen

In meiner eigenen Arbeit mit der EMDR-Technik zeigte sich konsequent, daß alle Formen affektiv belastenden Materials (z.B. „ein Traum, eine Erinnerung, aktuelles Verhalten" [Shapiro, 1995, S. 49]) den „Einstieg" in thematische Verweisungszusammenhänge erlauben, die in Form von spezifischen Inhalten (visuelle Vorstellungen, häufig auch nur körperlich lokalisierbare Gefühle) miteinander verknüpft sind. Als besonders bemerkenswert erscheint mir die Tatsache, daß es dabei fast durchgehend zur Freisetzung von starken Affekten (insbesondere Angst, Trauer, Scham, hilflose Wut) kommt. Damit wird Davanloos Anliegen nachhaltig gefördert, an jene primären Gefühle heranzukommen, die – aufgrund einer neurotischen Abwehrformation – nicht unmittelbar erfahrbar sind. Der Effekt, den die EMDR-Technik bewirkt, ist nach wie vor nicht hinlänglich erklärbar (vgl. Eschenröder, 1995), doch es steht für mich fest, daß die Abwehr dabei „umgangen" wird. Shapiro (ebd., S. 168) bemerkt, daß das entsprechende Bewußtwerden von „gespeicherter dysfunktionaler Information" einerseits zur Wiederbelebung schmerzhafter Gefühle führt, andererseits aber auch eine heilsame „Abreaktion" ermöglicht.

Der Begriff Abreaktion stammt aus der Frühphase der Psychoanalyse, in der (vor allem unter Hypnose) der kathartische Effekt einer „emotionellen Abfuhr" bzw. Befreiung von Affekten angestrebt wurde, die mit traumatischen Erinnerungen zusammenhängen (vgl. Laplanche & Pontalis, 1973, S. 20). Hypnosebedingte Abreaktionen können jedoch, wie Shapiro (ebd., S. 169) bemerkt, zu dissoziativen „Flashbacks" führen, die den Klienten auch zeitlich stark belasten können. In der EMDR-Praxis verlaufen entsprechende Abreaktionen demgegenüber kontrollierter und, wie Shapiro (ebd.)

schätzt, jedoch „vier bis fünfmal schneller" als in einer Hypnose. Der Therapeut ist dabei aktiv involviert, so daß ein sichernder Realitätsbezug gewährleistet ist, der die angestrebte Desensibilisierung systematisch fördert.

Fallbeispiel: Das aggressive „Kohlemännchen"

Wie aus der nun folgenden Fallbeschreibung hervorgeht, ließ sich über affektiv fundierte Visualisierungen ein plausibler thematischer Verweisungszusammenhang herstellen. Die entsprechenden Visualisierungen bilden – ähnlich den Gebilden eines Traums – schöpferischen Konstrukte, die nicht unbedingt die Realität der Lebensgeschichte des Klienten widerspiegeln, sondern lediglich die Valenz eines primären Themas in einer durchaus metaphorischen Weise veranschaulichen.

Es handelt sich um einen heute 48jährigen Soziologen, der wegen einer „burn out"-Problematik in Behandlung kam und gleich zu Beginn den Wunsch äußerte, nicht „psychomäßig manipuliert" werden zu wollen. Der Klient wuchs in einer stark leistungsorientierten Fabrikantenfamilie auf. Als Ältester war er berufen, die väterliche Firma einmal zu übernehmen, was zu einer Vielzahl von „Zwangmaßnahmen" im Zusammenhang mit der schulischen Bildung führte. Der stark autoritäre Vater wünschte sich einen perfekten Sohn, der nicht nur sein Werk fachlich fortsetzen sollte, sondern auch im gesellschaftlichen Rahmen „glänzen" sollte. Diesem Zwang widersetzte sich der Sohn freilich konsequent, indem er sich zu einem Schulversager entwickelte. Später schloß er sich der Hippiebewegung an und beging in diesem Zusammenhang einige kleinere Drogendelikte.

Erst nachdem die Familie ihn endgültig „fallengelassen" hatte, entwickelte sich „zwanglos" eine bemerkenswerte berufsbezogene Motivation. Seit etwa zehn Jahren wirkt der Klient erfolgreich als Gruppentrainer im Bereich der humanistischen Psychologie.

Zur aktuellen psychischen Krise gab ein demonstrativer Suizidversuch seiner Ehefrau Anlaß, nachdem der Klient ihr von seinen Scheidungsabsichten berichtet hatte. Grund dafür war insbesondere ihre Neigung gewesen, ihn zu kontrollieren und ihm über Jahre hinweg massive Vorhaltungen im Hinblick auf seine außerehelichen Aktivitäten (auch Kontakte zu anderen Frauen) zu machen. Der Klient litt zum Zeitpunkt des Behandlungsbeginns unter Schlafstörungen, psychosomatischen Beschwerden (Magenkrämpfe) und einer allgemeinen depressiven Verstimmung, die er selbst als „burn out" bezeichnet hatte.

Im folgenden schließt sich ein Eigenbericht an, den dieser Klient nach der zweiten Therapiestunde protokolliert hatte:

„Auf die Frage, wo ich als Kind meine Aggressionen besonders unterdrücken mußte, fiel mir spontan eine Kindheitserinnerung ein:
An einem Geburtstag meines Vaters, ich war vielleicht acht Jahre alt, hatte ich zum Spaß meiner Schwester, die sich im Keller befand, das Licht ausgemacht. Sie hatte dann völlig hysterisch geschrien, was meinen Vater veranlaßte, mich heftig zu verprügeln. Dabei habe ich in die Hose gepinkelt, was mich zutiefst beschämt hat.

Gefühl: Haß, Aggression auf meinen Vater. Während der EMDR-Übung krampfartiges Zusammenziehen in der Magengegend.
Spontan entstand darauf die Phantasie, wie ich meinen Vater im Keller zusammenschlage. Schließlich liegt er auf dem Fußboden, während ich die Kellertreppe hochrenne und das Elternhaus fluchtartig verlasse.
Gefühl: Zusammenziehen des Unterleibs, Verkrampfung der Arme und Fäuste.
Bei der nun folgenden EMDR-Übung sah ich mich plötzlich als schwarzes Strichmännchen (nicht dünn, eher stärkerer Strich), ohne Gesichtszüge. Spontan fiel mir dabei das Wort ‚Kohlemännchen' ein.

Das nächste Bild zeigte mich wieder als Kohlemännchen, wie ich mit dem Kopf voraus in einer Ofentür steckte. Ein paar schwarze Beine und Füße traten heftig auf mich ein, offenbar, um mich in den Ofen hineinzustoßen und zu verbrennen.
Gefühle: Starke Einengung im Bereich von Schultern, Oberarmen, Oberkörper.
Dieses Bild wurde nun insofern klarer, als die mich tretenden Füße in weißen Hosen und weißen Schuhen steckten. Dazu fiel mir spontan ein, daß mich meine Frau vor wenigen Tagen bei einer tätlichen Auseinandersetzung mit ihren Füßen getreten hatte. Sie trug weiße Jeans und weiße Schuhe.
Gefühle: Zusammenziehen im Unterleib, Verkrampfung der Muskulatur im Schulterbereich.
Die Szene veränderte sich: Die aggressive Person schob das Kohlemännchen nun ganz in den Ofen hinein und war im Begriff die Ofentüre zu schließen. Dazu mußte diese Person sich bücken, und ich sah ganz deutlich meine Frau vor mir.
Gefühl: Hilflosigkeit, Leere, Druck im Unterleib.

Bildwechsel: Ich sah meine Frau auf dem Balkon stehen, so wie dies vor kurzem wirklich der Fall gewesen war: Die Mundwinkel waren verächtlich hochgezogen, der Gesichtsausdruck war versteinert. Sie trug die gleiche Kleidung, wie mein Vater sie in der Eingangsszene angehabt hatte. Und ihr Blick war genau so verächtlich, so vernichtend wie der Blick meines Vaters, als er mich verprügelt hatte. Es war der gleiche Blick, den sie mir am Abend vor ihrem Suizidversuch zugeworfen hatte."

Es ist gewiß nicht notwendig, diese Sequenz zu interpretieren. Der thematische Zusammenhang wird von selbst erkennbar: Es ist die beschämende Erkenntnis, durch bestimmte Personen in eine Enge gezwängt zu werden, in der die eigene (aggressive) Lebendigkeit verbrennt, bis schließlich nur noch ein „Kohlemännchen" übrigbleibt. Nach der 5. Therapiestunde verfaßte der Klient diesen Bericht:

„Ich hatte eine Auseinandersetzung mit einem jüngeren, intriganten Kollegen. Wie üblich hatte ich die besseren verbalen Argumente gehabt, ohne daß ich mich emotional als Sieger gefühlt hätte. Mit dieser unterdrückten Wut kam ich in die Sitzung. Nach der ersten EMDR-Sequenz spürte ich eine starke Einengung der Muskulatur an der Außenseite meiner Oberarme. Dabei trat mir diese Erinnerung vor Augen: Mein Vater hatte mich im Kohlenkeller so verprügelt, daß ich zum Schluß auf einem Haufen Eierbriketts lag und mit den Füßen wild um mich strampelte. Mir wurde in

diesem Augenblick erstmals bewußt, daß ich vor allem nach *ihm* trat und ihn dabei auch so stark im Unterleib traf, daß er von mir abließ.
Gefühl: Heißes Brennen in der Brust, Spannungen im Nacken und in den Händen.

Dann trat mir eine andere Erinnerung vor Augen: Im Alter von vielleicht zehn Jahren war ich auf dem Schulweg von drei älteren Jungs festgehalten worden. Sie schleppten mich auf einen Acker und taten so, als wollten sie meinen Kopf in der trockenen Erde eingraben. Ich empfand Todesangst. Als sie lachend von mir abließen, war mein Gesicht vom Dreck geschwärzt.
Gefühl: Atemnot, Einengung des gesamten Oberkörpers.
Unmittelbar darauf erinnerte ich mich, wie ich meinem Lieblingshund als Dreizehnjähriger mit einem Stock einen so gewaltigen Schlag auf das Hinterteil versetzt hatte, daß er einige Stunden lang lahmte. Ich spürte den Ärger noch ganz genau, den ich damals empfunden hatte, nachdem mir dieser Hund bei einem Spaziergang weggelaufen war und ich deswegen Schelte von meinem Vater bekommen hatte.
Gefühl: Heißes Brennen in der Brust, Energieströme in den Extremitäten, Verwunderung über meine Aggressivität.
Nun wanderten meine Gefühle für einige Zeit durch den ganzen Körper.

Dann kam eine neue Erinnerung: Als Student hatte ich eine Freundin, die eigentlich ähnlich war wie meine Frau. Ich wollte mich von ihr trennen, doch sie ließ mich nicht los. An einem sonnigen Tag war ich mit ihr auf einen Aussichtsturm gestiegen. Zuvor hatten wir eine heftige Auseinandersetzung gehabt. Ich hatte den Wunsch sie einfach dadurch loszuwerden, daß sie sich aus Kummer von diesem Turm stürzen sollte. Oben angelangt, entfernte ich mich für einige Zeit von ihr. Als ich zurückkehrte und sah, daß sie immer noch auf dem gleichen Platz stand, stieg eine starke Enttäuschung in mir auf.
Gefühl: Befreiung in der Brust, Verwunderung, daß ich so unmoralisch sein konnte und *jetzt* keinerlei Schuldgefühle hatte.
Nun kam mir ein Gedanke, der mich seither nicht mehr losläßt: Vielleicht bin ich ganz anders als ich bisher glaubte zu sein! Vielleicht bin ich gar nicht schwach und ‚ausgebrannt', sondern stark und zornig, ohne es zu wissen."

In dieser Sequenz wurde das Thema „aggressiver (Gegen-)Zwang zum (Un-)Lebendigsein" an der konkreten Phantasiegestalt des „Kohlemännchens" exemplifiziert: Der kleine Junge, der vom Vater gnadenlos geschlagen wird, findet seine affektive Identität, nachdem er mit kohlegeschwärztem Gesicht nach seinem Vater zu treten beginnt. Dieser aggressive Widerstand zieht sich affektiv durch die gesamte Lebensgeschichte. Er äußerte sich im trotzigen Leistungsversagen ebenso wie in destruktiven Phantasien und unmoralischen Handlungen. Selbst die Motivation, sich ausdrücklich auf eine Behandlungsmethode einzulassen, in der der Therapeut „nur" eine nichtmanipulative „primitive Technik" (sprich: die EMDR-Methode) durchzuführen hat, bringt diesen Widerstand zum Ausdruck. Gleichzeitig wurden diese hochaggressiven Impulse durch ein strenges Über-Ich so massiv abgewehrt, daß sich der Klient trotz seiner verbalen Schlagfertigkeit in der Auseinandersetzung mit aggressiven Bezugspersonen (im aktuellen Fall seine Ehefrau) als ohnmächtig, als (affektiv) ausgebrannt erlebte. Erst nachdem der Klient seine verschüttete affektive Identität (wieder)erlebt hatte, konnte es auch zu einem kognitiven Wandel seines Selbstkonzepts kommen. Bezeichnenderweise gelang dies ganz ohne „einsichtsfördernde Interpretationen" durch den Therapeuten.

Schlußbemerkungen

Die Einbeziehung der EMDR-Methode in psychodynamisch fundierte Kurzzeittherapien ermöglicht zunächst eine rasche und gut kontrollierbare Fokussierung auf emotional akzentuierte primäre Themen bzw. „Knoten" (Shapiro, 1995, S. 32ff.). Von diesen Knoten gehen Verweisungsbezüge aus, die vor allem weiteres affektives Material erschließen, daneben aber auch die verschiedensten Formen körperlicher Sensationen, bildhafter Vorstellungen (Erinnerungen, Traumfragmente, aktuelle Phantasien) sowie kognitiver Inhalte (Erkenntnisse, Urteilsschlüsse, Ideen) freisetzen. Dabei kommt es häufig zu Abreaktionen, die die traumatisierende Wirkung früher Erlebnisse neutralisieren bzw. desensibilisieren. Daneben können aber auch jene „negativen" Gefühle, die eine dissoziative bzw. selbstschädigende Wirkung (vor allem panische Angst, ohnmächtige Wut, verzweifelter Ärger, Scham) ausgeübt hatten, in solche transformiert werden, die für Selbstbehauptungszwecke konstruktiv genutzt werden können (insbesondere eine realitätsgerechte kämpferische Aggression). Schließlich erlaubt die assoziative Verknüpfung bestimmter visueller und affektiver Inhalte eine unmittelbare Einsichtnahme in therapeutisch relevante thematische Zusammenhänge, was dem Anliegen einer psychoanalytischen Durcharbeitung entspricht.

Literatur

Adler, A. ([1929] 1981). *Neurosen. Zur Diagnose und Behandlung.* Frankfurt/M.: Fischer Taschenbuch.
Adler, A. ([1933] 1983). Vor- und Nachteile des Minderwertigkeitsgefühls. In ders.: *Psychotherapie und Erziehung.* Band III. Frankfurt/M.: Fischer Taschenbuch, S. 33–39.
Alexander, F. & French, T. M. (1946). *Psychoanalytic Therapy.* New York: Ronald Press.
Ansbacher, H. & Ansbacher, R. R. (Hrsg.). (1972) *Alfred Adlers Individualpsychologie.* München: Reinhardt.
Balint, M., Ornstein, P. & Balint, E. (1972). *Fokaltherapie.* Frankfurt: Suhrkamp.
Ciompi, L. (1982). *Affektlogik.* Stuttgart: Klett-Cotta.
Davanloo, H. (1986). Intensive short-term psychotherapy with highly resistant patients. I Handling resistance.*International Journal of Short-Term Psychotherapy, 1,* 107–133.
Eschenröder, C. T. (1986). *Hier irrte Freud.* Weinheim: Psychologie Verlags Union.
Eschenröder, C. T. (1995). Augenbewegungs-Desensibilisierung und Verarbeitung traumatischer Erinnerungen – eine neue Behandlungsmethode. *Verhaltenstherapie und psychosoziale Praxis, 27,* 341–373.

Goleman, D. (1981). Deadlines for change: Therapy in the age of Reagonomics. *Psychology Today, (August) 1981,* 60–69.

Greenson, R. R. (1982). *Psychoanalytische Erkundungen.* Stuttgart: Klett-Cotta.

Kühn, R., Raub, M. & Titze, M. (Hrsg.). (1997). *Scham – ein menschliches Gefühl.* Opladen: Westdeutscher Verlag.

Laplanche, J. & Pontalis, J.-B. (1973). *Das Vokabular der Psychoanalyse.* 1. Band. Frankfurt/M.: Suhrkamp.

Malan, D. (1965). *Psychoanalytische Kurztherapie.* Stuttgart: Klett.

Malan, D. (1976). *The Frontier of Brief Psychotherapy.* New York: Plenum Medical Books.

Shapiro, F. (1995). *Eye Movement Desensitization and Reprocessing.* New York: Guilford.

Sifneos, P. E. (1973). *Short-term Psychotherapy and Emotional Crisis.* Cambridge: Harvard University Press.

Thomä, H. & Kächele, H. (1989). *Lehrbuch der psychoanalytischen Therapie. 1. Grundlagen.* Berlin: Springer.

Titze, M. (1979). *Lebensziel und Lebensstil. Grundzüge der Teleoanalyse nach Alfred Adler.* München: Pfeiffer.

Titze, M. (1985). Individualpsychologie. Ziel ist die Gemeinschaft. In: Petzold, H. (Hrsg.), *Wege zum Menschen,* Band II. Paderborn: Junferman, 7–100.

Titze, M. (1995a). Aktive Steuerung von Übertragung und Gegenübertragung bei tiefenpsychologisch fundierter Kurztherapie. *Psychotherapie Forum, 3,* 61–68.

Titze, M. (1995b). Apperzeptionsschema. In: Brunner, R., & Titze, M. (Hrsg.), *Wörterbuch der Individualpsychologie* (S. 39–42). München: Reinhardt.

Titze, M. (1996). *Die heilende Kraft des Lachens. Mit Therapeutischem Humor frühe Beschämungen heilen.* München: Kösel.

Titze, M. & Salameh, W. A. (1995). Thematisierung. In: Brunner, R., & Titze, M. (Hrsg.) *Wörterbuch der Individualpsychologie* (S. 496–497). München: Reinhardt.

AutorInnenverzeichnis[1]

Janet Abrams arbeitet an der Pepperdine University Clinic in Culver City (Kalifornien).

Erik ten Broeke arbeitet als Klinischer Psychologe und Psychotherapeut im Krankenhaus ‚Twenteborg', in Almelo/Niederlande. Er ist Supervisor in der Niederländischen Vereinigung für Verhaltenstherapie. Sein Hauptinteressengebiet sind die (lern-)theoretischen und therapeutischen Aspekte von Angststörungen, insbesondere bei posttraumatischen Belastungsstörungen.
Krankenhaus ‚Twenteborg', Zilvermeeuw 1, 7600 SZ Almelo, Niederlande

Christof T. Eschenröder, Dipl.-Psych., geb. 1949, arbeitet in eigener Praxis in Bremen als Psychotherapeut und Supervisor sowie als Kursleiter im Bereich der psychotherapeutischen Weiterbildung. Seit den siebziger Jahren beschäftigt er sich mit Methoden der Kognitiven Verhaltenstherapie und der RET. Er ist Autor der Selbsthilfeprogramme „Reden ohne Streß" und „Selbstsicher in die Prüfung". In den letzten Jahren haben drei recht unterschiedliche Themen sein Interesse geweckt, nämlich lösungs- und ressourcenorientierte Therapiemethoden, die Rolle des Humors in der Psychotherapie (dazu wird 1998 im Fischer Taschenbuch Verlag das Buch „Therapeutischer Humor" von Titze & Eschenröder erscheinen) und *last not least* die Theorie und Praxis der EMDR.
Psychologische Praxis, Tresenburger Straße 15, 28205 Bremen

Ad de Jongh Diplom-Psychologe und Zahnarzt, geb. 1956, ist Dozent im Fachbereich Soziale Zahnmedizin und Aufklärung des ‚Academisch Centrum Tandheelkunde Amsterdam'. Darüber hinaus arbeitet er als „Angstzahnarzt" in zwei Gesundheitszentren und betreibt eine psychotherapeutische Praxis. Ad de Jongh ist Supervisor in der Niederländischen Vereinigung für Hypnotherapie. 1995 promovierte er zu dem Thema „‚Dental anxiety' – a cognitive perspective". Er spezialisierte sich in der Behandlung von traumabezogenen Angststörungen (Phobien und posttraumatischen Streß-Störungen), publizierte eine Vielzahl von Artikeln zu diesem Thema und doziert auf diversen Seminaren im In- und Ausland.
‚Academisch Centrum Tandheelkunde Amsterdam' (Louwesweg 1, 1066 EA Amsterdam, Niederlande)

---

1. Die Angaben zu den amerikanischen AutorInnen wurden vom Herausgeber zusammengestellt.

Ronald Kleinknecht arbeitet an der Western Washington University in Bellingham (Washington) und beschäftigt sich mit Entstehung, Diagnostik und Behandlung medizinischer Phobien. Er veröffentlichte Fallstudien zur EMD und war als Coautor an kritischen Überblicksartikeln zur EMDR beteiligt.
Department of Psychology, Western Washington University, Bellingham, WA 98225, USA.

Friedhelm Lamprecht Prof. Dr. med., geb. 1941, Direktor der Abteilung Psychosomatik und Psychotherapie an der Medizinischen Hochschule Hannover. Nervenarzt und Psychoanalytiker. Forschungsschwerpunkte: Psychotherapieforschung, Psychosomatische Rehabilitation, Traumaforschung, Hochdruck.
Medizinische Hochschule Hannover, Abt. Psychosomatik und Psychotherapie, Carl-Neuberg-Straße 1, 30625 Hannover

Wolfgang Lempa Dr. rer.biol. hum. Dipl.-Psych., geb. 1950, wiss. Mitarb. der Abteilung Psychosomatik und Psychotherapie an der Medizinischen Hochschule Hannover, Psychoananlytiker. Forschungsschwerpunkte: Traumaforschung, Eßstörungen, Stationäre Behandlung, Psychotherapieforschung.
Medizinische Hochschule Hannover, Abt. Psychosomatik und Psychotherapie, Carl-Neuberg-Straße 1, 30625 Hannover

Karlheinz van der Meer Diplom-Psychologe, geb. 1964, arbeitet auf einer psychiatrischen Akutstation des Zentralkrankenhauses Bremen-Ost. Er wendet seit 1995 EMDR in der psychotherapeutischen Praxis an und ist Ansprechpartner für den Aufbau eines Netzwerkes in Norddeutschland.
Zentralkrankenhauses Bremen-Ost, Züricher Str. 40, 28325 Bremen

Mark P. Morgan arbeitet am Martin Center in Bellingham (Washington).

David L. McCann arbeitet am St. Mark's Hospital in Salt Lake City (Utah).
4190 Highland Drive, Salt Lake City, UT 84124, USA.

Oliver Schubbe, geb. 1962 in Stuttgart, studierte Psychologie in Berlin und Familientherapie bei Satir in San Diego, Kalifornien. Seit 1988 leitet er Therapiegruppen für sexuell mißbrauchte Kinder. Er ist Mitbegründer des Instituts für Traumapädagogik und Therapie (Berlin – Bad Kissingen – Erlangen) sowie der ersten vom Berufsverband Deutscher Psychologen anerkannten Ausbildung zur Psychotherapie nach Extremtraumatisierungen.
Institut für Traumapädagogik und Therapie, Giesebrechtstr. 10. 10629 Berlin.

Francine Shapiro, Ph. D. entwickelte den neuen therapeutischen Ansatz, den sie 1989 in ihren ersten Veröffentlichungen Eye Movement Desensitization (EMD) und ab 1991 Eye Movement Desensitization and Reprocessing (EMDR) nannte. Sie ist Senior Research Fellow des Mental Research Institute in Pab Alto (Kalifornien) und erhielt 1994 den Distinguished Scientific Achievement in Psychology Award von der California Psychological Association. Sie gründete das EMDR-Institute in Pacific Grove, das Trainingskurse in EMDR organisiert.
P. O. Box 51010; Pacific Grove, CA 93950, USA.

Larry F. Sine, Ph. D. arbeitet in privater Praxis in Honolulu (Hawai).
Er beschäftigt sich gemeinsam mit seiner Frau Silke Vogelmann-Sine mit dem Einsatz von EMDR bei der Behandlung von Suchtproblemen.

Reinhard Tausch Prof. Dr., geb. 1921, arbeitet seit über 30 Jahren in Forschung und Lehre am Psychologischen Institut III der Universität Hamburg sowie in psychologisch-therapeutischer Praxis in Stuttgart. 1991 erhielt er die Hugo-Münsterberg-Medaille des Berufsverbandes Deutscher Psychologen für seine Verdienste in der Angewandten Psychologie.
Er ist Autor der Bücher „Gesprächspsychotherapie", „Erziehungspsychologie" sowie „Hilfen bei Streß und Belastung".
Er befürwortet eine multimodale Psychotherapie, die – unabhängig von Schulen – jedem Klienten das anbietet, was empirisch als wirksam und unschädlich überprüft wurde.
Prof. Dr. Reinhard Tausch, Psychologisches Institut III der Universität Hamburg, Von-Melle-Park 5, 20146 Hamburg, Tel.: 040 / 41235353 und 0711 / 8178800

Michael Titze Dipl.-Psych. Dr. rer. soc., geb. 1947, ist Klinischer Psychologe (BDP) und Psychoanalytiker (DGIP). Er vertritt die Adlersche Individualpsychologie und ist Verfasser mehrerer Lehrbücher. In letzter Zeit befaßt er sich vor allem mit der Erprobung von Methoden tiefenpsychologisch fundierter Kurztherapie sowie der Anwendung therapeutischen Humors in der Gruppentherapie (vgl. hierzu: „Die heilende Kraft des Lachens",1996 und [in Koautorenschaft mit Christof Eschenröder] „Therapeutischer Humor", Mai 1998).
Hattingerweg 5, 78532 Tuttlingen

Silke Vogelmann-Sine, Ph. D. Vgl. die Angaben zu Larry F. Sine.

Josef Wolpe, M. D. wurde 1915 in Johannesburg (Südafrika) geboren. Er studierte Medizin und promovierte 1948 über konditionierte Reaktionen als Grundlagen neurotischer Störungen. Aufgrund seiner Arbeiten, z. B. „Psychotherapy by reciprocal inhibition" (1958) und „The practice of behavior therapy" (1969) wurde er zu einem der wichtigsten Pioniere der Verhaltenstherapie. Während Wolpe multimodale und kognitive Ansätze der Verhaltenstherapie ablehnte, begrüßte er die EMD von Shapiro als eine wichtige neue Ressource für die Verhaltenstherapie.
Pepperdine University Plaza, Graduate School of Education and Psychology, 400 Corporate Pointe, Culver City, CA 90230, USA.